RENÉ SCHNEIDER

PROFESSEUR A LA FACULTÉ DES LETTRES DE PARIS

L'ART FRANÇAIS

MOYEN AGE - RENAISSANCE

HENRI LAURENS, Éditeur, PARIS

LES PATRIES DE L'ART

L'ART FRANÇAIS

A PARAITRE DANS LA MÊME COLLECTION

L'ART FRANÇAIS (2 volumes), par René SCHNEIDER, professeur à la Faculté des Lettres de Paris :
> XVIIe et XVIIIe siècles, 1 volume.
> XIXe siècle, 1 volume.

L'ART BYZANTIN, par Louis BRÉHIER, professeur à la Faculté des Lettres de Clermont-Ferrand. 1 volume.

L'ART ITALIEN, par Louis HOURTICQ, professeur à l'École Nationale des Beaux-Arts. 2 volumes.

L'ART GREC, par Gustave FOUGÈRES, de l'Institut, professeur à la Faculté des Lettres de Paris. 1 volume.

TYPOGRAPHIE FIRMIN-DIDOT ET Cie. — MESNIL (EURE)

L'ART FRANÇAIS

Moyen Age — Renaissance

PAR

RENÉ SCHNEIDER

PROFESSEUR A LA FACULTÉ DES LETTRES DE PARIS

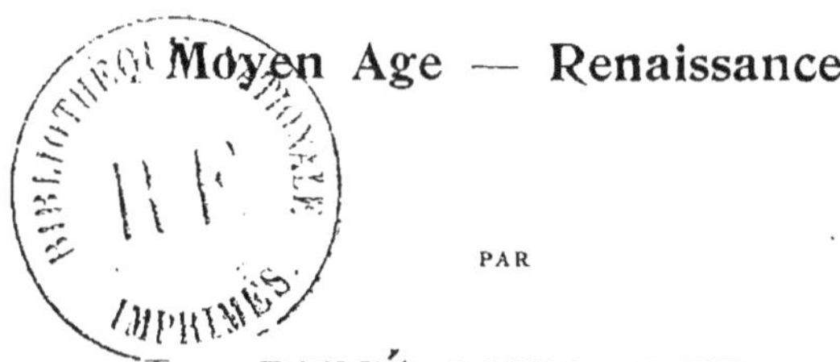

OUVRAGE ILLUSTRÉ DE 149 GRAVURES

HENRI LAURENS, ÉDITEUR
6, RUE DE TOURNON, PARIS

L'ART FRANÇAIS

L'ART ROMAN

CHAPITRE PREMIER

LA RENAISSANCE DE L'ARCHITECTURE

L'avènement du génie national. — Les circonstances historiques
et morales. — Le règne de l'esprit monastique. — La voûte en
pierre et ses variétés. — Les conséquences de la voûte : la
structure, les proportions, l'élévation, l'effet esthétique de l'église
romane. — Diversité et fécondité des Écoles régionales. — Les
Abbayes.

La première expression de notre génie national, c'est
l'art des xi⁰ et xii⁰ siècles : l'Art roman. Celui qui le précède, à l'époque carolingienne, est en un sens moins à
nous : il ne fait que préparer, dans le chaos des influences
étrangères et le réveil un peu trouble de l'esprit latin,
la double renaissance qui inaugure franchement l'art
français : celle de l'Architecture et de la Sculpture.

La paix capétienne, le retour des reliques, les grands
pèlerinages qui se pressent vers elles, suscitent les monuments, stimulent les maîtres-maçons et les imagiers. Dès le
xiᵉ siècle la France commence à se couvrir d'une « blanche
robe d'Églises. » Ce mot fameux d'un moine, Raoul Glaber,

nous rappelle à propos que ce sont les moines, précisément, qui ont le plus aidé à ce magnifique renouveau. Avec la réforme de Cluny (910-1100) commence l'expansion de l'ordre bénédictin, héritier de ce qui restait de latinité dans le monde, gardien de la tradition antique et avide de progrès. Les instigateurs des grandes constructions romanes sont des abbés, les foyers de l'activité artistique sont des abbayes, les plus belles églises sont des abbatiales. L'art nouveau sera pénétré d'esprit monastique.

A peine né, il révèle une initiative féconde. Regardons surtout les édifices religieux, puisque c'est au logis de Dieu qu'il a consacré ses meilleurs efforts. Il a osé tous les plans, le cercle, le trèfle, le quatre-feuilles, le simple rectangle. Mais le plan basilical est le préféré : il est le plus commode pour le culte, et la figure même de la croix où fut fixé le Sauveur. Un des bras du transept amorce une des galeries du cloître à l'intérieur du monastère : l'église et la demeure claustrale se pénètrent ainsi intimement. A la nef s'adjoignent deux bas-côtés, quelquefois quatre en faveur des basiliques les plus vénérées, comme Cluny en Bourgogne et Saint-Sernin à Toulouse (fig. 1). Mais la grande innovation, c'est de faire tourner autour du Saint des Saints un flexible déambulatoire, sur lequel s'ouvrent à leur tour des petites chapelles absidales où reposent des reliques. C'est déjà la fameuse « carole », dont l'art gothique fera sa plus belle parure. Parfois, avant l'entrée même de la nef, se développe en largeur un narthex, une sorte d'atrium, si vaste qu'il devient à lui seul une petite église, prélude à la grande. Aux jours de fête, la foule des pèlerins s'y entassait, en attendant l'approche des reliques. L'abbatiale n'est donc pas exclusivement réservée aux moines. Jamais la communauté ne fut assez nombreuse pour peupler des édifices immenses comme l'Abbaye-aux-Hommes à Caen. Si l'architecture monastique est si belle, c'est qu'elle n'est point restée repliée sur elle-même : un large souffle du

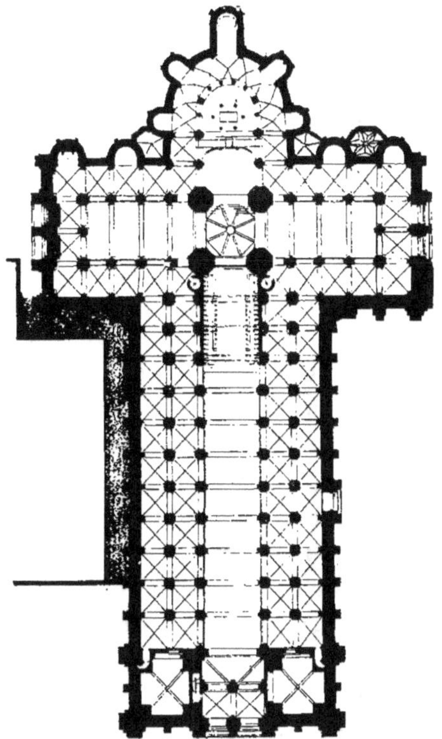

Fig. 1. — TOULOUSE. Plan de l'église Saint-Sernin.

Plan d'église romane. Grande abbatiale bénédictine des XIe-XIIe siècles. Doubles collatéraux le long de la nef comme à Cluny, la grande église de l'Ordre. Collatéraux même le long des bras du transept comme à Ste-Foy de Conques et à St-Martial de Limoges sur le « chemin de St-Jacques ». Déambulatoire autour du chœur.

dehors l'a élargie et soulevée. Ainsi, à ses deux extrémités, au seuil et au sanctuaire, la maison de Dieu gagne presque soudainement en grandeur et en magnificence.

Mais cet espace si vaste, surtout la grande nef, comment le couvrir ? Difficile problème technique pour une époque jeune ! Or, voici la première gloire de l'art roman : il a délibérément, savamment, pratiqué la voûte. Depuis la fin du monde romain on l'avait presque oubliée. Les architectes carolingiens en usaient avec une grande timidité. Mais voici qu'au lieu des charpentes fragiles, inflammables, matériaux communs qui abondaient alors aux portes même de l'abbaye ou de la cité, dans la forêt voisine, la pierre de France est appareillée là-haut selon une science spéculative : la Géométrie. Dans une sorte d'allégresse, architectes et maçons recréent des types de voûtes très divers de technique et d'effet, et si adaptées aux besoins que leur fortune dure encore. C'est le berceau en plein cintre, si beau en sa gravité romaine ; le berceau brisé, plus léger aux murs qui le portent, et qui apparaît vers la fin du XIe siècle, venant peut-être des profondeurs de la Perse. C'est la voûte d'arêtes (fig. 2), qui localise déjà ses poussées aux extrémités ; enfin la coupole souveraine. Cette couverture pose sur la maison de Dieu, qui est l'Éternel, l'Infini, une couronne majestueuse, presque indestructible. Quel progrès en cinquante ans ! Au XIIe siècle, presque toutes nos grandes églises, sauf en Normandie, sont voûtées. Quelle science il a fallu retrouver, depuis la fin du monde antique, pour en tailler et agencer les durs matériaux !

Seulement, cette cape de pierre est lourde. Pour la porter l'édifice se ramasse, épaissit ses murs, raréfie et restreint ses ouvertures, épaule la nef avec les voûtes des bas-côtés, qui montent parfois presque aussi haut. Il se mesure la lumière et l'élan pour avoir la robustesse. Quelque chose de romain reste ainsi dans sa masse ; le nom de l'art « roman » consacre une de ses dettes, qui n'est du reste pas la plus importante. Il lui faut s'appuyer sur des piliers solides. Mais déjà ils se cantonnent de colonnes sur les quatre faces pour recevoir, soit les arcades, soit les arcs doubleaux régulièrement espacés qui soutiennent la voûte en scandant la suite de ses travées. C'est le pilier cruciforme, beau de sa force et surtout de sa simplicité logique.

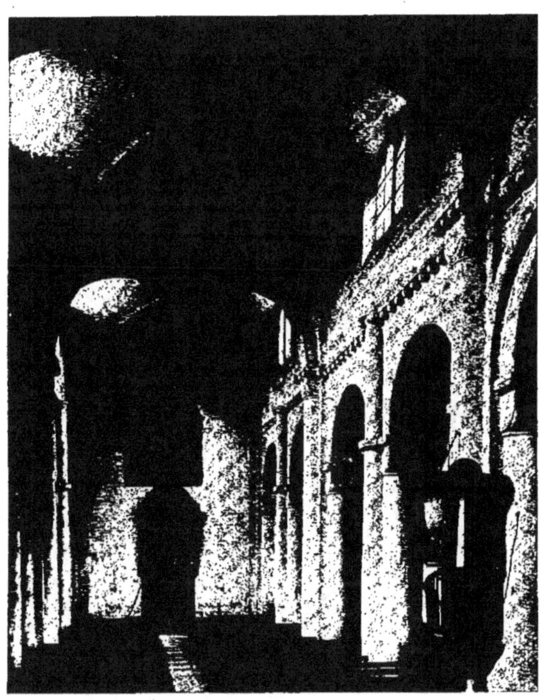

Fig. 2. — SAINT-DIÉ. ÉGLISE NOTRE-DAME.

Type excellent de voûtes d'arêtes (refaites) qui localisent les poussées, et séparées par des arcs doubleaux. Caractères de l'École rhénane, fréquènts aussi en Normandie : alternance de piles fortes et de piles faibles, et massifs chapiteaux cubiques. *Photo M. H.*

Il est comme projeté par la nécessité. En ce lourd organisme on sent déjà un effort virtuel d'ascension. Il crée presque spontanément les organes qui, plus tard, se libéreront du poids pour monter tous ensemble vers la lumière. On peut dire que l'architecture romane est la lutte dramatique de la lumière et de l'ombre. L'une cherche à s'épandre dans le monument, mais au risque de trop l'alléger, l'autre s'accumule à l'abri des masses qui consolident. Pour avoir cherché la grande clarté la voûte de Vezelay, dès l'origine, menaçait ruine (fig. 15).

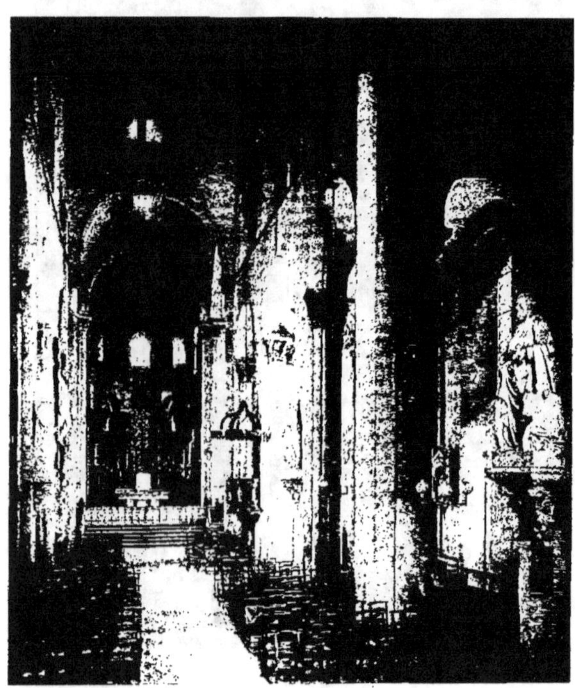

Fig. 3. — CLERMONT. Notre-Dame-du-Port.

Art roman d'Auvergne. Lourde voûte en berceau, non éclairée, sur la nef. Des tribunes obscures. Il n'y a de fenêtres qu'aux bas-côtés. Déambulatoire autour du chœur, qui est haussé sur une crypte, et partout chapiteaux richement sculptés.   *Photo N. D.*

L'usage de la voûte engendre une autre nouveauté, qui va modifier la structure et l'aspect. Pour contrebuter ses poussées latérales, là où elles sont le plus fortes, des contreforts se dressent à l'extérieur. En donnant au mur le rythme qui le scande, ils le soutiennent. Ces forces adverses s'opposent perpétuellement au cœur des pierres :

elles se neutralisent dans l'équilibre immobile, mais vivant, qui fait durer presque indéfiniment ces édifices déjà si anciens. Ce dynamisme interne, l'antiquité ne l'avait pas recherché à ce point. L'art gothique en perfectionnera le jeu délicat. C'est une des grandes inventions du Moyen Age.

Fier de sa science, l'art roman, dans les grands édifices, superpose aux bas-côtés des tribunes. C'est la belle tradition orientale puis latine, le partage classique de l'élévation en trois étages, qui restera le *leit-motiv* de notre architecture monumentale française, même publique et civile. C'était du reste doubler l'espace utilisable; mais en interceptant à mi-hauteur le regard et la pensée, au lieu de les laisser monter directement du sol à la voûte. L'heure n'est pas venue de l'unité souveraine. Ces hautes arcades qui s'ouvrent sur la nef répètent celles d'en bas, et la suite de tous ces arcs sur deux étages s'achemine vers le sanctuaire avec le rythme des grands aqueducs romains. L'art roman les voûte, elles aussi, et du même coup consolide la nef en l'épaulant. C'est d'une logique déjà bien française! A l'extérieur, certains chevets, surtout dans le Plateau central, ordonnent harmonieusement les absidioles autour de l'abside, et toutes paraissent monter vers le chœur, que domine à son tour la nef, puis, plus haut, la tour sur la croisée(fig. 4). Cette belle perspective pyramidale, c'est celle des grands chevets bénédictins. L'Ordre communique à tout ce qu'il fait richesse, puissance, élan. Deux tours coiffées de flèches flanquent la façade à pignon. En Normandie particulièrement elles donnent à l'abbatiale un puissant aspect féodal. Aux baies, l'arc en plein cintre décrit son demi-cercle, qui est un dessin primordial, parfait pour l'esprit. Il achève l'impression de gravité générale. Seul, du reste, il a les reins assez solides pour lutter contre la pesanteur à laquelle cet art est asservi. Ainsi, dès la fin

du xie siècle, l'art de notre Patrie excelle à capter l'espace
dans la pierre. La véritable architecture est ressuscitée.
Bien mieux : l'édifice roman pressent et prépare le chef-
d'œuvre de logique qui va venir.

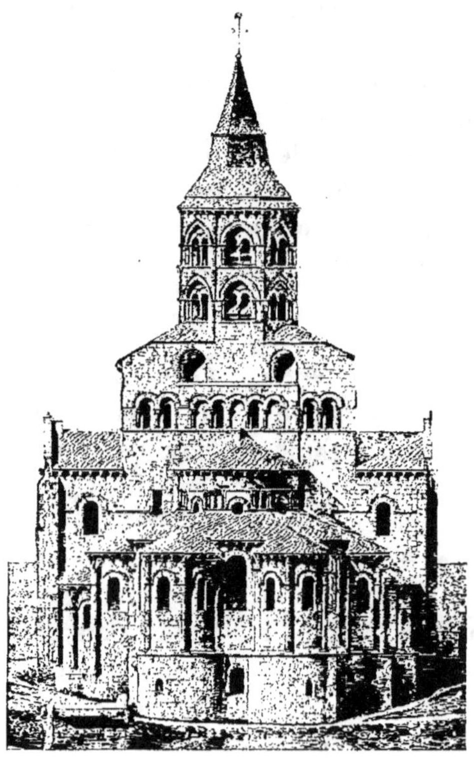

Fig. 4. — ORCIVAL (PUY-DE-DOME). Vue du chevet.

Art roman d'Auvergne. Magnifique ascension des masses, qui pyramident en étages succes-
sifs depuis les absidioles jusqu'au clocher octogone (comme à Orcival, à Issoire, à Riom, à
St-Nectaire, à St-Saturnin, à Notre-Dame-du-Port). Polychromie des matériaux.

Le génie de nos architectes a trouvé au problème des
solutions variées. Variées comme les types que le fécond
créateur, l'Orient, celui de la Perse, de la Chaldée, de
l'Anatolie, de la Mésopotamie avait déjà donnés, à l'art pré-

roman. Quand de Voguë parcourut la Syrie et Dieulafoy le vieil Iran, ils furent stupéfaits de retrouver çà et là, dans des solitudes semées de ruines, les formes et le décor

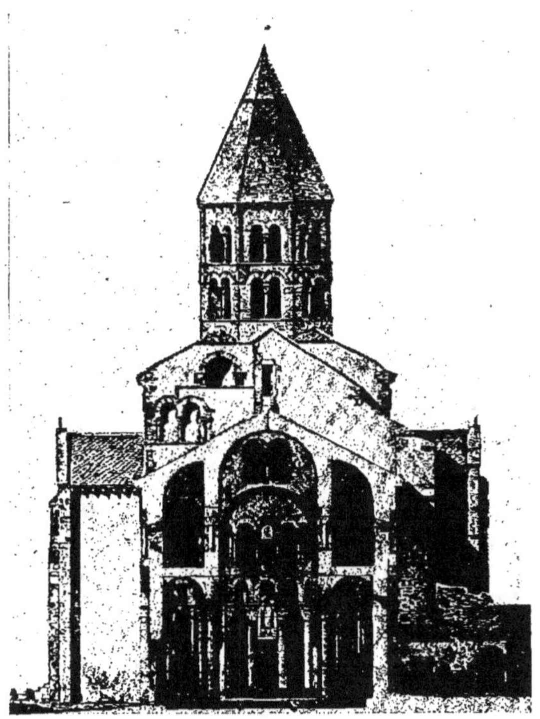

Fig. 5. — SAINT-SATURNIN (PUY-DE-DOME). COUPE SUR LA NEF.

Roman d'Auvergne. Par prudence, la massive voûte de la nef, en berceau cintré, est épaulée de chaque côté par les voûtes en quart de cercle des tribunes, qui montent presque aussi haut qu'elle sous les rampants d'une même toiture. Type solide et ramassé. Déambulatoire autour du chœur. Toujours l'effet pyramidal des masses.

que notre génie latin devait recomposer à sa manière. C'est le midi surtout qui reste fidèle à ces origines lointaines. Solutions variées aussi comme l'esprit et la tradition de nos vieilles provinces, comme les matériaux, comme le climat. La merveilleuse spontanéité régionale fait de cet art, né d'hier, une sorte de foisonnement. Regrettons ce temps où, dans une France déjà une et multiple, l'invention naissait partout à la fois des forces vives de chaque « pays »!

L'Auvergne s'organise une des premières. C'est qu'elle a

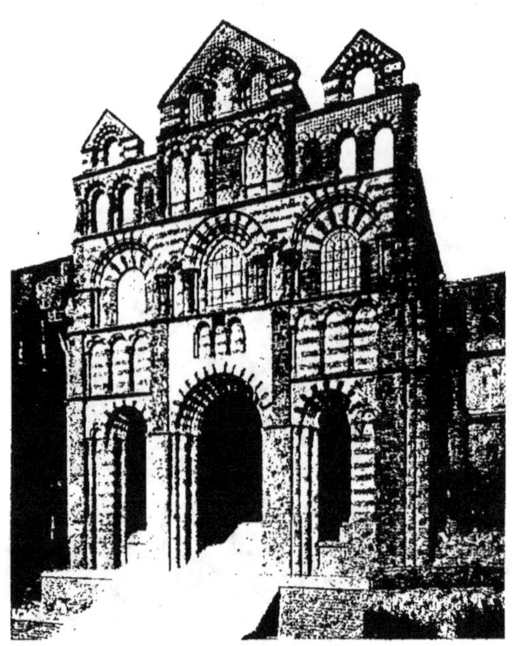

Fig. 6. — LE PUY. Façade de la cathédrale.

Bel exemple de la polychromie obtenue par les pierres de couleurs formant des dessins géométriques. Avec les vantaux de porte à caractères coufiques et certains modillons à copeaux, elle atteste l'influence arabe venue de l'Espagne, avec laquelle l'Auvergne entretint d'actifs rapports artistiques.   *Photo N. D.*

mieux conservé dans ses montagnes l'instinct des grands bâtisseurs du monde, les Romains (fig. 5). Elle construit sur ses plateaux, avec la lave de ses « puys », des églises massives et sombres, comme Saint-Nectaire, Orcival, Issoire, Notre-Dame-du-Port (fig. 3) (xie siècle). Sous le lourd berceau en plein cintre de la nef elle se garde bien d'ouvrir des fenêtres, et, pour le contrebuter, hausse presque à la même hauteur les voûtes en quart de cercle de ses tribunes. C'est puissant, concentré, un peu farouche. Il est vrai que

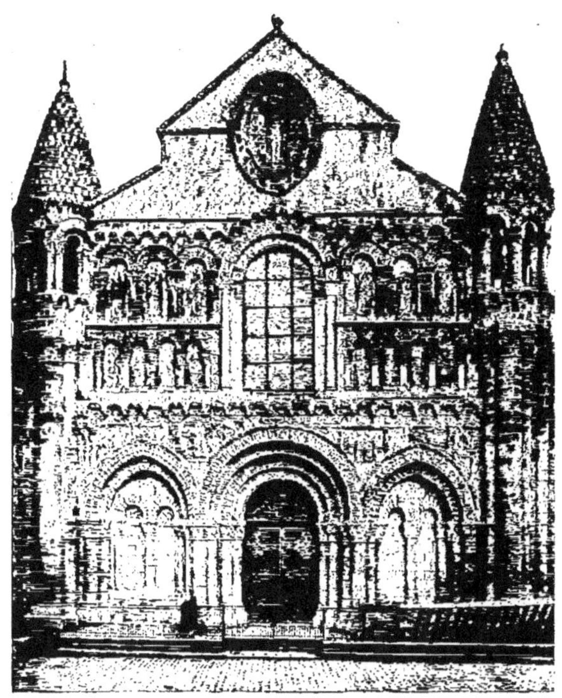

Fig. 7. — POITIERS. Façade de Notre-Dame-la-Grande.

Art roman poitevin (XIIe siècle). Structure timide à l'intérieur, mais façade entièrement sculptée dans un calcaire tendre qui se prêtait à la richesse du décor. Quand il n'y a point de sculpture, comme au pignon, des combinaisons d'appareil forment des dessins variés. Cependant l'Ecole n'admet pas le tympan, si propice au bas relief.   *Photo N. D.*

si on regarde les chevets, les étages se superposent en belle pyramide. La seule fantaisie, mais féconde d'avenir, c'est le déambulatoire qui tourne autour du chœur, avec ses chapelles absidales, et au dehors la marqueterie des

pierres volcaniques, noires comme la lave, grises comme
le basalte, quelquefois rouges comme si elles sortaient du
cratère. Au Puy (fig. 6), le chant alterné des couleurs, la
forme et la dentelure de certains arcs, telle inscription
même en caractères coufiques, de riches modillons à copeaux, évoquent la splendeur des monuments arabes. Jusque dans ce farouche pays sont parvenus des reflets de la
mosquée de Cordoue et du Moghreb.

Le Poitou, par exemple à Notre-Dame-la-Grande à Poitiers (xii\ siècle), fait comme l'Auvergne. Il alourdit encore
la nef en posant directement sur les grandes arcades la
voûte en berceau, sans tribunes. C'est supprimer un des
trois étages classiques et ramasser ses épaules pour plus de
force. La peur de ne pas être assez solide contracte cette
École. Mais elle prend sa revanche dans ses façades, qui
sont d'une richesse décorative inouïe (fig. 7).

L'École languedocienne est aussi sœur de l'auvergnate.
Seulement, elle est sur le chemin qui mène à Saint-Jacques-
de-Compostelle, grande voie de pèlerinages et de marchés.
Il y avait des relais là où étaient conservées des reliques.
C'étaient des abbayes bénédictines, dominées par de splendides abbatiales, où se répercute comme un écho un même
type, très grandiose, doté parfois de cinq vaisseaux, d'un
vaste porche, d'un déambulatoire à chapelles rayonnantes,
de tribunes enfin sous un pesant berceau. Pas de fenêtres
hautes ici non plus. La sculpture, très précoce, est riche
et mouvementée. Saint-Martial-de-Limoges (1095), aujour-
d'hui disparue, Sainte-Foy-de-Conques (1035-1065) où est
resté l'éblouissant trésor, Saint-Sernin-de-Toulouse (xi\ siècle), de briques roses (fig. 8), Saint-Jacques-de-Compos-
telle en Galice, jalonnaient comme des reposoirs monu-
mentaux cet itinéraire mystique. En dehors même des édifices, manuscrits à miniatures, objets travaillés, chansons

épiques, c'est-à-dire art et poésie, artisans et jongleurs, l'ont parcouru entre France et Espagne avec étape au sanctuaire où reposaient les restes du Saint, miraculeusement indiqués jadis par une étoile. Trainée lumineuse,

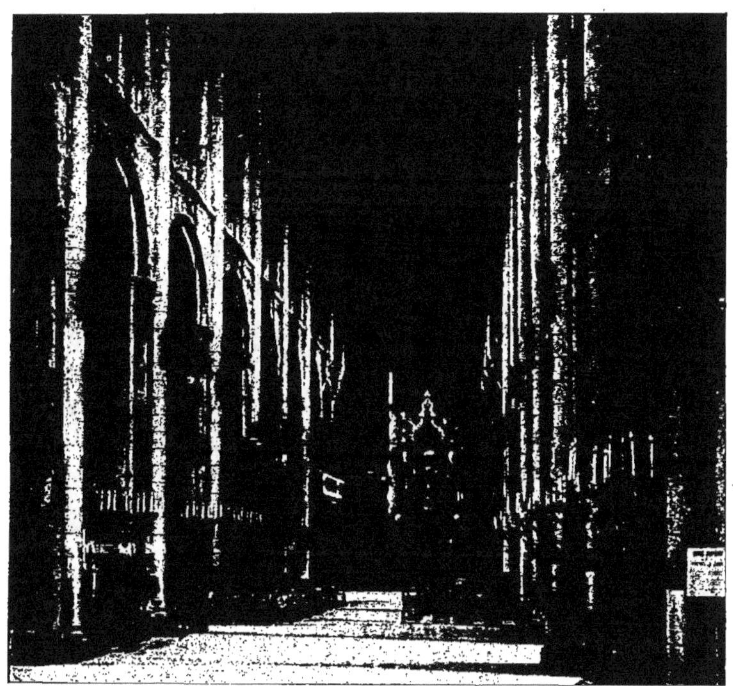

Fig. 8. — TOULOUSE. Nef de saint-sernin.

Roman languedocien. Ample voûte en berceau cintré soutenu par des arcs doubleaux. Vastes tribunes s'ouvrant sur la nef par de beaux arcs en plein cintre qui répètent ceux d'en bas. Elan des colonnes engagées qui reçoivent les doubleaux de la voûte. Mais la nef n'est pas éclairée directement. La plus grandiose église romane du midi, sur la voie de St-Jacques de Compostelle. *Photo H. Olivier*.

parallèle à celle qui brille toujours au ciel par les soirs d'été, et que le peuple appelle encore le chemin de Saint-Jacques.

La Provence est très timide : elle s'en tient souvent à la nef unique, n'ose ni déambulatoire ni tribunes. Les seules initiatives, c'est d'ouvrir parfois de toutes petites fenêtres entre les grandes arcades et la voûte, qui se touchent, et surtout de se donner pour façades des petits temples à frontons (fig. 9) comme à Saint-Trophime d'Arles (fini vers 1180), où de grands arcs de triomphe à trois baies comme à Saint-Gilles (fondé 1116). La maison de Dieu, avec ses pilastres cannelés, ses colonnes corinthiennes, ses corniches cou-

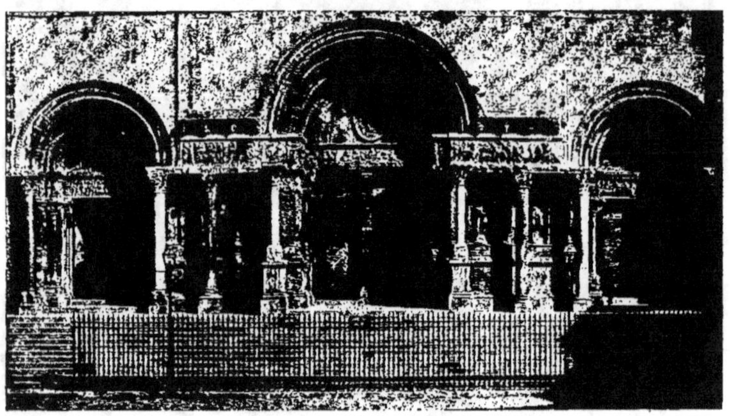

Fig. 9. — SAINT-GILLES (GARD). Façade de l'église.

Roman provençal. Façade conçue un peu comme un arc de triomphe antique à trois baies, portées sur des colonnes corinthiennes, des pilastres cannelés, des entablements sculptés comme des parois de sarcophages. Les colonnes, indépendantes, projettent sur le fond de belles ombres.

pantes, se revêt de majesté antique et païenne (fig. 10). La Renaissance recommencera un jour cette belle alliance. Seulement, ce qui sera de sa part une audace réfléchie n'est ici que le génie naturel d'un pays que la Grèce, puis Rome, celle de César, celle de Constantin, fécondèrent durant des siècles entre le cyprès et l'olivier. Christianisme et antiquité s'y pénètrent toujours.

N'ayons garde d'oublier l'École rhénane. Elle a laissé aussi dans nos provinces françaises, en Alsace et en Lor-

raine, à Neuwiller, à Andlau, à Rosheim, à Murbach, etc.,
des monuments moins grandioses qu'à Cologne, mais fort
originaux. C'est un pays fidèle : il garde longtemps la charpente et le plein cintre. Mais il a le sens des belles masses,

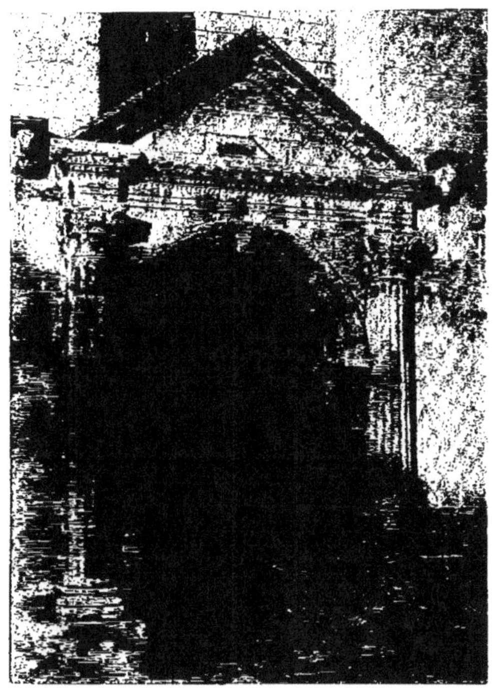

Fig. 10. — SAINT-RESTITUT (DROME). Porte latérale de l'église.

Porte d'Église qui ressemble à la façade d'un temple. L'arc en plein cintre, encadré de colonnes corinthiennes cannelées, supporte un fronton grec dont les rempants et la corniche
sont ornés de modillons ou de denticules. Survivance des « ordres » antiques en ce pays de
Provence.   *Photo Mornas.*

robustes. Il les relève d'ailleurs de hautes tours, les couronne de galeries légères sous la corniche, et les anime à
l'intérieur de vives peintures (fig. 11).

L'Ile-de-France, elle non plus, ne voûte pas. Elle couvre
d'une charpente, à la façon ancienne, l'ample nef de Saint-

Rémi de Reims (xie siècle), une des premières pourtant qui furent construites en grand appareil, et dédiée au saint qui catéchisa Clovis ! Même archaïsme sur celle de Saint-

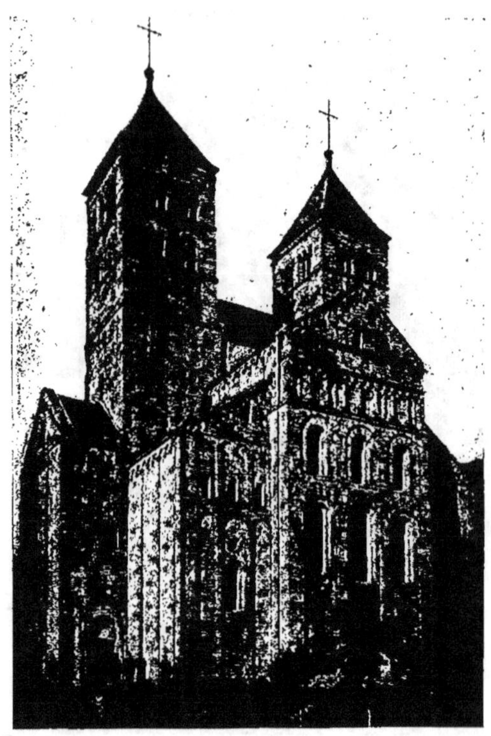

Fig. 11. — MURBACH (ALSACE). LE CHEVET DE L'ÉGLISE.

Ecole rhénane en Alsace. Vieille abbatiale dont la nef est détruite. Belle composition des masses pleines, goût des tours imposantes (ici sur le transept), des arcatures hautes et des plates-bandes à la façon lombarde.   *Phot. E. Lefèvre-Pontalis.*

Germain-des-Prés, qui touchait pourtant les murs de Paris, capitale du domaine royal ! C'est qu'elle se recueille pour une autre initiative, décisive celle-là ! Dès 1140, la voûte d'ogives va triompher solennellement, tout près d'ici, dans l'abbaye royale de Saint-Denis.

Toutes ces écoles résolvent sans grande hardiesse, sinon

sans beauté de formes, le redoutable problème de la voûte
et de l'éclairage. Mais en voici trois qui font grand honneur
à notre esprit d'initiative. Le Périgord et les régions voi-
sines sont le pays des coupoles : elles font la gloire de
Périgueux, d'Angoulême (fig. 12), de Cahors, de Solignac,
etc... C'est une couronne impériale posée sur la maison

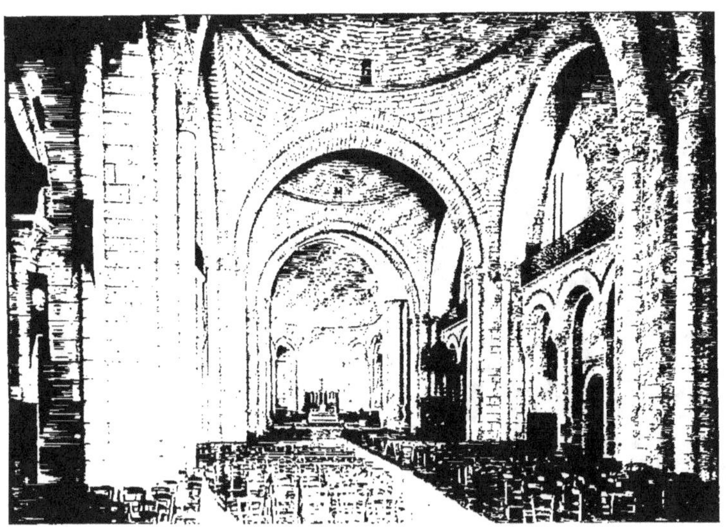

Fig. 12. — ANGOULÊME. Nef de la cathédrale.

Eglises à coupoles de l'Aquitaine. Nef à trois coupoles posées sur des pendentifs. Bel exemple de ce procédé technique pour « racheter » le carré. Origine encore discutée : orientale ?
romaine ? ou indigène ?

du Tout-Puissant ; et parfois, non seulement sur la croisée,
mais aussi sur les croisillons, même sur la nef. Quelle
beauté, essentiellement spéculative et logique, quand elle
s'élève au centre d'une croix « grecque », et aux extrémités
de ses branches égales, comme sur la basilique actuelle de
Saint-Front (fig.) (1120-1173)! Symétrie parfaite en tous sens.
Ces coupoles s'appuient à l'intérieur sur des pendentifs,
qui font une transition insensible entre le carré et le cercle :

2

très belle invention, et de technique difficile, où les subtils byzantins avaient excellé. Aussi se demande-t-on si ce type étrange est étranger. Saint-Front (fig. 13), sœur de Saint-Marc de Venise, est-elle fille des Saints-Apôtres de Byzance ou de Saint-Jean Apôtre d'Ephèse ? Ou plutôt nos maçons indigènes n'auraient-ils pas retrouvé d'eux-mêmes, et essayé

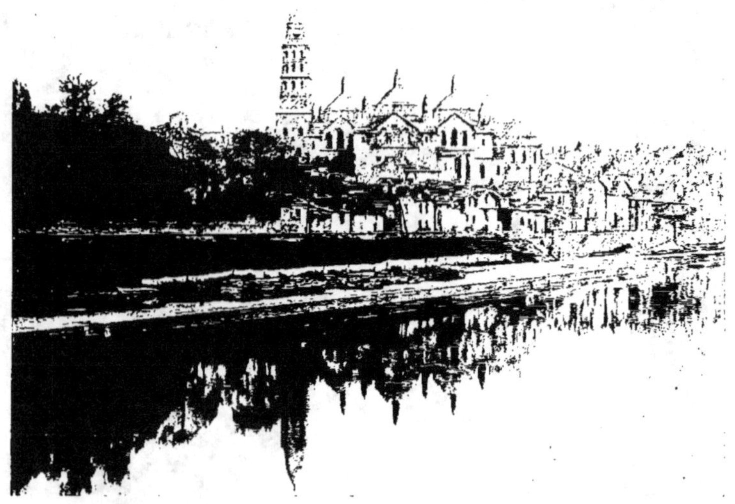

Fig. 13. — PERIGUEUX. Église saint-front (XIIᵉ siècle).

Ecole romane du Périgord. — Plan actuel en croix grecque. Réminiscence probable, ainsi que St-Marc de Venise, de l'église byzantine des Saints-Apôtres à Constantinople. Cinq coupoles, posées à l'intérieur sur des pendentifs. Silhouette orientale, dont des architectes habiles au pittoresque ont cherché le reflet dans les eaux tranquilles de l'Isle.

Photo Touring-Club.

d'abord çà et là en des églises rurales, ce mode de couverture harmonieux en ses courbes, et ce plan central qui satisfait l'esprit comme un absolu ?

Plus audacieuse encore est la Bourgogne. Sa vallée du Rhône fut un grand passage de peuples et d'influences. Les villes romaines la jalonnent encore de monuments augustes. De plus, l'esprit d'entreprise des deux grands

Ordres, bénédictin et cistercien, l'a stimulée. Le premier surtout, avait donné dans la grandiose église-mère de Cluny (1089), à cinq vaisseaux et deux transepts, l'archétype de la basilique bénédictine. Il lance l'architecture romane jusque dans la voie de l'aventure. Un narthex monumental précède souvent la nef. Elle est svelte, claire, parce

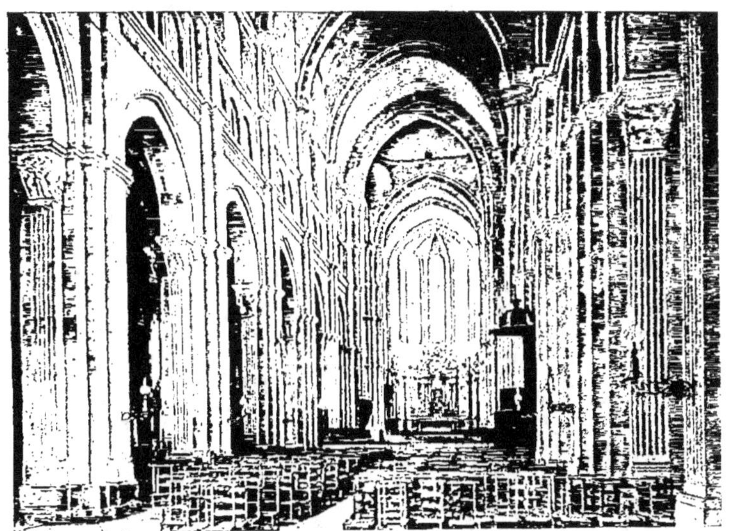

Fig. 14. — AUTUN. ÉGLISE SAINT-LAZARE.

Roman bourguignon (XIIe siècle). Voûte hardie à cintre brisé pour atténuer la poussée, et posée sur des parois que des fenêtres évident. Cintre brisé aussi aux arcades. Aux corniches et pilastres cannelés, influence des monuments antiques de la région.

que l'architecte ose percer, immédiatement sous la voûte, des fenêtres qui évident les murs déjà minces (fig. 14). Mais il a fallu payer cette présomption, d'ailleurs très noble : en 1125, la voûte de Cluny s'effondra. La magistrale abbatiale de Vézelay (fig. 15), pour être digne de recouvrir les reliques de sainte Madeleine, a couru les mêmes risques. Air et lumière y affluent, pour faire chanter la polychromie des pierres blanches et jaunes alternées, et éclairer la vie fré-

missante des chapiteaux. Mais Viollet-le-Duc a dû soutenir d'arcs-boutants cette voûte hardie, qui déjà voulait la

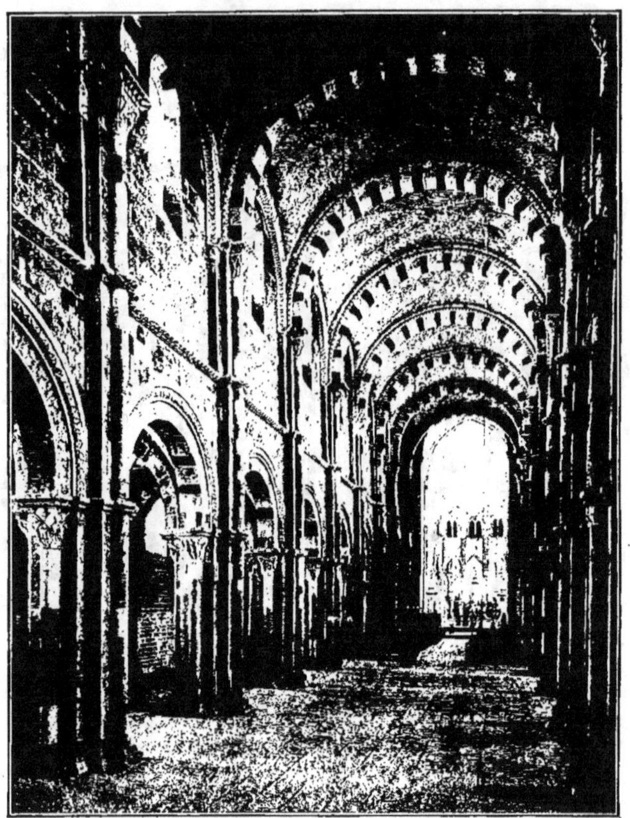

Fig. 15. — VÉZELAY (YONNE). ÉGLISE ABBATIALE.

Roman bourguignon. Première moitié du xɪɪ^e siècle. Ample et lumineuse nef, précédée d'un
narthex, couverte de voûtes d'arêtes sur doubleaux en pierres blanches et jaunes. Murs très
minces, encore évidés de fenêtres. Audace dangereuse, mais clarté, où vibrent le coloris et
la plastique.   *Photo N. D.*

fin sans avoir les moyens. Elle est d'ailleurs composée d'une
série de voûtes d'arêtes séparées par des arcs doubleaux : ne
serait-ce pas un apport de l'Orient, que Vézelay, où fut
prêchée la deuxième croisade, connaissait bien ? La voûte

de l'imposante Tournus (1009-1019) a aussi pour elle une tradition lointaine dans l'espace et dans le temps : sous ses étranges berceaux transversaux l'imagination est ramenée

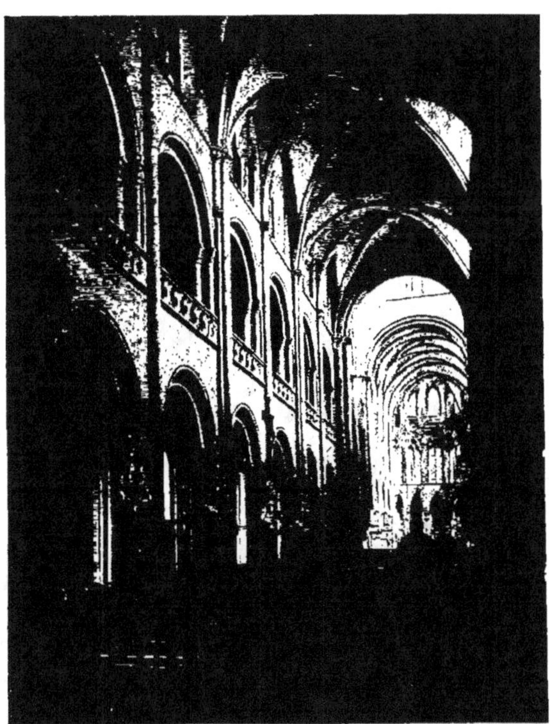

Fig. 16. — CAEN. Abbaye-aux-hommes.

Fin du XIe siècle (voûte gothique postérieure). Roman de Normandie. Majesté de la nef, que bordent deux rangées d'arcades superposées, et qu'éclairent abondamment les fenêtres du haut, celles des bas-côtés, et la tour-lanterne sur la croisée. Nul risque. car elle ne supportait qu'une charpente. Alternance caractéristique de piles fortes et faibles, propice à la voûte future. *Photo Magron.*

dans les grandes salles de certains palais persans. Toujours, même dans cette vallée latine entre Autun et Lyon, le prestige de la merveilleuse Asie !

Le cas de l'École normande est plus complexe. Elle mêle à l'audace une traditionnelle prudence. Prudente, elle s'en

tient à la simplicité basilicale : ni déambulatoire, ni chapelles absidales. Les bas-côtés qu'elle donne au chœur s'ar-
rêtent au commencement de l'abside. Prudente encore, elle

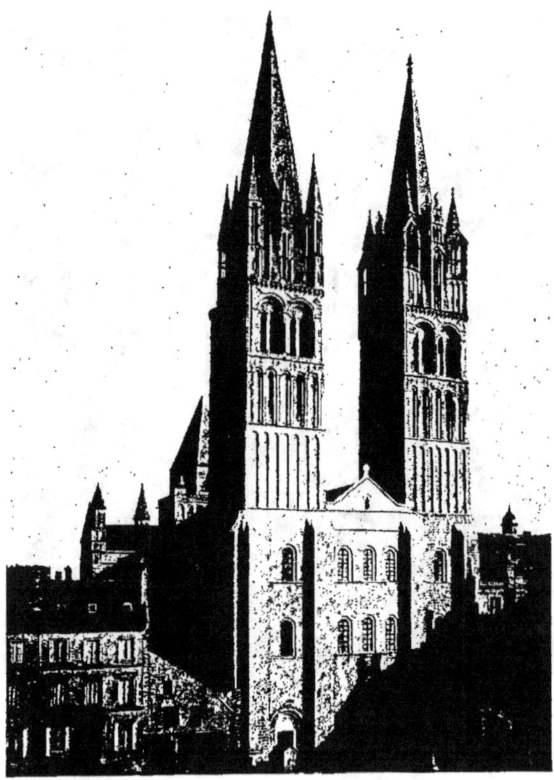

Fig. 17. — CAEN. Abbaye-aux-hommes.

Façade normande, sobre et grave, de beauté presque géométrique, soutenue de contreforts
sans glacis, et surmontée de tours que couronnent des flèches gothiques. Type de façade
qui s'est imposé aux premières cathédrales gothiques (Notre-Dame de Paris). Tour-lanterne,
jadis plus haute, sur la croisée.   *Photo M. H.*

s'abstient de voûter la nef et conserve la vieille couverture en bois, dont les descendants des charpentiers
scandinaves agencent habilement les fermes, flèches et
entraits, peints et sculptés. Affranchie du poids, elle peut

donner à ses abbatiales une merveilleuse ampleur, inondée
de clarté. La tour-lanterne pose sur la croisée une couronne de lumière (fig. 16). De hautes et larges tribunes agran-
dissent encore l'espace. Mais les piles, alternativement
fortes et faibles, semblent pressentir, attendre la voûte

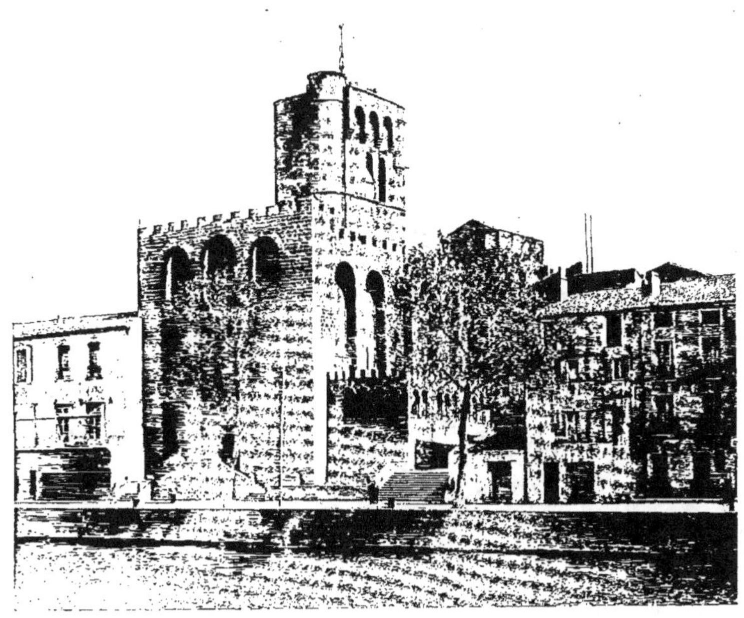

Fig. 18. — AGDE (HÉRAULT). L'ÉGLISE.

XIIe siècle. Exemple d'Église romane fortifiée, comme Royat, les Stes-Maries-de-la-Mer, etc...
Imposante masse, dont les hautes arcades supportent mâchicoulis et créneaux, et qui fait penser avec son clocher donjon à la guerre plus qu'à la prière.   *Phot. Touring-Club.*

gothique à six quartiers. Une décoration géométrique,
où l'on sent la survivance de la sculpture du bois, orne
sobrement ces monuments grandioses. Ils ne doivent
leur beauté, presque abstraite, qu'aux lignes et aux proportions. École originale, qui a conquis l'Angleterre (1066)
avec le duc Guillaume, et la Sicile avec les d'Hauteville :
à Waltham-Abbey comme à Cefalu un Normand se sent

chez lui. Cette retardataire recèle l'avenir. Impossible, devant les tours de Notre-Dame de Paris, de ne pas se souvenir de la fière Abbaye-aux-Hommes de Caen (fig. 17) (après 1066). Peut-être même est-ce elle qui a donné à la France et au monde l'architecture gothique. Lente à voûter, elle adopte presque soudainement la voûte d'ogives ! En at-

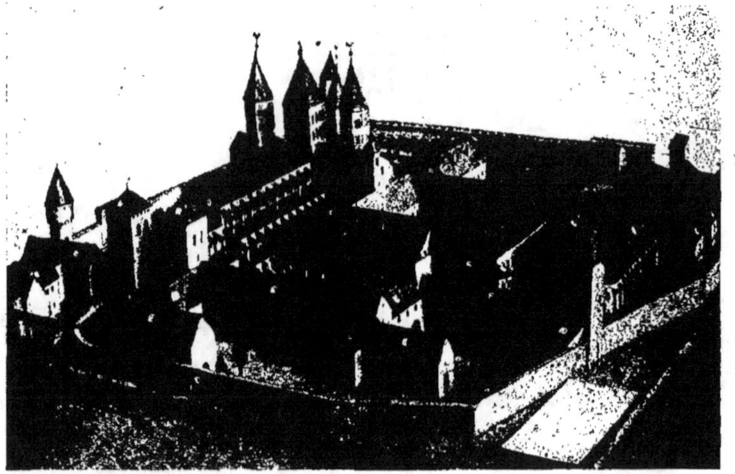

Fig. 19. — L'Abbaye de Cluny au XVIII° siècle. Reconstitution.

Disposition des bâtiments abbatiaux autour du cloître, qui s'accole au flanc de l'Église. Superbe abbatiale bénédictine (1089-1135), à doubles collatéraux, double transept, tour lanterne sur la croisée, et précédée d'un narthex à deux tours (1220). Cluny, berceau, en France, de l'ordre bénédictin réformé. *Photo Bourgeois frères.*

tendant, les deux abbatiales de Caen, celles de Boscherville (XII° siècle), de Jumièges (1040-1067), de Saint-Albans en Angleterre, sont parmi les monuments les plus « personnels » de l'époque romane.

A l'ombre de l'abbatiale se développe l'abbaye. Si les principes de construction restent les mêmes, les formes diffèrent, suscitées par les besoins d'une vie mi-religieuse, mi-pratique, qu'une haute sagesse avait réglée (fig. 19). La règle de saint Benoît, à Cluny, à Vézelay, à la Charité-sur-

Loire, à Moissac, etc., prodigue la magnificence comme un hommage à Dieu. La règle austère de saint Bernard, au contraire, fait surgir des abbayes plus simples, Citeaux (1098), Clairvaux (1115), Fontenay (1118), etc., autour

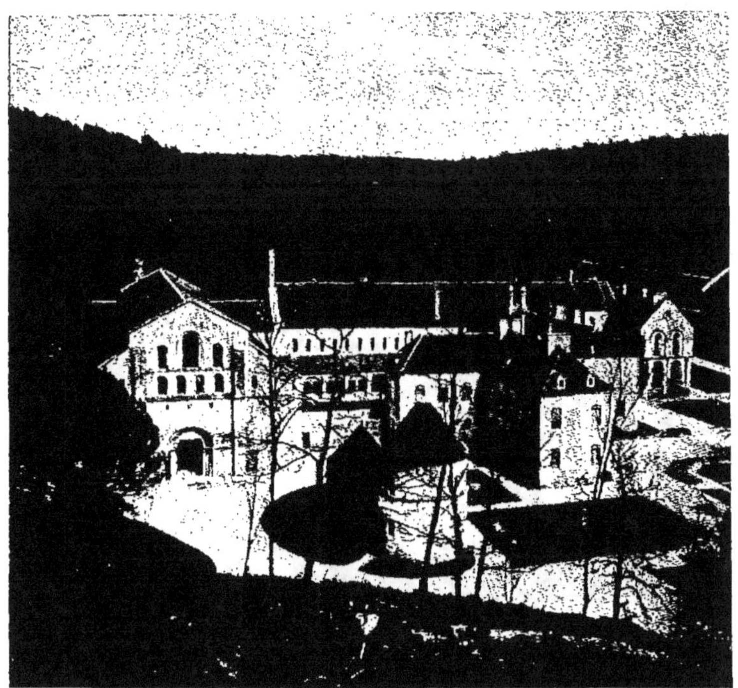

Fig. 20. — ABBAYE DE FONTENAY (COTE-D'OR).

Type cistercien, de simplicité austère. Abbatiale (1130-1147) sans tours sur la façade, sans tour lanterne sur la croisée, et à chevet carré. Aucune décoration adventice. Bâtiments abbatiaux simples et graves autour du cloître. Offices et communs. Moulin au premier plan.

Photo L. Begule.

d'églises au chevet carré, sobres elles aussi de décoration peinte ou sculptée, chefs d'œuvre de logique déjà janséniste (fig. 20). Mais l'une et l'autre disposent de même dortoir, salle capitulaire, réfectoire, souvent partagé en deux nefs par une épine de piliers, autour du cloître, qui est l'ancien atrium. Autrefois en avant de l'église, le voici accolé à son flanc. Une de ses galeries vient buter contre le transept. Voûtées ou non, celles-ci sont posées sur des arcades que portent des colonnes ou de solides piliers, souvent en alternance rythméc. Il est le centre et

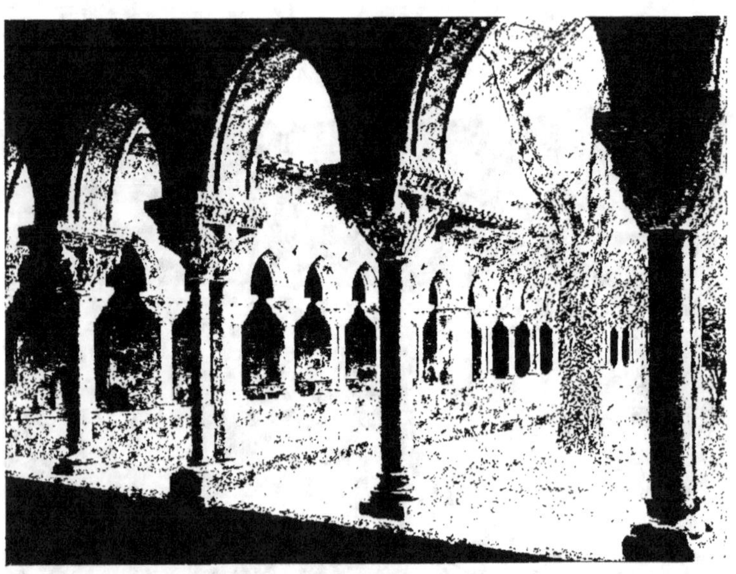

Fig. 21. — MOISSAC (TARN-ET-GARONNE). LE CLOITRE.

Arcades gothiques en tiers-point du XIVᵉ siècle, mais sur colonnettes romanes en marbre des Pyrénées, alternativement simples et géminées. Aux milieux et aux angles gros piliers rectangulaires pour résister à la poussée. Soixante-seize admirables chapiteaux sculptés (vers 1095) sous l'influence des miniatures et de l'Orient. *Photo L. Bégule.*

comme le Forum de la petite cité, régulière de plan, classique en ses formes un peu lourdes : elle a été conçue par des esprits latins. A Elne, à Moissac (fig. 21), à Montmajour, à Saint-Trophime, au Puy, à Ganagobie, conventuel ou séculier, en lui se concentre l'effort de l'art monastique. Le monastère accueille le goût oriental dans les étranges bas-reliefs de ses chapiteaux, mais il moder-

nise, dans ses dispositions générales, le type de la grande
villa gallo-romaine, qu'il adapte à toutes les formes du travail aussi bien qu'aux actes de la vie religieuse. Ainsi, grâce
au Christianisme, à l'Orient, à l'indéfectible vertu de Rome,
la grande construction de pierre, l'Architecture, a reparu
dans le monde renouvelé, et c'est en France qu'elle s'organise savamment.

CHAPITRE II

LA RENAISSANCE DE LA SCULPTURE ET LA PRIMAUTÉ
DE LA FRANCE

Le retour au relief et à la forme. — La Sculpture ornementale : les
thèmes, le style, l'obsession orientale. — La Sculpture monumentale et historiée. — L'influence de la Miniature et l'initiative du midi. — La prééminence du bas-relief et ses causes. —
Le progrès du XIᵉ au XIIᵉ siècle. — Les chapiteaux, les pieds-
droits, les grands tympans. — Les Écoles régionales et leur
originalité. — La polychromie.

Ces masses grandioses, il fallait les décorer. C'est à la
sculpture surtout que l'art roman confie ce soin. Et c'est
ici son autre gloire : il l'a ressuscitée. Depuis la fin du
monde antique, l'Occident avait perdu le sens du relief,
qui nous fait jouir d'une des beautés du monde : les
formes. L'Orient et les barbares venus du Nord y répu-
gnaient. Encore aujourd'hui ce sont des tapis, des bois
ajourés ou incrustés, du métal ciselé, c'est-à-dire des arts
de décoration plate et de couleur, que nous envoient
Smyrne, le Kurdistan, le Maroc. C'est lentement que la
France s'est mise à champlever la pierre afin de ménager,

pour le regard et le toucher, de belles saillies, que la pensée et le sentiment feront frissonner.

Mais deux catégories sont à distinguer. Il y a une sculpture purement ornementale, qui se développe en bas-

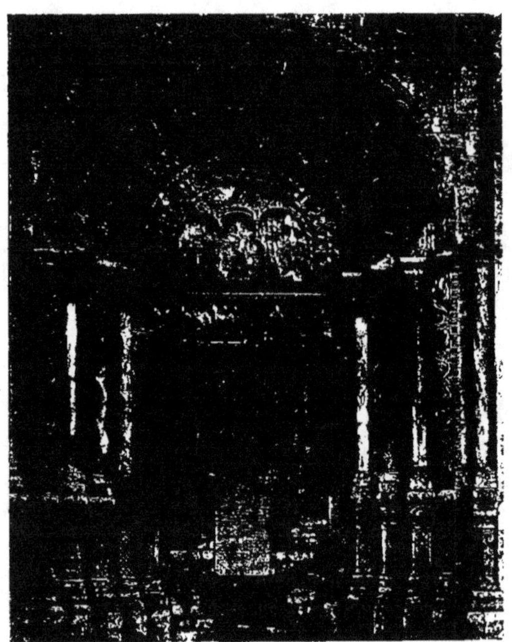

Fig. 22. — AVALLON. PORTAIL SUD DE SAINT-LAZARE.

Sculpture décorative luxuriante aux pieds-droits et aux voussures, faite de motifs rarement antiques, le plus souvent carolingiens et orientaux (rinceaux, tresse, torsade, rosace, ruban, fleur de lis). Ce portail apparaît comme un énorme bijou ciselé.   *Photo M. H.*

relief sur les voussures des arcs et des baies, aux bandeaux, aux corniches, au plat des murs, surtout aux corbeilles des chapiteaux. Tantôt elle est purement géométrique. Zigzags, dents de scie, dents de loup, frettes crénelées, étoiles, cordes, tresses et entrelacs, rappellent les combinaisons linéaires apportées par les barbares de l'Est ou du Nord, et qu'eux-mêmes tenaient du lointain

Orient, où fleurit encore la polygonie primitive. Tantôt des bandelettes perlées, de relief très plat, rappellent Byzance par la richesse et la qualité du travail. Cette technique ressemble bien plus à la ciselure ou à la verroterie cloisonnée qu'à la vraie sculpture. L'Orient est là, toujours, avec sa peur du modelé et sa passion du luxe.

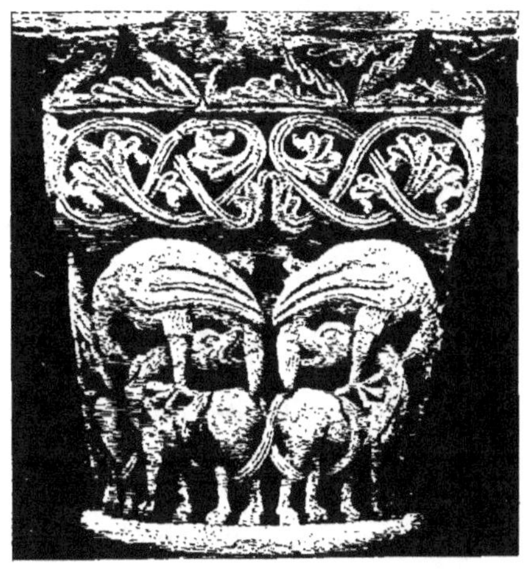

Fig. 23. — SAINTES. Chapiteau du transept de saint-eutrope.

Stylisation romane du réel sous l'influence du génie de l'Orient. Motif oriental des animaux s'entredévorant. Thème décoratif, oriental encore, de l'affrontement. Passion de la symétrie. Un tissu d'Orient a servi probablement de modèle. *Phot. E. Lefèvre-Pontalis.*

Certains portails, comme à Saint-Lazare d'Avallon (fig. 22) ou à Saintes (fig. 32), sont d'énormes bijoux. Le détail, soigné de très près, y laisse d'ailleurs intact le grand effet monumental. Au-dessous de la Loire, en Bourgogne, en Provence, l'ornement antique, grecque, rosaces, oves, rais de cœur et chapelets de perles, se souvient du temps magnifique où la Gaule fut romaine. Il est toujours de très grand style en sa sobriété. Mais que ces souvenirs classiques sont peu de chose à côté de l'obsession orientale !

C'est le végétal et l'animal qui représentent la vie. La

façon de les traiter est ce qui révèle le mieux les tendances profondes du génie roman. Toujours les formes vivantes sont stylisées. La symétrie dessèche la feuille, affronte ou adosse les bêtes, à la manière persane, comme sur les tapis de Boukhara ou de Téhéran encore de nos jours (fig. 23). Cet art semble avoir l'horreur du réel : on le dirait énivré de haschich, tendu à la poursuite de visions dont quelques-unes, à force d'étrangeté maladive, sont de véritables cauchemars. Les monstres grimaçants, griffons, dragons, léopards, sirènes et gypaètes, venus de bien plus loin que l'antiquité classique, combinent des formes éloignées les unes des autres avec un raffinement d'imagination paradoxal. Ce qui s'interpose ainsi entre la nature et l'imagier, c'est sans doute une sorte de rêve, qui paraît s'exalter dans le silence du cloître. L'artiste, qui est le plus souvent un moine, vit dans une cellule, hors du spectacle du monde. Certes, cet art est monastique en son essence. Mais plus puissante encore est la vertu des modèles, étrangers, toujours étranges : tissus de soie de Perse ou de Sicile ; ivoires coptes, byzantins et sarrasins ; manuscrits anglo-saxons aux délirantes calligraphies où monstres et hommes s'entre-dévorent, comme à notre trumeau de Souillac ; boucles scandinaves ; parfois peut-être, comme à Bayeux (fig. 24), objets grimaçants d'Extrême-Asie. Jamais, si ce n'est en notre vingtième siècle, l'Orient n'a tant hanté l'art français. A chacune de ces Nativités, les Rois mages nous apportent leurs trésors.

Un moine, un cistercien, vit le danger : saint Bernard. Il a protesté contre ces formes horribles ou grotesques, dont la belle horreur même était pour le moine en prière une distraction. Mais les Bénédictins pensaient que rien n'est trop riche, trop raffiné, pour la maison de Dieu. S'ils ont encouragé cette sculpture, c'est qu'elle est souverainement décorative. On ne stylise que pour l'effet. Ces

arrangements de formes obéissent au rythme; leurs in-
flexions choisies tombent toujours juste. Cet art, qui
préfère les combinaisons imaginaires à la nature, pose
impérieusement devant l'esprit la question des rapports
entre l'effet décoratif et le réalisme, entre le style et la vie.

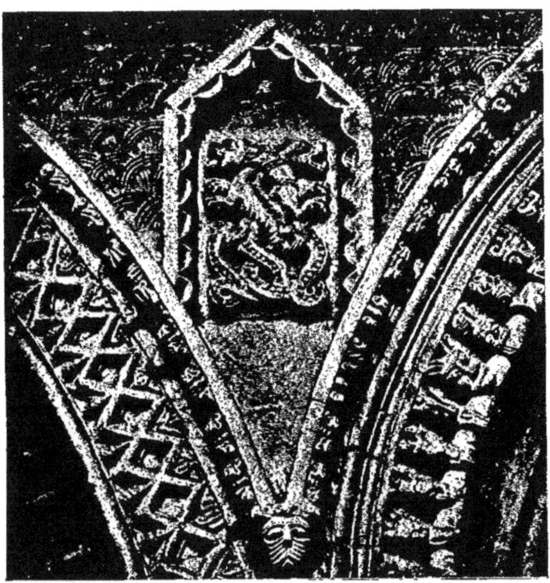

Fig. 24 — BAYEUX. Ecoinçon d'une arcade de la nef de la cathédrale.

Décoration normande, où s'associent des motifs scandinaves et des motifs d'Extrême-Orient :
têtes plates, losanges, dragons entrelacés et masque strié qui font penser à l'art chinois;
entrelacs d'osier qu'on retrouve aussi dans le roman anglo-saxon. Sens très sûr de la stylisation décorative.   *Photo E. Lefèvre-Pontalis.*

Malgré tout, ce n'est pas là que se révèle le mieux l'initiative de notre génie. Il y est trop asservi aux influences
étrangères. C'est dans la figure humaine et par elle qu'il
s'affranchit. Après six siècles que la civilisation romaine
était morte; il retrouve, pour représenter Dieu et l'homme,
l'art de faire tourner la forme dans l'espace. L'esprit du
Christianisme, de l'Église, répugnait d'abord à ces pres-

tiges qui avaient prêté la vie aux faux dieux. Même répu-
gnance chez les barbares venus du nord, qui avaient forcé
les barrières de l'Empire. Lorsque, vers 1020, l'écolâtre
d'Angers Bernard et ses compagnons, visitant en pèlerins
les sanctuaires du midi, aperçurent sur les autels les
statues de Sainte-Foy et de Saint-Gérald, ils crurent au
retour des idoles. Vénus ou Diane? Mars ou Jupiter? Il
y avait quelque chose de vrai dans l'erreur de ces septentrionaux puritains. Ce qui ressuscitait, en effet, ce
n'étaient point les divinités païennes : c'était la plus belle
audace de l'orgueil humain, celle qui a fait surgir le grand
art plastique : l'anthropomorphisme. Le pays vers lequel
« descendait » l'écolâtre est baigné, au sud, par la Méditerranée, d'où était née, selon la poétique légende, la
divine Aphrodite. Il avait gardé le souvenir émerveillé des
formes romaines, sculptées sur notre sol ou importées
durant cinq cents ans.

Certes, comme pour la sculpture ornementale, l'Orient
nous envoie par l'intermédiaire des précieux manuscrits
carolingiens ou syriaques ses motifs, ses symétries, son dessin tourmenté. M. Male a lumineusement montré la part
de la miniature dans ce grand renouveau plastique. Mais
l'antiquité gréco-latine préside à la Renaissance de l'art
formel, plastique, auquel elle avait de préférence confié
l'expression de sa pensée. Aussi renaît-il au-dessous de la
Loire, dans le midi, sur un sol encore pénétré des traditions antiques, chez un peuple artiste, qui fut toujours
plus prompt, par tous ses gestes, même par le seul mouvement de sa main dans l'espace, à saisir la forme, à figurer spontanément la vie. Dès le début du xie siècle, le linteau de Saint-Génis-des-Fontaines, dans les Pyrénées-
Orientales, est un essai de bas-relief, maladroit mais riche
de promesses, et à la fin de ce même siècle les chapiteaux

de Moissac tournent dans la forme, c'est-à-dire dans l'espace, les inventions des miniaturistes.

La sculpture romane est beaucoup plus riche en bas-reliefs qu'en ronde-bosse. Certes, elle l'a pratiquée, et dans des œuvres fort intéressantes par le sens de la plénitude : les Vierges-mères, en bois, en métal sur forme de bois, en belle pierre. Statues doubles même, puisque l'Enfant en est une plus petite, qui se superpose à l'autre. Mais qu'est cela en comparaison des innombrables « histoires » qui courent sur le champ de la pierre où elles restent attachées, et font ainsi partie de la masse même de l'église qu'elles décorent ?

Ce fait curieux n'a pas manqué de frapper l'attention des historiens de l'Art. Serait-ce que le bas-relief est plus facile à traiter ? Tableau sculpté, il n'est qu'à deux dimensions, tandis que la statue en a trois, celles mêmes des êtres vivants et de l'espace où ils se meuvent. Bas-relief d'abord, puis ébauche de statuaire dans les « chefs » reliquaires du midi, enfin la statue, chef-d'œuvre du sens de l'espace, autour de laquelle l'air, le regard et la main, tournent librement : telle serait l'évolution de la technique et la marche du progrès, du midi latin au nord barbare.

Il se peut que dans la plus ancienne civilisation la statue soit antérieure. Elle est la forme réelle, donnée immédiate de nos sens, tandis que le bas-relief est une fiction qui suppose un travail plus complexe de l'esprit et des mains. C'est par elle que l'art humain a commencé. Mais chez nous c'est sur le bas-relief que l'art de la forme fait ses premiers pas, du moins ceux qui comptent, et c'est là qu'il s'est longtemps complu. C'est que cette technique transpose la miniature carolingienne, et surtout qu'elle est comme une émanation de l'architecture. A une époque où la sculpture est un art complémentaire, le bas-relief se fixe au monument qu'il décore, comme en Grèce à la frise de la cella ou aux métopes de l'entablement. Et puis, il raconte : il est le préféré de cet art, qui n'est plus assez enfant pour s'en tenir au symbole, mais qui reste assez jeune pour se plaire au récit. Ses progrès sont, d'ailleurs, bien plus rapides que ceux de la statue. Les « chefs » ou statues-reliquaires, immobiles, les yeux fixes, ont quelquefois, comme la Sainte-Foy-de-Conques (début du xie siècle), l'air d'une idole sauvage constellée d'amulettes. La Vierge, fixe sur son axe, portant sur ses genoux l'Enfant vertical comme elle et comme elle de face, abuse de la frontalité. Certes, du linteau de Saint-Génis-des-Fontaines au tympan de Moissac (xiie siècle), le progrès tâtonne. La main de l'artisan suit des conventions religieuses ou techniques. De là l'insignifiance dans les figures, le hiératisme dans certaines attitudes, ou au contraire la frénésie, car la recherche naïve du mouvement aboutit au tumulte sans cause. De là aussi l'absence de perspective, quand il assied au tympan un immense personnage comme le Souverain Juge, et déjette de côté ses genoux par impuissance à les montrer de face. Il noue de torticolis les têtes des pauvres vieillards de l'Apocalypse, levées vers lui. La gaucherie des gestes n'a d'égale que le style artificiel des draperies. L'influence de la miniature est partout. Chez les Apôtres de Vézelay les plis, presque écrits sur la pierre, s'enroulent en paraphes ou s'envolent, comme dans certains manuscrits de l'Apocalypse. Le ciseau suit les virtuosités de la plume. Cette plastique sort de la calligraphie. Mais peu à peu elle se libère, découvre le naturel, même l'expression. C'est au xiie siècle que la momie, déliée, remue, vit, et nous parle. Les grimaces qui y restent nous touchent comme des cris de sincérité. Le tympan d'Autun est bien barbare : pourquoi est-il si dramatique ?

Le bas-relief tourne sur les quatre faces des chapiteaux, où se déroule l'histoire des personnages sacrés. Le chapiteau historié est presque propre à l'art roman. En apparence, c'est un illogisme de faire vivre et agir un petit monde entre le pilier et l'arcade qu'il supporte : terribles forces ennemies dont le heurt va l'écraser ! Mais l'art roman déclinant avait déjà inséré des figures humaines entre les acanthes corinthiennes. La corbeille simplement végétale elle-même, qu'elle soit antique ou gothique, n'est pas plus logique. Les imagiers romans ont d'ailleurs donné à ces petits bas-reliefs la vigueur qui convient à un support, une fermeté et une largeur qui s'accordent à l'effet monumental. Quel grouillement de vie, et déjà (xiie siècle) quelle justesse de gestes et d'attitudes aux chapiteaux de Notre-Dame-du-Port, de Saint-Nectaire, de Mozat, de Vézelay, de Toulouse et de Moissac !

Il décore aussi les pieds-droits du portail. De grandes histoires lapidaires, comme à Moissac celle du Mauvais Riche, du clerc Théophile, du châtiment des Vices, où des personnages sacrés de grandeur naturelle, accueillent le fidèle à son entrée. L'antiquité n'avait pas eu l'idée de cette audace. Mais surtout le bas-relief s'étale à l'aise sur le tympan, vaste espace demi-circulaire compris entre le linteau et l'arc de la porte (fig. 25). C'est là que la sculpture romane a composé ses plus magnifiques pages, amples comme des poèmes. C'est l'Apocalypse de saint Jean, qui hante l'esprit des clercs et des imagiers, parce qu'elle est une vision : vision de solitaire au désert ! D'ailleurs les miniatures des manuscrits en donnaient d'admirables modèles. Le Dieu de Majesté, gigantesque, inscrit dans la mandorle, est assis comme un Basileus byzantin sur une cathèdre enchâssée de gemmes, dans une attitude de souveraineté, avec une expression d'éternité, entre les quatre figures demi-animales des Évangélistes, ou « Tétramorphe ». Il n'y a pas cinquante ans que la sculpture française a pris possession de ses moyens, et voici que le tailleur de

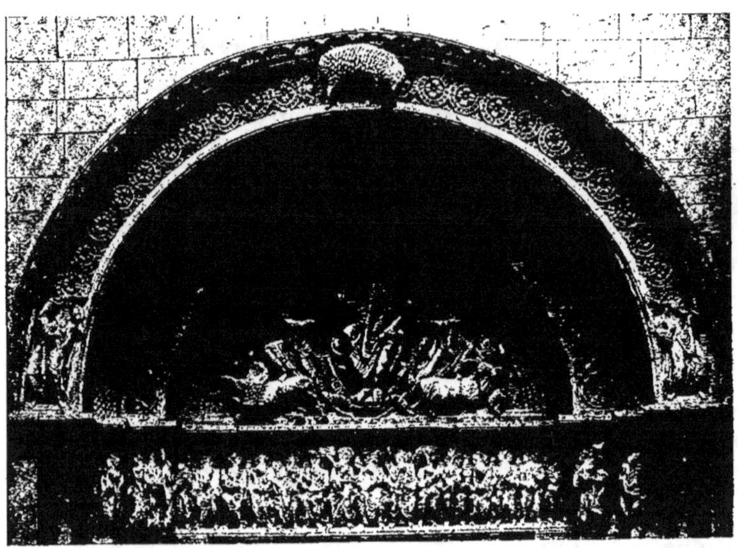

Fig. 25. — CHARLIEU (LOIRE). LE TYMPAN DU PORTAIL.

Bel exemple de ces grands bas-reliefs demi-circulaires qui couronnent les portails. Le Christ dans la mandorle, entouré des symboles des quatre Evangélistes. Au linteau, la Vierge et les Apôtres. Transposition probable dans la pierre d'une fresque de Lavaudieu. Elégance et finesse de l'exécution.

pierre ose affronter avec le ciseau des hallucinations éperdues. Mais c'est un latin : il les ordonne en des compositions claires, déjà classiques. Tout ce fantastique se discipline et s'apaise. Ces tympans issus de la miniature ont déjà la majesté de la fresque. C'est aussi la Pentecôte ou Mission des Apôtres (fig. 26). L'imagier de Vézelay sculpte bravement le soleil et la lune, avec les ondulations de la mer et de la terre, et les rayons inspirateurs qui vont des larges paumes du Christ aux Apôtres, recroquevillés sous ces atteintes de feu. Le Christ, agité par l'esprit divin, mais ligotté par la maladresse du sculpteur qui suit le le miniaturiste se trémousse sur son trône comme la Sybille sur son trépied, tout déjeté. C'est enfin l'immense drame du Jugement Dernier, grandiose vision dantesque.

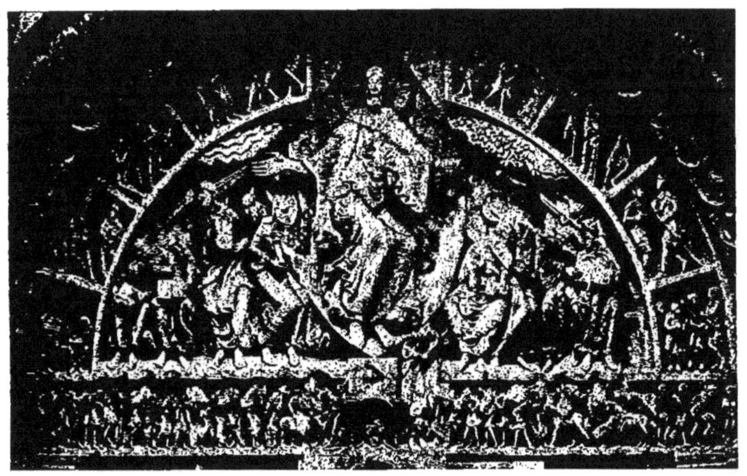

Fig. 26. — VÉZELAY (YONNE). TYMPAN DU GRAND PORTAIL DE LA NEF.

La Pentecôte, et sur le linteau les peuples de la Terre. Réminiscence d'une miniature de manuscrit. Le dessin et les paraphes du scribe ont été transposés dans la pierre. Maladresse des raccourcis, allongement de la taille, don du mouvement et grandeur monumentale. *Phot. E. Lefèvre-Pontalis.*

Le seul tort de ces œuvres formidables, à Beaulieu, Conques, Autun, Moissac, c'est d'avoir été dépassées par les tympans des cathédrales gothiques. Mais leur mérite, c'est de les avoir préparés. Tout, idées et formes, ampleur et pondération de l'ordonnance, y est déjà en germe.

Comme l'architecture, la sculpture romane surgit dans toutes nos provinces. Il semble bien que le réveil se soit accompli vers la fin du xie siècle, dans l'heureux midi, surtout dans le Languedoc raffiné, tout imprégné des traditions latines et stimulé par les miniatures d'Apocalypses espagnoles : il va devenir jusqu'à l'atroce croisade contre les Albigeois (1208), le jardin fleuri de la gaye science et des troubadours. A Moissac (fig. 27), le tympan et les chapiteaux doubles du cloître, ciselés comme des ivoires

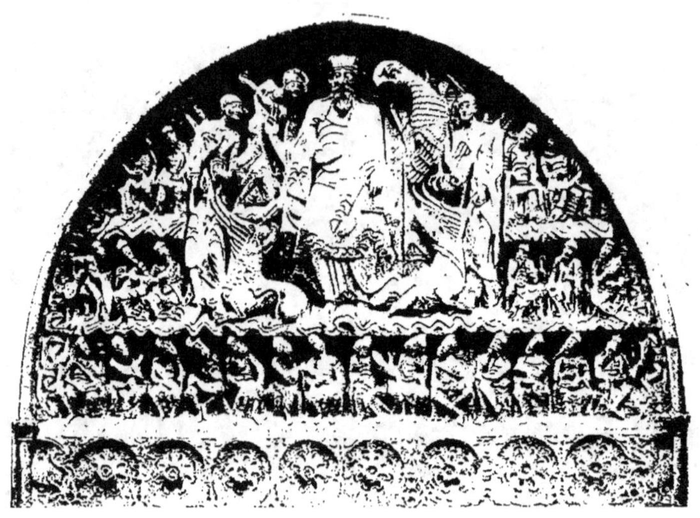

Fig. 27. — MOISSAC (TARN-ET-GARONNE). LE TYMPAN DU PORTAIL (XIIᵉ SIÈCLE).

Le Christ entre les symboles des quatre Évangélistes, et les 24 vieillards de l'Apocalypse. Prestige inouï des manuscrits à miniatures de l'Apocalypse, et leur influence sur la Renaissance plastique. Clarté latine dans l'interprétation de la vision orientale. Linteau à rosaces de modèle antique. *Photo M. H.*

sarrasins, sculptent les feuillets enluminés de l'Apocalypse. Ce sont peut-être des diptyques byzantins qui ont inspiré les bas-reliefs de marbre du déambulatoire de Saint-Sernin de Toulouse (xiiᵉ siècle), d'ailleurs polis comme l'ivoire. Partout, dans les prieurés clunisiens, à Moissac, à Souillac, à Toulouse, l'École lance en mouvements fougueux des personnages dégingandés. Leur corps désaxé tressaute dans la pierre. Autour de leur pantomime les draperies claquent violemment. Quand par hasard ils sont assis, ils croisent les jambes, comme d'impatience. Ainsi les croisaient en forme d'X leurs frères aînés des miniatures dans certains manuscrits du sud-ouest (fig. 28).

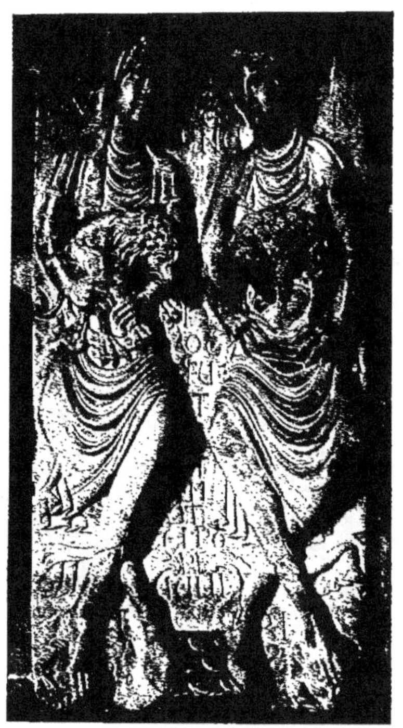

Fig. 28. — TOULOUSE. BAS-RELIEF DE SAINT-SERNIN.

Femmes portant le lion et le bélier. Attitude assise avec les jambes en X selon une habitude des ateliers de Moissac et de Toulouse, contractée sans doute sous l'influence de miniatures méridionales. *Photo de Mély.*

L'immobilité même, ici, est dynamique! Les imagiers du pays ont porté jusqu'en Provence et à Saint-Denis-en-France cette sculpture toute en ressorts. En appelant ces ateliers pour décorer sa basilique, l'abbé Suger proclamait l'hégémonie féconde du Languedoc sur la sculpture romane française. Ici aussi, à Moissac, sur la tombe de l'abbé

Durand est né au xie siècle un genre qui nous est national : le portrait.

La sculpture bourguignonne a été stimulée, elle aussi, par la tradition antique, toujours vivace dans les vallées du Rhône et de la Saône, grande voie de pénétration de l'art romain. Et quelle impulsion que celle de l'abbaye de Cluny ! Aussi est-ce le pays des grands tympans. Sur ceux-

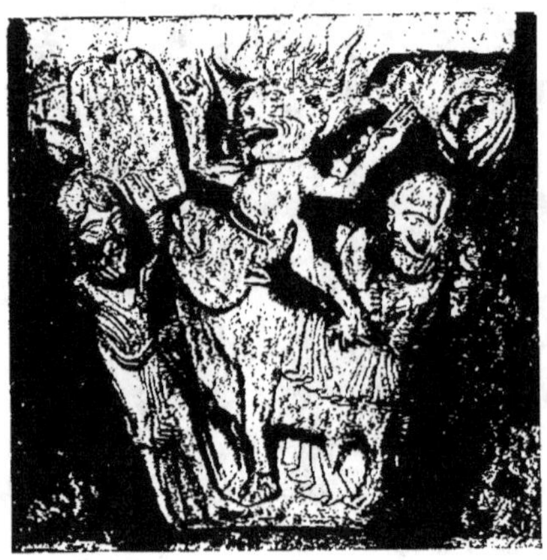

Fig. 29. — VÉZELAY. Chapiteau : le veau d'or.

Sculpture bourguignonne : la fréquence du Démon, le sens du drame et le don du mouvement. Le réalisme est déjà un caractère de l'Ecole, bien avant Claus Sluter et le xve siècle.

Photo N. D.

ci et autour des chapiteaux, à Vézelay, à Autun, foisonne une vie intense, extrêmement dramatique. Le démon y multiplie contorsions et grimaces (fig. 29). Or, en art, il est le mouvement. Aux miniatures des manuscrits qu'on enluminait tout à côté dans le monastère sur les modèles byzantins, l'imagier emprunte les paraphes calligraphiques dont s'habillent ses figures indéfiniment allongées. La merveille, c'est que ces habitudes de scribe ne l'empêchent jamais de rester « monumental ». L'École invente même le grand mausolée à statues, à vraies statues en ronde bosse comme l'imposant ensemble de Saint-Lazare d'Autun (fig. 3o). Mais cette hardiesse, vers 1180, ouvre déjà la porte à l'art qui vient.

L'Auvergne taille des chapiteaux trapus (xiie siècle), où

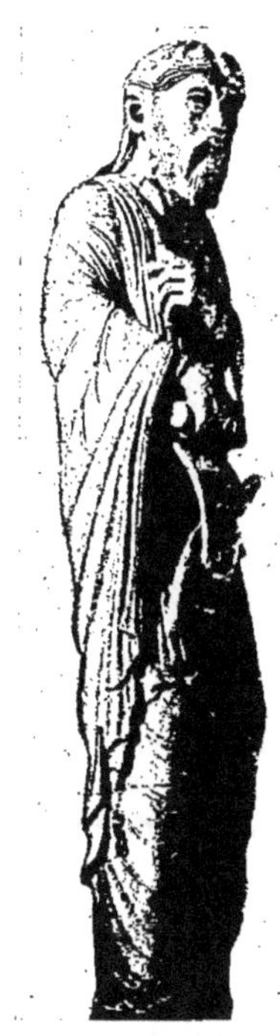

Fig. 30. — AUTUN. L'apotre saint andré.

Provient du monumental tombeau de Saint-Lazare, détruit. Statue en ronde-bosse de très grand style, par le moine Martin entre 1170 et 1189. Elle annonce déjà l'art gothique.

les figures s'enlèvent en relief vigoureux sur des creux pleins d'ombre. La technique du bas-relief gallo-romain, travaillé au trépan, s'était conservée sur ces plateaux (fig. 31). Les figures de Notre-Dame-du-Port, de Saint-Saturnin, de Saint-Nectaire, sont de l'art populaire, plein de verdeur et de familiarité. Têtes énormes, coiffées en rou-

leaux, sur corps bref mais ramassé. Elles sont des plus vivantes qu'il y ait, dans des formes lourdes.

Saintonge et Charente-Inférieure cisèlent leurs riches
façades comme une orfèvrerie énorme (fig. 32). Dépour-
vues de vrais tympans, elles logent aux voussures des
figures, et dans le sens même de la courbe. Parti ingé-
nieux et hardi, que s'empressera de reprendre la sculpture

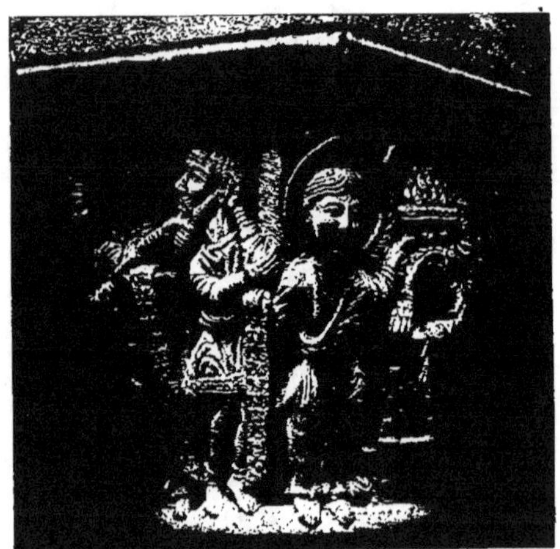

Fig. 31. — CLERMONT. Chapiteau a notre-dame-du-port.

L'Ange et St-Joseph. Art auvergnat de relief vigoureux, de formes robustes, et très animé.
Oppositions vives d'ombres et de lumières. Usage constant du trépan.   *Photo N. D.*

gothique ! Çà et là chevauche pesamment un cavalier
mystérieux, qui foule un vaincu : souvenir probable, mais
très confus du Marc Aurèle de la place du Latran à Rome,
qui passait pour l'empereur Constantin. N'est-ce pas celui-
ci qui avait fait sortir l'Église des catacombes et des chapelles domestiques, et donné l'essor à la Chrétienté ? Ce
sont les seules figures équestres, en haut relief ou ronde
bosse, et de grandes proportions, de l'art roman français.
C'est aux sceaux que le Moyen Age réservera de préférence ce noble motif.

Dans l'antique Provence, Saint-Gilles et Saint-Trophime sont décorées à la romaine (fin du XII° siècle). Elle imite, non sans lourdeur, le décor déjà épais des stèles funéraires et des premiers sarcophages chrétiens, qui peu-

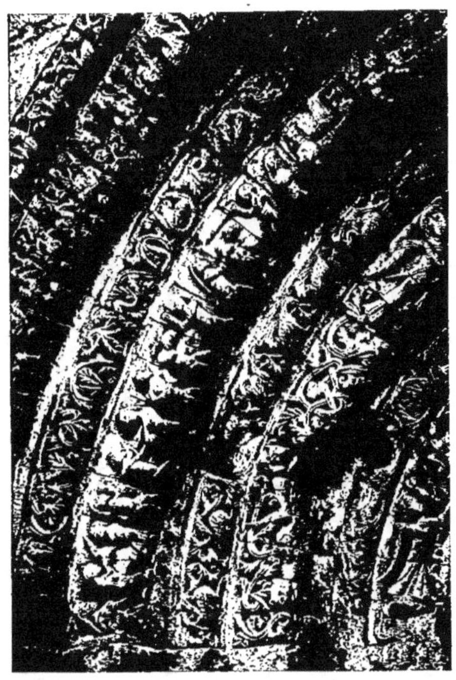

Fig. 32. — SAINTES. ARCHIVOLTE DU PORTAIL DE NOTRE-DAME.

Art saintongeais. Six voussures orfèvrées comme un colossal bracelet. Chaque figure étant taillée dans un claveau, il y a 53 vieillards de l'Apocalypse au lieu de 24. et dans la voussure du Massacre des Innocents chaque enfant est aussi grand que sa mère.

Photo Lefèvre-Pontalis.

plaient cette terre de nécropoles. Les imagiers de Saint-Trophime se sont sans doute promenés aux Alyscamps, où les tombes sculptées se pressaient encore. Les Apôtres, encadrés de colonnes corinthiennes ou de pilastres cannelés, sous des corniches à modillons, ont l'air de sénateurs (fig. 33). Mais le sol provençal était par trop riche de modèles. Abâtardie par l'imitation l'École reste en arrière. Les statues qu'elle dresse à ces façades ne sont souvent qu'une transposition pesante, et tardive, de celles de l'Ile-de-France.

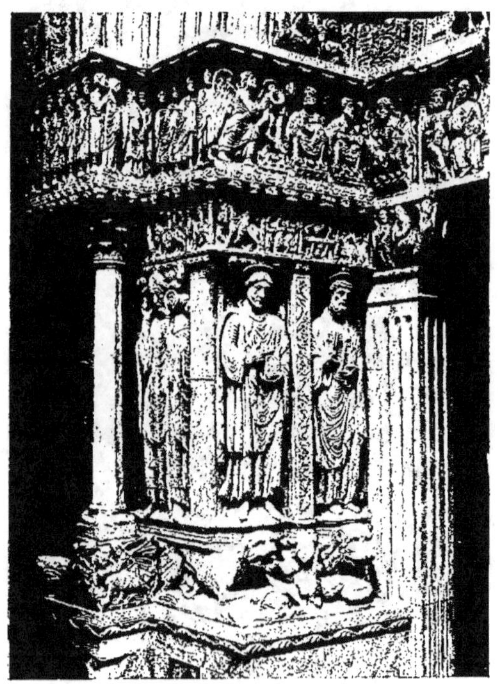

Fig. 33. — ARLES. Portail de Saint Trophime. Statues des apotres.

Sculpture tardive, de la fin du XII⁰ siècle. Rencontre d'influences antiques (colonnes et pilastres, denticules et modillons, etc.) et d'influences orientales venues par les miniatures (colonnes reposant sur des lions.) *Photo N. D.*

Nous voici, en effet, arrivés à l'École qui détient l'avenir. C'est là qu'est la Monarchie, autour de laquelle se groupent les énergies les plus actives du pays. Certes, les chapiteaux sont médiocres, et pauvres en figure humaine. Mais, dès le milieu du siècle elle a, la première, une idée féconde : dresser des personnages contre les montants ébrasés du portail. C'est l'abbé Suger qui la conçoit, vers 1144. Chartres, Le Mans, Corbeil, Étampes, s'empressent de l'emprunter à l'abbaye royale. Cette statue-colonne, c'est déjà la statue monumentale. C'est la forme dans l'espace en même temps qu'adossée, parfois même avec le modelé de la vie, de la vérité dans les traits, quelque expression dans le sourire secret. Mais ici, il faut nous arrêter, car ces personnages debout, de grandeur nature, presque en ronde-bosse, qui font la haie pour accueillir le fidèle à l'entrée de l'église, nous introduisent dans un autre monde. Ces portails romans nous ouvrent déjà l'art gothique.

CHAPITRE III

LES ARTS DE LA COULEUR.

La passion sensuelle de la couleur. — La Peinture murale. — Le Vitrail. — Les Arts décoratifs. — Opulence de la matière et des effets. — L'originalité de l'art roman. — Evolution rapide et brève durée. — Aspiration ardente à l'art gothique.

Souvent, la polychromie ajoutait à la vie des figures de pierre, sur les chapiteaux, même sur les grands tympans. Moissac et Conques étaient colorés. Coloris factice, il est vrai : il transportait sur le relief ou le champ le bleu, le vert, le rouge, des enluminures des manuscrits. Ici encore effet et convention primaient le naturel. Mais cette polychromie n'était pas la seule. L'Art roman est comme toutes les époques jeunes, comme le vieil Orient lui-même, qui, à cet égard, en est resté à sa jeunesse : il aime la couleur. Il l'aime en elle-même, indépendante de toute forme. Cet art essentiellement architectonique et plastique, cet art de la masse et de la forme, aime aussi, passionnément, à faire chanter les surfaces. Coloriste, il l'est dans la peinture proprement dite, dans tous les arts décoratifs, qu'il fait chatoyer. Il faut nous représenter les églises du xiie siècle, non grisâtres et un peu tristes comme aujourd'hui, mais luxuriantes, de leurs

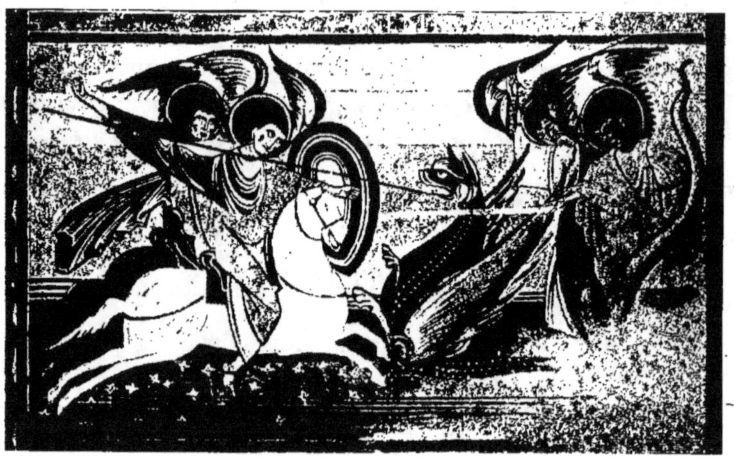

Fig. 34. — SAINT-SAVIN (VIENNE). Fresque du xiie siècle.
D'après Gélis Didot et Laffilée.

Combat de saint Michel et du dragon. Miniature agrandie. Contour au trait et teintes plates. Les ombres elles-mêmes sont au trait. Art abréviatif et synthétique, donc monumental, qui résume la terre en quelques fleurettes, et stylise à la manière byzantine.

parois à leur mobilier. Elles vibraient, et caressaient les sens. C'est à leur image sans doute que le fidèle se figurait le Paradis. Contre l'excès de ces prestiges aussi saint Bernard a protesté : il se défiait de l'art sensuel entre tous, qui est la volupté des yeux. Mais les bénédictins en ont usé allègrement.

Sur ses murs pleins l'édifice ménage à la peinture monumentale de vastes surfaces. Des fresques grandioses

les ont couvertes, dont celles de Saint-Savin (xie siècle)
sont un bel exemplaire. C'est moins que tout autre un
art d'observation (fig. 34). Plus de modèles antiques, ici,
sur lesquels on pût s'appuyer comme pour la sculpture!
Des traditions byzantines conduisent ce dessin, très sûr
de lui, mais conventionnel, toujours statique. Il appuie
d'un gros trait sur le contour, même quand il lâche en
mouvements endiablés des personnages tout en saccades.
Le plus souvent il reste grave, de la perpétuelle gravité
romane. Devant certaines figures, à Montoire, à Berzé-
la-Ville, à Vic, à Poitiers, à Poncé, à Montmorillon, etc.,
on se croirait revenu devant les mosaïques solennelles
de Ravenne, si çà et là un peu de naturel dans le geste,
un souffle de vie, ne nous avertissait que nous sommes
en France, à la fin du xiie siècle, à la veille de l'épanouissement gothique. Les types sacrés sont des lieux communs.
Les visages, presque toujours de face, s'allongent en
ovales, où s'ouvrent de grands yeux fixes, qui semblent
voir plus loin que le commun des hommes. Jamais de
perspective ni de paysage. Une gamme restreinte étale
ses teintes plates. Presque jamais de modelé, ou à peine
indiqué. Car le modelé, c'est la substance, la plénitude,
la vie. La fresque romane est une miniature agrandie.
Cet art, qui a déjà tant de grandeur sur le feuillet de
parchemin, n'avait pas besoin de se guinder pour l'édifice.
Une large et sereine harmonie s'en élève en sourdine.
Idéogramme sans doute, mais surtout ample décor monumental, en accord parfait avec l'esprit religieux, avec
les lignes de l'architecture, avec l'immuabilité du mur
que l'on sent derrière.

A ces fresques le vitrail ajoutait, dès le xiie siècle, les
prestiges de sa lumière colorée. C'est chez nous qu'est
né cet art éblouissant, qui transfigure de ses reflets les

pierres, l'air même. Les vitraux (très restaurés) de
Saint-Denis, de Chartres, du Mans, d'Angers, etc...,
composent encore aujourd'hui autour de nous cette atmo-

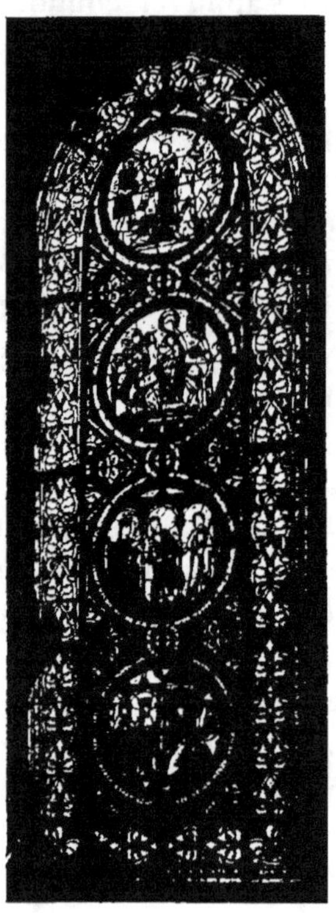

Fig. 35. — SAINT-DENIS. VITRAIL DU XII° SIÈCLE DE L'ÉGLISE ABBATIALE.

Très restauré. Art purement décoratif, qui procède par stylisation et synthèse. Scènes
circonscrites en médaillons superposés, et très lisibles de dessin pour être vues de loin en
transparence. Fond ornemental et tons somptueux.   *Photo Le Deley*.

sphère (fig. 35). Tons simples, mais opulents, veloutés, surtout dans le bleu : ce bleu profond comme un lac inson-
dable, et que nos verriers n'ont su retrouver. Dessin décisif et synthétique. Les cercles superposés, venus des
tissus, rappellent que le vitrail n'est que le souvenir des

voiles de soie transparents qu'on tendait jadis aux fenêtres pour les clore. Des tissus étaient étalés aux parois.
La célèbre broderie de la « reine Mathilde », à Bayeux,
offre en teintes plates cerclées d'un gros trait des chevaux
et des cavaliers rouges, verts, jaunes, bleus, qu'on dirait
descendus d'un blason (fig. 36). La magie du coloris s'offrait
encore sur les pavements en mosaïque : les traditions
romaines s'y relevaient d'une somptuosité de tapis orien-

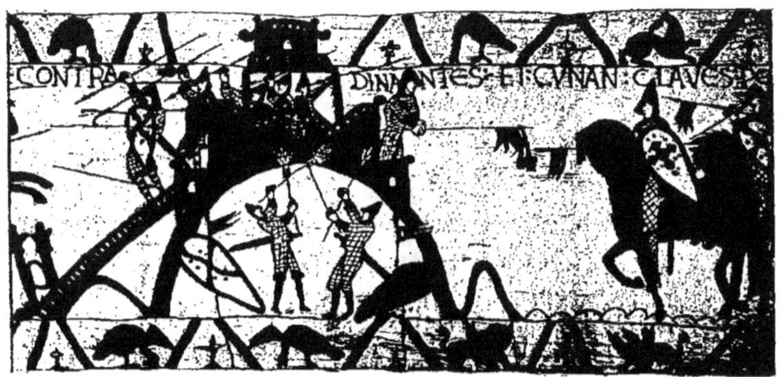

Fig. 36. — BAYEUX. Broderie de la reine Mathilde.

Usage constant des tissus colorés dans les églises et les châteaux de l'époque romane. — Ici,
dans les bordures de style oriental, animaux affrontés et fleurs de lis. — Assaut de Dinan.
Château du XIe siècle sur motte et en bois, avec fossé, talus et pont de bois. — Beau dessin
des chevaux ; art du profil. Mais teintes plates.

taux. Pavements, tissus, vitrail, fresque : toujours de la
décoration chromatique et plate! On est étonné de
l'effort qu'il a fallu à la plastique pour dégager son relief
de tout cet entourage. La vision romane, dans les arts
décoratifs, reste plane. C'est la couleur encore qui donne
un aspect si précieux aux reliquaires émaillés de Limoges.
Certes, l'effet monumental demeure dans ces petites
réductions d'églises; mais les émaux champlevés au bleu
chaud, les pierres taillées en cabochons ou en tables, le
travail du cuivre gravé ou ciselé, sont pour l'œil une

volupté. Le trésor de Conques, où règne la Sainte-Foy
pareille à une idole de la Papouasie, mais ruisselante de
gemmes, éblouit par son opulence asiatique (fig. 37). Elle
s'étalait aussi aux candélabres, ouvragés d'un lacis inextri-
cable de rinceaux et de grotesques, aux lampadaires, aux

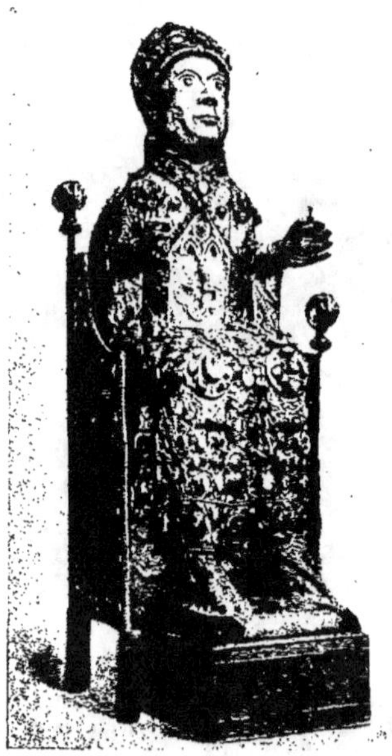

Fig. 37. — TRÉSOR DE CONQUES (AVEYRON). Statue de sainte Foy.

Du début du XIᵉ siècle. Plaques d'or sur âme de bois, non travail plastique de la véritable
statuaire. Forme barbare, opulence asiatique de la matière et de la couleur, où concourent
des gemmes antiques et des pierres précieuses taillées en tables ou en cabochons.

Photo Carrère, Rodez.

couvertures d'Evangéliaires constellées de pierres précieuses en cabochons. Une splendeur, que notre goût ané-
mié de purs Occidentaux ne supporterait plus, accompagnait de sa symphonie la sculpture historiée, latine d'origine
et déjà classique d'esprit.

Voilà donc la double gloire de l'art roman : il a presque
réinventé l'architecture voûtée et la plastique. Il retrouve

le secret de capter l'espace avec la pierre appareillée, et la forme sculptée. Et cela, tout en pratiquant sur les surfaces la magie des effets colorés. Le génie national, désormais, existe et se connaît. Il s'est dégagé des langes où l'Orient l'enserrait. L'initiative des grandes abbayes bénédictines, surtout de l'abbaye de Saint-Denis, où l'esprit le plus ardent du Moyen Age marche de l'avant avec l'abbé Suger, le pousse à pas de géant. Sa marche vers le progrès est si rapide, qu'en cent ans à peine l'Art roman parcourt sa destinée. Pour la construction de la voûte il est maître de ses ressources à la fin du xie siècle et produit ses belles œuvres au xiie. Mais déjà, dès le premier tiers du siècle, on voit poindre les nouveautés qu'il n'avait fait que pressentir et dont il mourra. En sculpture, au xie siècle il balbutie encore. Mais vers 1145, aux portails de Saint-Denis, il inaugure la grande statuaire des cathédrales. Entre ce qui le précède et ce qui le suit il est comme coincé. A bien regarder, il n'est qu'une aspiration, ardente et brève, au gothique. Quand l'historien essaie d'en serrer l'étude, il le sent presque s'évanouir.

L'ART GOTHIQUE

CHAPITRE PREMIER

L'ARCHITECTURE GOTHIQUE DES ORIGINES A LA FIN
DU MOYEN AGE. — LES ARTS DÉCORATIFS.

L'immense et profond renouveau. — Les circonstances historiques.
— La voûte sur ogives ou nervures croisées et la série logique de
ses conséquences : l'arc-boutant. — Les nouveautés du plan. —
Le lieu d'origine. — L'ouvrage français. — L'évolution de l'Architecture religieuse du xiie au xive siècle. — Le type général à la
grande époque, au xiiie siècle. — Les grandes cathédrales et
leur personnalité. — La souplesse du système gothique. — La
variété selon les régions. — La variété selon les programmes et
les besoins : Saintes chapelles, abbayes, châteaux.
L'Architecture au xve siècle. Le gothique flamboyant : ses caractères et son origine. Églises, clôtures et jubés. — L'esprit bourgeois et le renouveau de l'architecture civile : l'hôtel et la maison.
— La longue survie de l'esprit gothique et ce que lui doit
l'Architecture moderne.
Les Arts Décoratifs au Moyen Age. — Leur dépendance à l'égard
de l'Architecture et les hautes qualités qu'ils en reçoivent. —
L'Orfèvrerie et l'Émaillerie.

Ce que l'art roman attendait, pressentait, l'art gothique
le réalise. C'est l'apogée de l'art français du Moyen Age,

et le plus français que nous ayons eu avec celui du
xviiie siècle. Cette pureté de race et cette perfection lui
ont valu son rayonnement immense et une sorte de pe-
rennité.

Jamais art n'a été autant que celui-ci l'expression spontanée du « milieu ». Il eût dû ravir Taine, qui, formé par
l'ancienne discipline académique, n'a vu dans le Moyen
Age que ténèbres, et dans son art monumental que sombre
tristesse. Une société mieux ordonnée le forme à son
image. Dès la fin du xiie siècle, il s'organise harmonieusement comme elle. Le pouvoir royal s'est affermi. Les
Communes ont conquis leurs franchises. Elles sont plus
fières que des individus; car chez ces personnes collec-
tives l'orgueil de chacun se multiplie par celui des autres.
Entre le beffroi de la maison commune et la tour de la
trop vieille église qu'il s'agit de remplacer, il y a un sentiment unanime, une âme invisible, capables de soulever
jusqu'au ciel des montagnes de blocs. L'émulation les
tourmente. C'est à qui aura la plus grande, la plus belle
église, maison où la Cité prie, à côté de celle où elle gère
ses affaires. La foi ardente exalte les pierres en même
temps que les âmes, et les voue à la Mère de Dieu, à
Notre-Dame, qui est la préférée de ce mysticisme cheva-
leresque et courtois. Il a bien le parfum de France. La
royauté, les nobles, favorisent de leurs fondations et de
leurs dons cet élan universel. Le règne de Louis IX (1226-
1270) est l'âge d'or de l'art nouveau. Dans l'Église le
clergé séculier, qui vit parmi les hommes et les suit, au
son des cloches, de la naissance à la mort, l'emporte
désormais en influence sur les ordres religieux. Bien que
ceux-ci, les cisterciens surtout, aient adopté d'enthousiasme
l'art nouveau, qu'ils ont porté partout dans leurs colonies
d'Europe, il n'est plus monastique : il sort des cloîtres pour

se rapprocher du monde, de la nature, de la vie. Les plus beaux édifices sont ceux où s'élève la « cathèdre » de l'évêque, non plus le trône de l'abbé : ce ne seront plus des abbatiales, mais des cathédrales. Les corporations s'organisent, et avec elles ce précieux « enseignement technique » dont notre époque déplore amèrement la décadence. Le travail groupe sur les chantiers des artisans et des architectes formés encore dans les ateliers des moines, mais laïques. En plein Moyen Age s'élabore la loi du travail moderne.

L'art gothique est avant tout un renouveau de l'architecture. Elle est plus que jamais l'art souverain, qui donne sa loi aux autres et organise le style. La voûte d'arêtes romane était déjà un pressentiment puisqu'elle localisait les poussées à ses quatre extrémités. Mais qu'elle était lourde encore, cette carapace, et de structure difficile par l'enchevêtrement des voussoirs arêtiers! Et malaisée à faire tourner sur les déambulatoires qui s'arrondissent autour du chœur! Mais voici qu'un jour un maçon anonyme s'avise de lancer d'un pilier à l'autre, sur une travée, deux nervures qui se croisent (fig. 38). Ce sont les fameuses ogives, qui devaient donner leur nom à la structure nouvelle. L'art gothique, c'est essentiellement l'art ogival. Sur leurs reins souples, indépendants, il pose en petites pierres des voutains légers. Voilà une des grandes découvertes du Moyen Age : elle va aider à capter, pour Dieu, toujours plus d'espace, d'air, de lumière, changer l'aspect de l'église tout entière, renouveler l'habitation des hommes, la figure des villes, bref la vision des Français pour trois siècles. La technique ici crée l'effet, sans y penser; c'est la nécessité qui d'elle-même s'épanouit en beauté.

Immédiatement les conséquences dérivent du principe, avec une logique rigoureuse. Toujours notre logique! Elle va du dedans au dehors. Quand on veut analyser un monument gothique, il faut commencer par l'intérieur, comme pour les êtres vivants ; les organes ont modelé la forme.

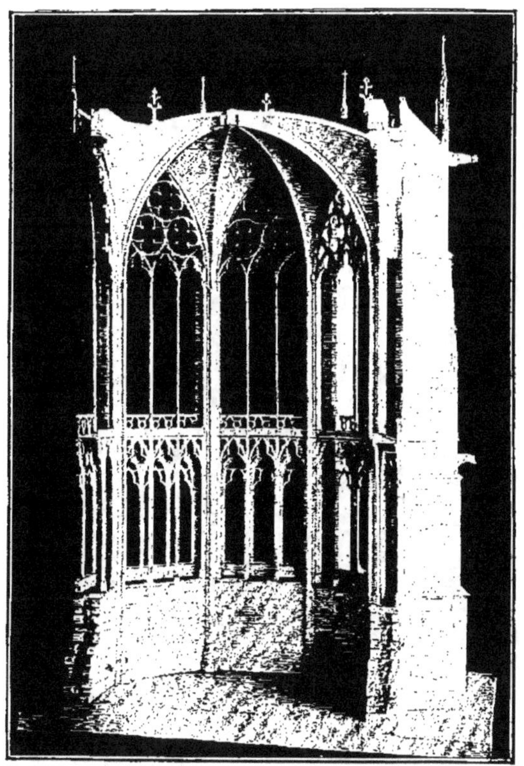

Fig. 38. — TROYES. MODÈLE D'ARCHITECTURE. ÉGLISE SAINT-URBAIN.

Exemple de la souple structure ogivale dans l'art gothique. Voûte mince, posée sur des ogives ou nervures qui localisent les poussées aux extrémités, où elles sont neutralisées par les contreforts extérieurs. Disparition des murs, remplacés par des baies à fins meneaux où s'encastrent des verrières. Délicatesse, légèreté, lumière. *Photo N. D.*

Pour contrebuter les poussées des nervures, des arcs-boutants extérieurs montent dans les airs, par-dessus les bas-côtés, et leur succession régulière bat la mesure aux flancs de l'édifice. Le lourd dynamisme roman, qui opposait le contrefort à la poussée des doubleaux, devient quelque chose de précis, de délicat. En apparence c'est de la fragilité ; en réalité, c'est solide. Reims, sensible aux obus, défie les siècles. Notre-Dame, qui avait abrité les prières pour la

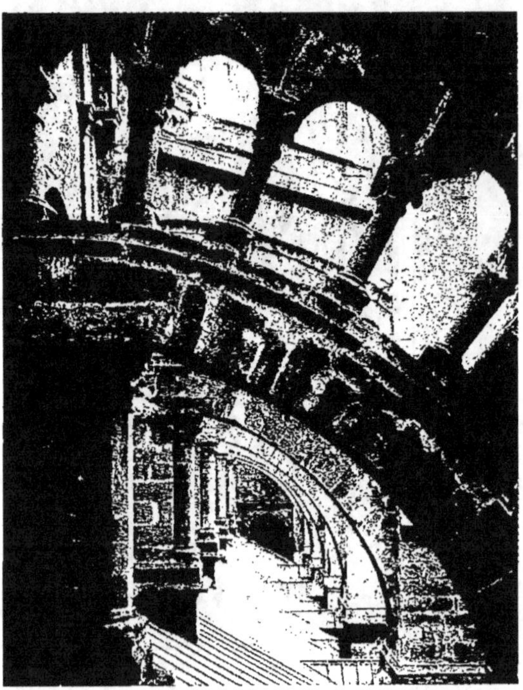

Fig. 39. — CHARTRES. Arcs-boutants de la cathédrale.

Au-dessus des bas-côtés, entre les contreforts où ils s'appuient et le mur de la nef, ils franchissent l'espace pour contrebuter la poussée des nervures de la voute. Leurs arcs sont à double volée et étrésillonnés par des colonnettes : de là solidité et élégance. Belle perspective de leur succession. Dans l'art gothique nécessité s'achève toujours en beauté.

troisième croisade, abrita le Te Deum de 1918. Le miracle de l'équilibre est obtenu. Le temple grec n'était qu'une architecture de stabilité, de repos : l'église gothique est un système de forces en mouvement. C'est de la pierre qui vit. Et il faut admirer cette belle audace, qui étale au dehors les étais et en tire de puissants effets. Elle est sans doute une des plus profondes différences entre l'art du Moyen Age et celui de l'Antiquité. En construisant en pierre, nos maîtres pensent en charpentiers, fils des barbares! Lancer sur le vide, entre la culée et le mur qui repousse, un arc de pierre comme une poutre de soutien (fig. 39), puis le répéter à intervalles réguliers tout le long de la nef, c'était un défi à toutes les traditions. L'architecture antique n'en avait pas eu l'idée parce qu'elle n'en avait pas eu besoin; l'art roman l'avait caché à l'intérieur sous diverses formes; l'art gothique lui-même n'ose pas du premier coup cette gageure, qu'il a depuis triomphalement gagnée. Jamais les classiques de la stricte observance ne le lui ont pardonné. Renan lui-même, breton, né et élevé à l'ombre de l'église médiévale, voyait dans ce coup de logique une déraison, dans cette magnificence une laideur. Mais une prière à l'Acropole ne doit pas nous empêcher de reconnaître la franchise dont est fait l'art gothique, et combien elle lui a réussi. Du reste, l'arc-boutant n'est pas une conséquence absolument nécessaire et constante de la voûte ogivale. Les églises du midi, les Saintes Chapelles, s'en dispensent; la « Merveille » monastique du mont Saint-Michel et les édifices civils se contentent aussi du vieux contrefort. L'arc-boutant ne lance sa volée que là où il faut, pour aller combattre les poussées, franchir dans l'espace un ou deux collatéraux étagés.

Dans leurs intervalles, plus n'est besoin de mur. Il tombe, pour faire place aux verrières, qui versent dans la nef le ruissellement de leurs émaux. La voûte, assise sur les ogives, sur les arcs doubleaux qui séparent les travées, puis sur les arcs formerets le long des murs, repose désormais sur une armature indépendante et souple, et devient légère presque comme une pellicule. Alors les supports

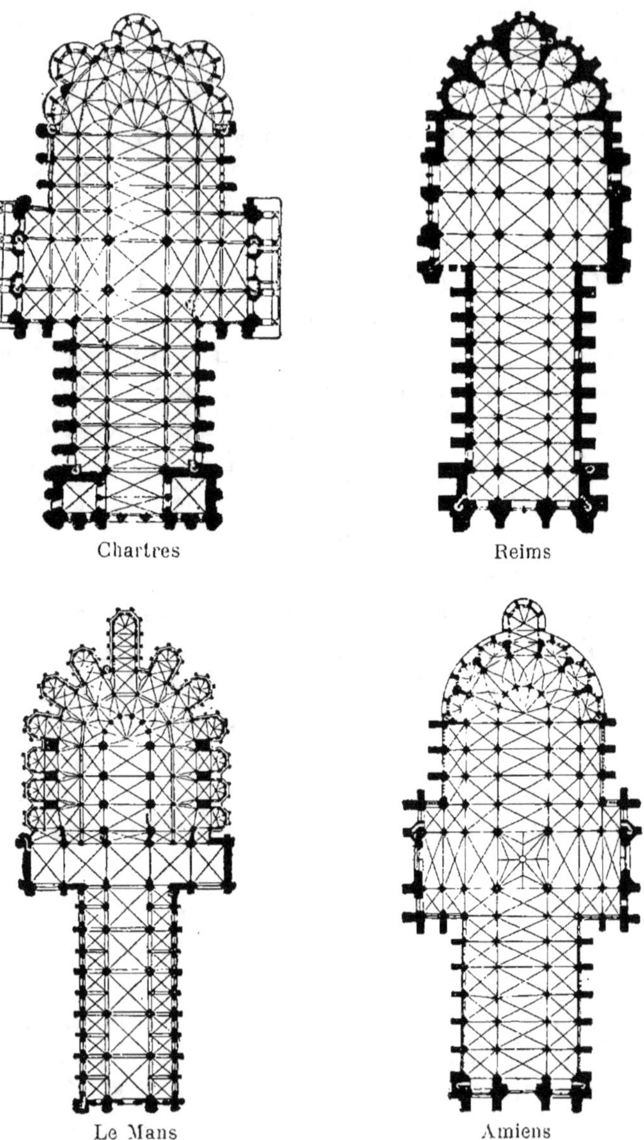

Fig. 40. — PLANS-TYPES DE CATHÉDRALES GOTHIQUES.

Vastes proportions des transept et chœur de Chartres, cathédrale de pèlerinage. — Souples tracés des « caroles » autour des chœurs. — Déambulatoire simple ou double, et nombre croissant des chapelles rayonnantes, de Chartres qui en a cinq au Mans qui en a treize.

peuvent s'amincir, se flanquer de colonnettes multiples, qui vont monter directement du sol à la voûte pour recevoir la retombée des nervures. Et pour chaque nervure, une colonnette. Un esprit d'analyse, très français, déjà cartésien si l'on peut ainsi s'exprimer, divise les forces, distingue les organes, assigne à chacun son rôle dans la discipline de l'ensemble. Il y avait trop de matière dans l'art roman. Désormais elle s'allège, s'affine : on l'économise. Les vides l'emportent sur les pleins, l'espace absorbe les masses, sans que la prudence aille jusqu'au risque. Ce qu'on attendait de la robustesse de la pierre, on le demande au jeu du calcul.

Aussi l'édifice monte, avec toutes ses lignes, toutes ses formes. De Laon, qui a vingt-quatre mètres du sol à la clef, à Beauvais, qui en a le double et qui porte son comble à soixante-huit mètres, plus haut que les tours de Notre-Dame, un mouvement ascensionnel le soulève. Ce verticalisme n'est que la conséquence d'une découverte technique, mais il s'achève en expression. Le sec calcul est à l'origine, mais il aboutit à la pure spiritualité. Le rationalisme abstrait devient tout naturellement un symbolisme mystique : l'église a l'élan d'une prière.

A ces effets s'ajoute la beauté du plan. Les déambulatoires aux chapelles rayonnantes dessinent autour du chœur leur « carole » (fig. 40). L'album du maître d'œuvre Villard de Honnecourt, du xiiie siècle, montre avec quelle complaisance ils traçaient sur le parchemin ces jolies courbes, cette couronne fleuronnée, que la voûte nouvelle permettait de réaliser sans difficulté. Les façades, toujours flanquées de tours qui devaient fuser en flèches, s'éclairent de roses, et montent elles aussi avec la nef. Partout, au xiiie siècle, pointe l'arc brisé, qui s'aiguisera de plus en plus. Moins beau de dessin que l'arc en plein cintre, il est plus léger : il rejette la charge sur les côtés et collabore à l'effet ascensionnel de l'ensemble.

Tel est le système, si cohérent. Plusieurs nations réclament la gloire d'en avoir inventé le principe : la voûte d'ogives. On avait cru découvrir la plus vénérable chez nous, sur le déambulatoire de la vieille abbatiale de Morienval (Oise), aujourd'hui dépossédée de cet honneur. Mais qu'elle soit née, dès la première moitié du xi⁰ siècle, dans la féconde Lombardie, ou dans l'active région anglo-normande (soit en Angleterre, soit en Normandie), d'où elle serait passée en « France », il est un fait reconnu : c'est le clair esprit de l'Ile-de-France qui l'a pleinement comprise, perfectionnée, et propagée dans le monde. Dès 1144, un homme de pensée hardie, très moderne, l'abbé Suger, la consacre dans le chœur de la basilique royale, qu'il a voulu reconstruire. La cérémonie du 11 juin, à Saint-Denis, célébrait officiellement la joyeuse nativité de « l'opus francigenum », qui deviendra européen par la grâce de notre pays.

Dès lors, une évolution continue développe en 450 ans toutes les conséquences du principe. C'est rigoureux comme une déduction. Encore notre logique ! Sans doute il est difficile de suivre d'une cathédrale à l'autre la succession des styles, parce qu'aucune n'a jailli d'un seul jet et qu'à toutes il a fallu des siècles pour être achevées, parfois sans être finies. Cependant, à les suivre selon les dates de leur fondation, on découvre les aspects chronologiques de cette architecture, toujours à peu près la même d'ailleurs en sa structure intime, fixée au xiii⁰ siècle.

Les cathédrales du xii⁰ siècle sont encore archaïques. A Sens, à Noyon, à Senlis, à Laon, à Notre-Dame de Paris, on retrouve tel ou tel legs de l'art roman : les tribunes où s'engouffre le regard, la voûte sexpartite, des souvenirs de

l'alternance des piles, de grandes surfaces pleines, des
baies encore étroites dans les murs épais, le tracé en plein

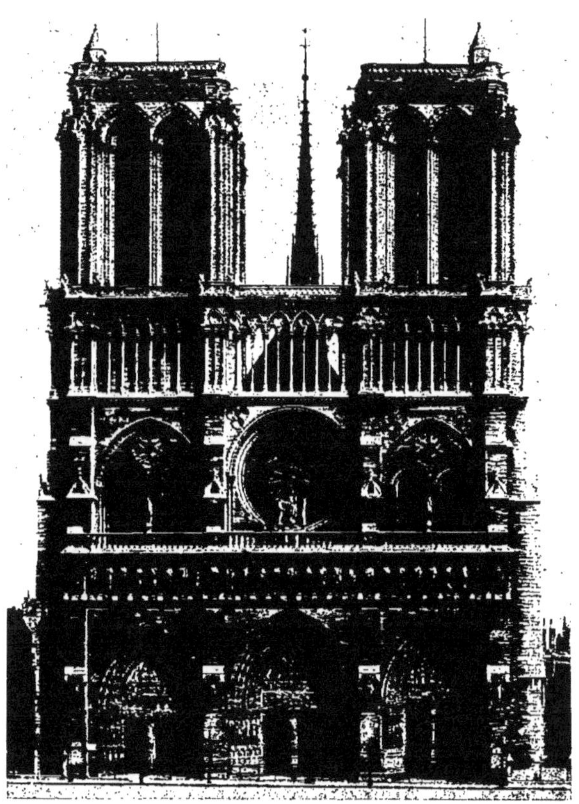

Fig. 41. — PARIS. FAÇADE DE NOTRE-DAME.

Composition harmonique, établie avec le souvenir lointain des abbatiales normandes de
l'époque romane. Mise en proportions sur un carré dont la moitié a servi de mesure aux
tours. Division désormais classique en trois étages. Grande beauté de la fine galerie à arcatures.

cintre (fig. 41). Ce gothique, qui a la timidité de la jeunesse, subit la hantise des grandes abbatiales normandes
bénédictines. Leur prestige, et celui des célèbres abbés
qui les avaient édifiées, s'était transmis à celle de Saint-

Denis. Et l'abbaye royale à son tour, située aux portes de Paris, s'était imposée à l'imagination de tous. C'est donc une tradition illustre, non l'inertie, qui retarde un peu le progrès.

Mais voici les xiiie et xive siècles. C'est la belle maturité, Chartres, Bourges, Reims, Amiens, les chœurs du Mans et de Beauvais, la nef de Saint-Denis et la Sainte-Chapelle. Floraison magnifique, et délicate. La voûte se hausse, les nervures se compliquent et s'affinent. Pour les recevoir, les colonnes fusent en gerbe le long des piles. Le mur se réduit et s'amincit, jusqu'à disparaître : il devient une verrière, qui occupe tout l'espace de chaque travée, et l'édifice tout entier va devenir une cage de verre lumineuse. La vieille tribune n'est plus qu'une galerie, le triforium, fleuri d'arcatures polylobées. Les grandes lignes s'élancent directement du pavement à la voûte, et unifient les étages comme à l'époque classique fera l'ordre « colossal ».

Le plan s'enrichit encore. Alors surtout rayonnent les chapelles autour d'un déambulatoire quelquefois double. Quel sens de la courbe harmonieuse en ces souples «caroles ! » Qu'on regarde les projets de Villard de Honnecourt en son fameux album. Mais la logique française poursuit son syllogisme : pour satisfaire à la piété des corporations ou des particuliers, elle loge d'autres chapelles latérales entre les saillies des culées en reculant le mur de clôture. C'est l'Ile-de-France, toujours en pleine ferveur d'initiative, et c'est Paris dans son église métropolitaine, qui ont osé ce parti classique : il n'est pas seulement une opportunité pratique, mais le souci latin d'unifier. Ne fallait-il pas s'annexer un espace qui s'offrait de lui-même, presque clos déjà ? Danger sans doute, que ce recul des fenêtres latérales, surtout dans les églises à doubles bas côtés comme Notre-Dame ! La lumière n'arrive plus que

de loin dans la partie inférieure de la nef. Notre-Dame,
pour d'autres raisons encore, est obscure. Mais ce défaut
de la prestigieuse cathédrale de Paris aura du moins posé
avec urgence le problème de l'éclairage des grands monuments. Il sera vite résolu. Il faut en finir avec le préjugé
de l'obscurité, mystérieuse ou mystique, des édifices gothiques. Ils ont cherché et capté toujours plus de lumière.
Il le fallait bien, puisque le vitrail, en la colorant de ses
émaux, en devait intercepter une partie. Quand l'un d'eux
est sombre, c'est malfaçon, non volonté. Un des plus
émouvants épisodes de l'histoire de Notre-Dame est précisément l'effort des maîtres d'œuvre pour l'ouvrir à la
clarté du ciel.

C'est aussi au xiii⁰ siècle, et à Notre-Dame, qu'apparaît
l'arc-boutant extérieur. On sait la hardiesse croissante de ses
volées. D'allure exceptionnelle au chevet de Notre-Dame
(xiv⁰), il semble de loin étayer l'énorme vaisseau tiré sur
la rive. Autour des chœurs du Mans et de Beauvais, il pose
un rayonnement puissant et léger. Impressionnisme esthétique? Non. Mais toute technique nécessaire aboutit,
dans cette architecture bien venue, à un effet magistral
de « composition ». Aux fenêtres, le haut du remplage
fleurit en lobes, en roses, qui vont foisonner dans le style
dit rayonnant, et elles se coiffent de gables comme les
⸱culées de pinacles. En même temps que la structure se
concentre et que les formes s'aiguisent, le décor plastique
s'enrichit. Équilibre harmonieux dans la légèreté et la
lumière au dedans; floraison luxuriante mais ordonnée,
au dehors, tel est l'esprit. Tout au plus voit-on poindre,
à Beauvais, déjà vers 1240, une présomption dangereuse.
L'art gothique tire du principe les conséquences ultimes,
et dans l'ivresse du calcul finit par exiger trop de la
pierre. Les accidents ont châtié cette audace, qui déjà

s'exalte dans l'abstrait sans tenir assez compte des limites inéluctables de la matière.

Voilà le type général à la grande époque. Mais l'architecture gothique suit la loi des organismes vivants, variant avec l'âge, avec les hommes de génie qui ont formé ses exemplaires, avec les milieux et les besoins.

L'évolution? Les archéologues distinguent avec raison un style primaire, très hésitant, qui va des origines à la fin du xiie siècle, un style « lancéolé » qui dure jusqu'en 1260, un « rayonnant » qui est la maturité et la perfection, s'annonce à Reims, se précise au chœur de Saint-Urbain de Troyes en 1264 et finit vers 1380 à l'aurore du « flamboyant ». Mais ces styles ne se définissent guère que par le dessin des fenêtres et des remplages qui les décorent. Et comme la construction de nos grands monuments a duré des siècles, ce classement ne vaut que pour certaines de leurs parties, non pour eux. Cette précision analytique est absolument nécessaire à qui veut savoir dater une à une les assises successives ou juxtaposées de l'édifice, comme le géologue date les stratifications de la terre. Mais il est remarquable que chaque monument garde à travers les phases de sa construction et sous la direction des divers maîtres d'œuvre, une physionomie propre, qui nous le fait reconnaître de loin comme une personne familière.

Derrière sa façade de sobriété classique, Notre-Dame (fondée en 1163) a cinq vaisseaux, un transept peu saillant; et ses arcades sur gros piliers cylindriques supportent des tribunes qui sont les dernières (fig. 42). Elle inaugure les arcs boutants extérieurs et les chapelles latérales. Encore archaïque dans sa nef, les façades de son transept sont déjà des chefs-d'œuvre de « rayonnement », et son chevet à arcs boutants d'une seule volée est comme la quille d'un grand navire en construction sur le chantier.

Chartres (reconstruite en 1194), veut avoir la lumière. Alors elle prend l'initiative de supprimer les tribunes, qu'elle remplace par un triforium. Pour la première fois

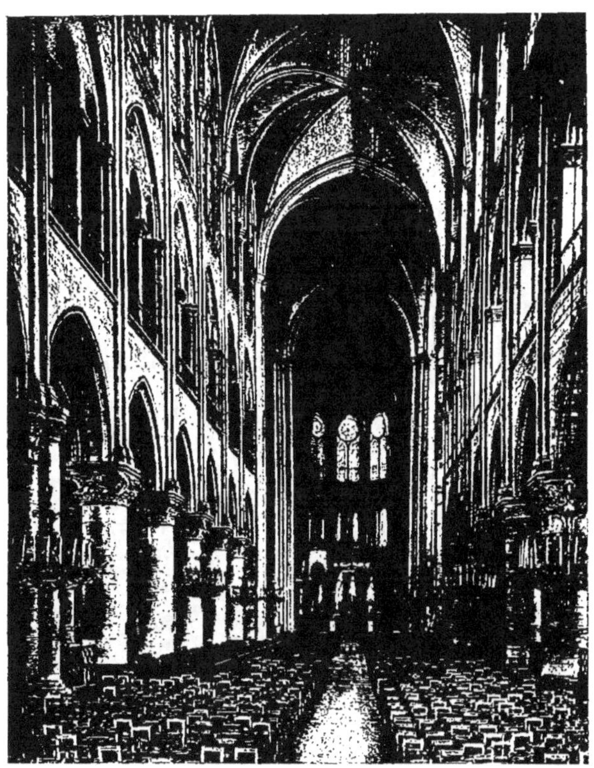

Fig. 42. — PARIS. NEF DE NOTRE-DAME.

Fondée en 1163. Cathédrale un peu archaïque encore. Des tribunes (les dernières) comme dans les abbatiales normandes. Des voûtes sexpartites, dont les ogives sont tracées en plein cintre. Éclairage encore insuffisant. Arrêt des colonnettes sur les chapiteaux des piliers cylindriques. — Cinq vaisseaux pour la cathédrale métropolitaine. — Noblesse et majesté.

aussi les piliers de la nef se cantonnent de colonnettes, encore rares. Cathédrale de pèlerinage, elle développe amplement chœur et transept, bien plus vastes à eux deux que la nef elle-même. Le chœur s'entoure d'un double

déambulatoire à cinq chapelles rayonnantes. Pour être
plus légère, elle trace en arc brisé les ogives de sa voûte.
Son vieux clocher, qui a gardé par une chance rare sa
flèche fine, est le plus élégant de l'art gothique.

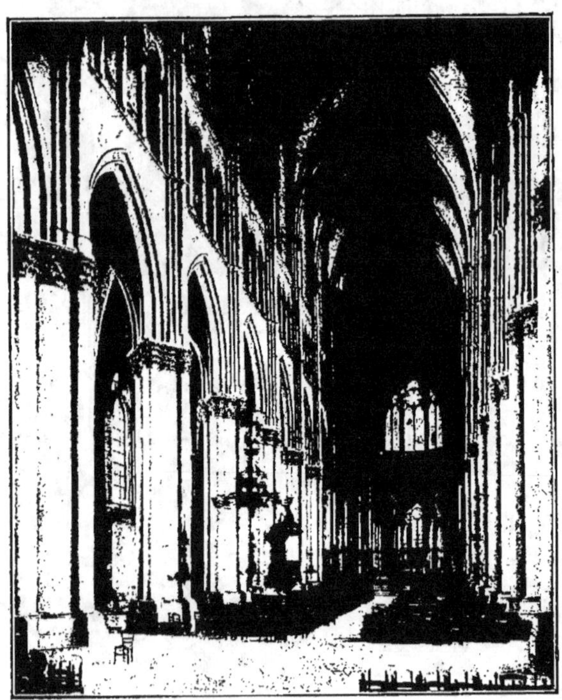

Fig. 43. — REIMS. NEF DE LA CATHÉDRALE.

Arcades de plus en plus hautes et aiguës. Plus de tribunes désormais (ainsi qu'à Chartres),
mais un triforium ou galerie à arcatures. Voûtes quadripartites, sur des ogives tracées en arc
brisé. La colonnette qui reçoit l'arc doubleau monte directement du sol. Logique, unité,
harmonie.   *Photo N. D.*

Bourges, commencée vers 1220, a quelques traits de son
aînée Notre-Dame de Paris. Mais voici déjà cinq chapelles
absidales, cinq fleurons autour de la couronne! Elle
hausse encore les arcades de la nef, lance à l'extérieur des
arcs-boutants à double étage, et dresse sur perron une

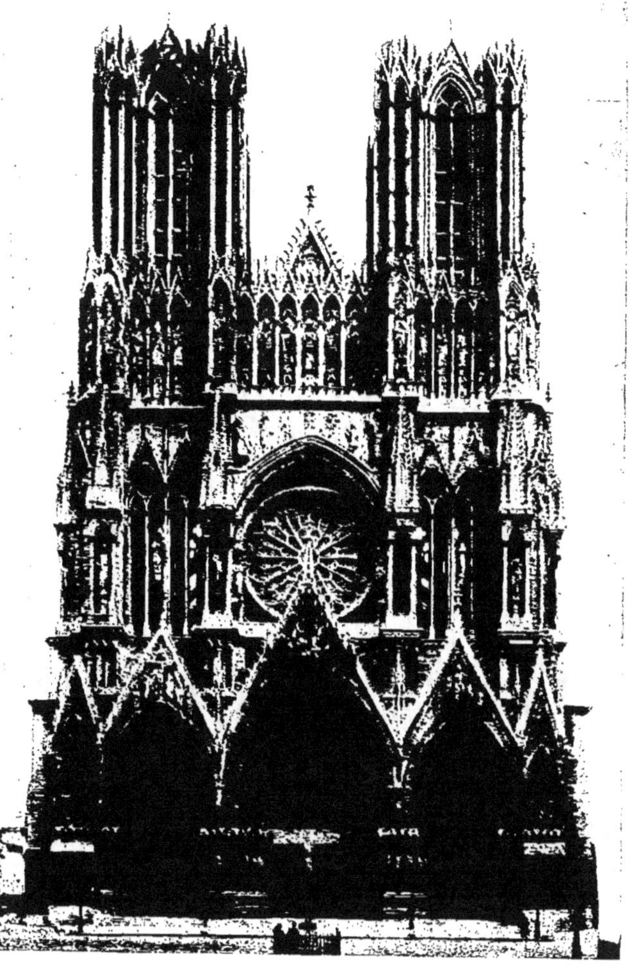

Fig. 44. — REIMS. Façade de la cathédrale (XIII-XIVᵉ siècles).

Gothique champenois. Plus d'élan vertical qu'à Notre-Dame de Paris. Mouvement ascensionnel des lignes et des formes, gâbles, pinacles, pyramidions. Très riche décoration sculptée. Originalité de la galerie des Rois (rois de France sur cette cathédrale du Sacre). Substitution de verrières aux tympans.

ample façade à cinq portails pour autant de vaisseaux, un peu lourde entre ses épais contreforts.

Reims (fondée en 1212), est très rationnelle (fig. 43).
Cathédrale du Sacre, elle a une longue nef où pouvait se

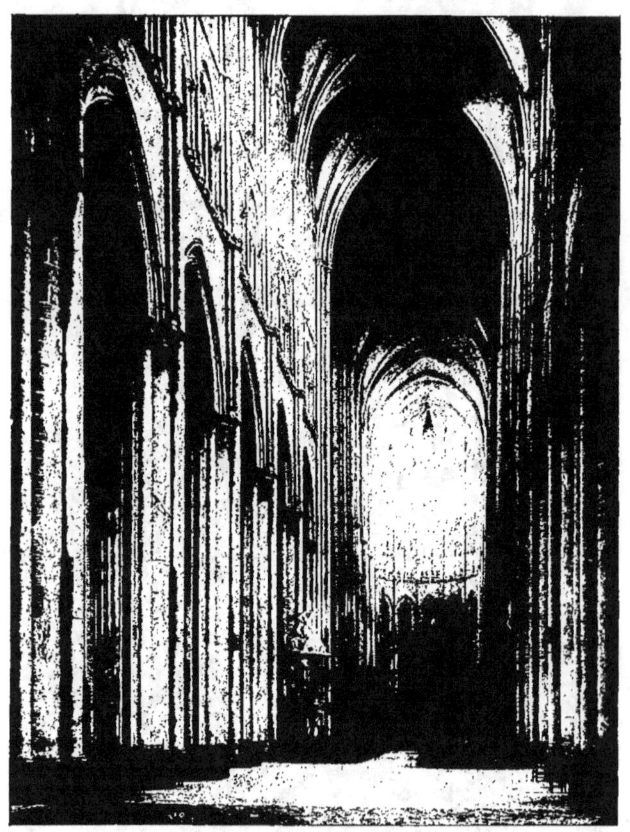

Fig. 45. — AMIENS. Nef de la cathédrale.

La plus belle nef gothique (commencée en 1220). Proportions très harmonieuses établies, selon des règles qui remontent aux Egyptiens, sur la figure géométrique du triangle. La hauteur croît : 43 mètres du sol à la clef, et le mouvement ascensionnel s'accentue. La galerie du triforium s'allège et s'éclaire.   *Photo M. H.*

presser la foule, et des chapelles rayonnantes profondes,
qu'admirait dès le xiiiᵉ siècle le maître d'œuvre Villard de
Honnecourt. Aux fenêtres des bas côtés, pour la première

fois, s'élancent de fins meneaux de pierre : désormais la fenêtre gothique n'est plus bâtie, mais montée sur armature légère. Sa nef se resserre pour la sveltesse, à laquelle ajoute l'arc très aigu. Elle est à la fois majestueuse et exquise. Même élancement à la façade (fig. 44), chef-d'œuvre à quatre étages, couverts de sculpture raffinée qu'on imitera au loin jusqu'à Bamberg, en Allemagne. Cependant, sous les voussures des portails les tympans sculptés font place à des verrières lumineuses. Pour plus de clarté, toujours ! Reims a fixé là une originalité champenoise qui essaime jusque dans l'île de Chypre.

Amiens (fig. 45) est l'église ogivale par excellence, parfaite de technique. Sa nef (commencée en 1220) est peut-être la plus heureuse par les proportions. Autour du chœur à double collatéral, c'est sept chapelles absidales cette fois qui se développent : la couronne ajoute encore à ses fleurons ! Celle du milieu, dédiée à la Vierge, prend pour la première fois l'importance d'une petite église, greffée sur la grande. Plus de murs : le triforium est une svelte galerie suspendue. Chœur et nef ne vont plus être qu'une énorme verrière à vergettes de pierre.

Au Mans (fig. 46), chœur et chevet, dressés sur une colline comme sur un socle, sont un prodige de hardiesse par l'élancement intérieur et l'harmonie grandiose et légère des arcs-boutants, à double volée et triple étage. Cette fois, c'est treize chapelles, treize fleurons, qui rayonnent autour du double déambulatoire. Et celle du milieu précise encore plus fortement, en l'honneur de Notre-Dame, l'ambition d'une petite église indépendante.

A la nef de Saint-Denis (à partir de 1231) se devine un homme de génie. Le maître d'œuvre de Saint-Louis, Pierre de Montereau, inaugure aux piliers les multiples faisceaux de colonnettes ; et elles montent de fond, d'un seul jet, jusqu'à la voûte. Pour la première fois, le triforium s'éclaire de fenêtres sur le dehors : c'est une galerie transparente, qui verse dans l'édifice la lumière diaprée de

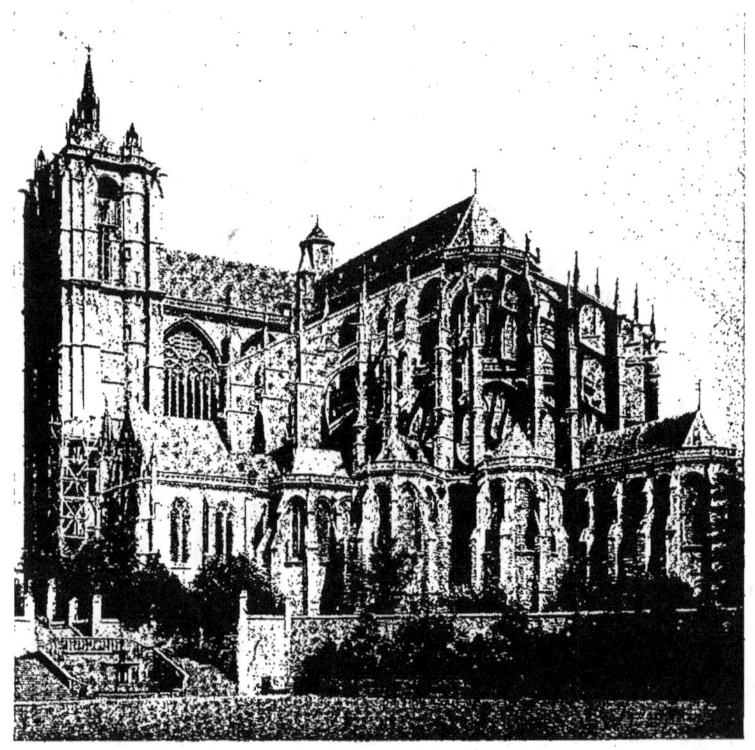

Fig. 46. — LE MANS. La cathédrale.

Élégance et majesté de ce chevet haussé sur une petite colline. Hardiesse des arcs-boutants à 3 volées superposées qui le soutiennent, et harmonieux dessin des 13 chapelles rayonnantes qui l'entourent. Celle du milieu se prolonge en petite église presque indépendante. Ascension continue des chapelles au déambulatoire, puis à la nef, enfin au comble aigu.

ses propres verrières. Pour la première fois, triforium et fenêtres hautes ne font qu'un, traversés par les mêmes meneaux : de bas en haut, la verrière est continue. Partout s'accentue le mouvement ascensionnel des lignes. C'est dans l'abbatiale royale, déjà berceau du gothique primitif, que naît l'architecture de la deuxième partie du siècle, celle de Saint-Louis.

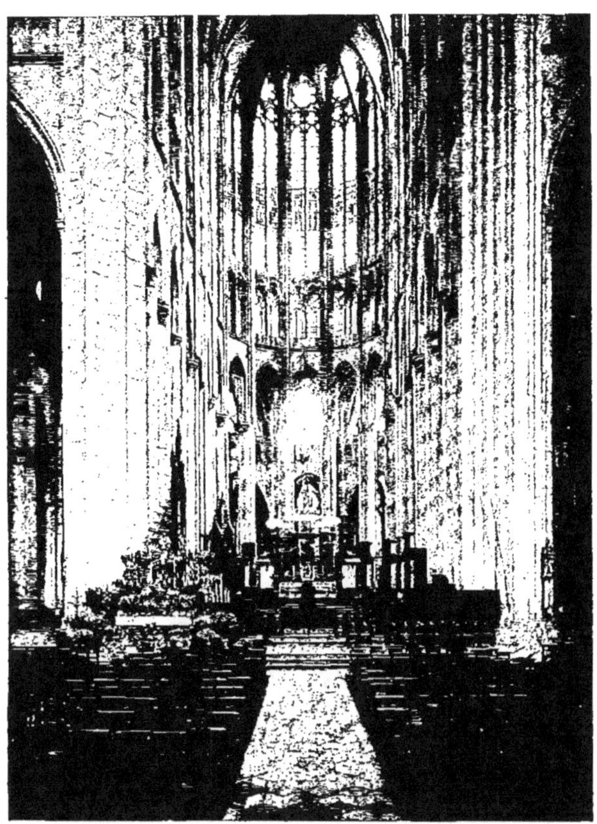

Fig. 47. — BEAUVAIS. Chœur de la cathédrale.

Chœur et transept seuls construits, et achevés en 1272. Dernière limite de la hardiesse gothique, poussant la logique jusqu'au bout : 47 mètres à la clef. Verticalisme inouï des lignes, et suppression des surfaces pleines. Le colossal édifice n'est plus qu'une cage de verre lumineuse.   *Photo N. D.*

Beauvais (en pleine activité en 1240) a voulu faire plus grand encore qu'Amiens, plus haut et plus beau (fig. 47). Aussi n'a-t-elle pu achever que le chœur et le chevet. Ils sont gigantesques et délicats. La témérité qui porte cette voûte à 47 mètres, sur des piliers trop écartés, trop hauts et trop légers, il a fallu la payer : en 1284 la voûte s'est

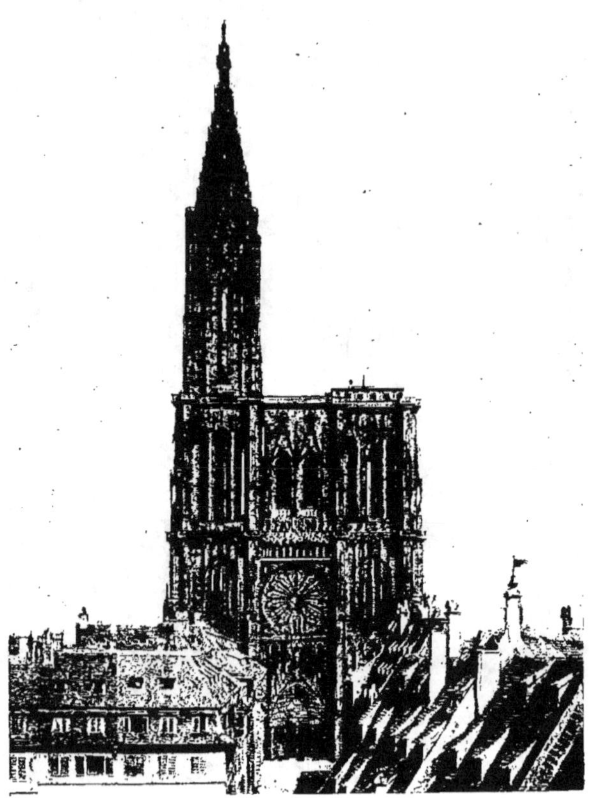

Fig. 48. — STRASBOURG. La cathédrale.

Façade en grande partie du xive siècle. Originalité des fins meneaux tendus comme des cordes aux montants latéraux. Les deux tours ont été réunies par un massif qui forme la célèbre terrasse. La tour nord a été surhaussée et coiffée d'une flèche toute ajourée (xve siècle).

effondrée. Ce chœur formidable reste suspendu dans le vide, au-dessus de la petite ville, comme le témoignage de l'orgueil déjà « scientifique » de l'art gothique et de l'abus du calcul.

Strasbourg enfin, à ne prendre que nos principales cathédrales, s'impose fortement à la mémoire. Dans son chœur élevé sur crypte, elle est encore d'austérité romane, et, dans ses croisillons, hésite entre les formes anciennes et nouvelles. Mais sa nef, fille de Saint-Denis, est de proportions sages, où l'on sent l'esprit de stabilité du triangle équilatéral. La grande nouveauté est la façade (xive siècle), bien qu'on y perçoive le souvenir de celles de Notre-Dame de Paris (fig. 48). Les immenses meneaux, tendus comme les cordes d'une harpe que touche le vent de l'espace, révèlent un architecte poète et musicien. La sculpture ajoute parfois un accent pathétique à celle des cathédrales de l'Ile-de-France. La teinte rose de son granit des Vosges, son unique tour paradoxalement ajourée, lui font une physionomie qu'on n'oublie plus, d'autant que sa perspective, au fond de la rue Mercière, est soudaine. Sur la petite place, encore encadrée en parties de maisons gothiques, d'où elle surgit, on comprend le genre d'effet que le Moyen Age demandait aux façades, et combien il diffère de celui que l'esprit classique demandera aux larges dégagements et aux mornes espaces libres.

Cet art, mûri dans l'Ile-de-France, inventé d'abord pour le logis de Dieu, a une autre faculté des organismes vivants : il s'adapte à tous les milieux, à tous les besoins. A la région? Le gothique normand a quelque chose de sec et d'aigu. Le géométrique continue de plaire à la race. Cette acuité pointe surtout en clochers et en flèches qui sont les plus fines de l'art gothique, comme celle de Saint-Pierre à Caen (finie vers 1317) que la Bretagne elle-même voudra imiter dans la flèche fameuse du Kreisker à Saint-Paul-de-Léon. La Bourgogne avait produit de trop beaux édifices romans pour ne pas rester fidèle en quelque mesure à ce style, qui fut du reste le style monastique, celui des deux grands ordres dont elle était le pays d'élection. Elle se dispense souvent d'arcs-boutants, et conserve longtemps la voûte sexpartite et la monumentale tour-lanterne. L'Anjou et le Poitou aiment à poser sur une nef souvent unique une voûte bombée

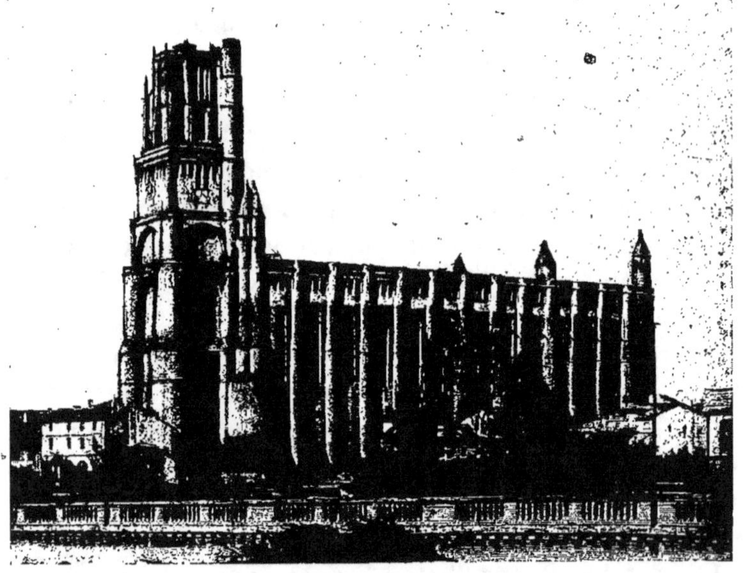

Fig. 49. — ALBI. La cathédrale.

1282-1390. Gothique méridional en Albigeois. Toute de briques roses. Aspect de forteresse avec tour-donjon en façade. Nef unique, à toiture non apparente, et sans arc-boutants. Simples contreforts demi-circulaires réunis en bas par des glacis et supportant un chemin de ronde.

sur ogives, qui fait comme un petit dôme côtelé. Hantée de la coupole, elle l'adapte ainsi aux nouveautés venues de « France ». Saint-Maurice d'Angers est le type de ce style peu décisif, et si régional, qu'on lui a donné un nom singulier : celui de la maison angevine qui occupa le trône d'Angleterre, les Plantagenets.

Le Midi aime les nefs uniques, vastes comme des basiliques antiques, où retentit la voix des frères prêcheurs. Les Jacobins de Toulouse (xiiie siècle) et Sainte-Cécile d'Albi (fig. 49) déconcertent autant par leur structure et leur aspect l'archéologue qui vient du Nord, que la civilisation méridionale déconcerta les barons

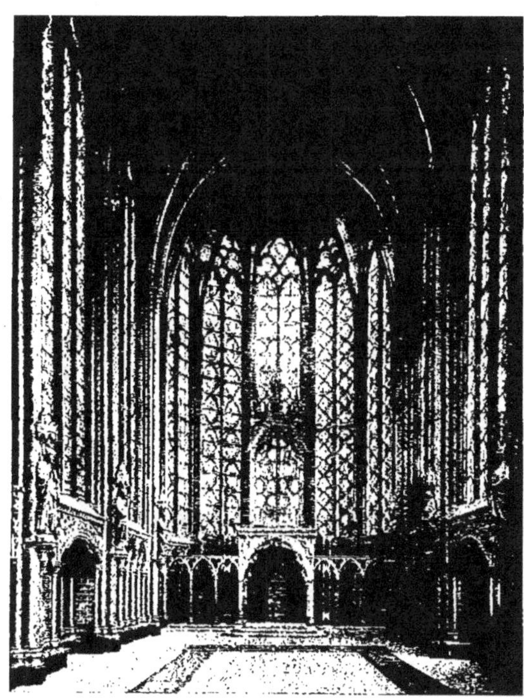

Fig. 50. — PARIS. La sainte chapelle.

1248. Modèle des chapelles palatines. Premier étage ou chapelle haute, toute en verrières et en fins meneaux : châsse lumineuse et colorée destinée à abriter, sous le baldaquin qui est au fond, les reliques sacrées données à Saint Louis par l'Empereur de Constantinople.

Photo N. D.

de Simon de Montfort. Ni arcs-boutants, ni sculpture sur ces masses de briques, contractées par les guerres de religion et l'austérité des grands ordres monastiques. Elles prennent volontiers 'l'aspect d'une forteresse. Mais la brique, recuite par le soleil, les pare d'une robe rougefeu. Après avoir étudié Albi en sa technique, ce qui est l'essentiel, il faut la voir en sa « composition », un soir d'été, dressée près du Tarn, incendiée par le couchant. Alors on sent comment une œuvre d'art bien organique naît presque spontanément de l'entente entre le maître-d'œuvre, le site, le moment et le milieu : elle a quelque chose de nécessaire. Et derrière cette cuirasse, la peinture monumentale, appauvrie dans le nord, trouvera des parois merveilleusement propices. On pourrait décrire bien d'autres modalités régionales du prototype.

L'adaptation aux programmes et aux besoins? D'exquises chapelles (fig. 50) s'élèvent dans les demeures princières. Celle du palais de Saint-Louis dans la Cité (1248), reliquaire précieux tout de verre coloré, leur donne le modèle. Elles n'ont point d'arc-boutants; presque pas de pierre qu'aux meneaux, qui sont minces comme des tiges, et au soubassement, qui forme parfois chapelle pour la domesticité. A Saint-Germain-en-Laye, à Vincennes, à Bourges, à Riom, ce sont ou c'étaient des bijoux, où le raffinement du détail ouvragé égale la sûreté de la structure, pourtant faite de rien. C'est bâti avec de la lumière. La chapelle synodale de Sens offre le type des grandes salles de réunion dans un palais épiscopal. Les abbayes gardent l'ancien plan, si adapté dès le début à la vie monastique qu'il n'y avait rien à changer. Mais toute leur architecture suit la loi de l'ogive et le tracé de l'arc brisé. Elles élèvent des cloîtres légers, rythmés (fig. 51). La suite des fines arcades sur colonnettes, isolées ou jumelles, souvent scandées de piles quand le cloître est voûté, compte plus allègrement la mesure à la promenade des moines autour du préau, qu'égaye la fontaine, plus légère aussi, des ablutions. Tout autour, la formule nouvelle permet d'élever des bâtiments claustraux plus commodes, surtout plus clairs et plus aérés, déjà très modernes de conception. Quoi de plus moderne, comme salle officielle de délibérations pour une communauté, que la salle capitulaire? Celle de la cathédrale de Noyon est un magnifique exemplaire. C'est la salle la mieux ornée après la maison de Dieu. De riches

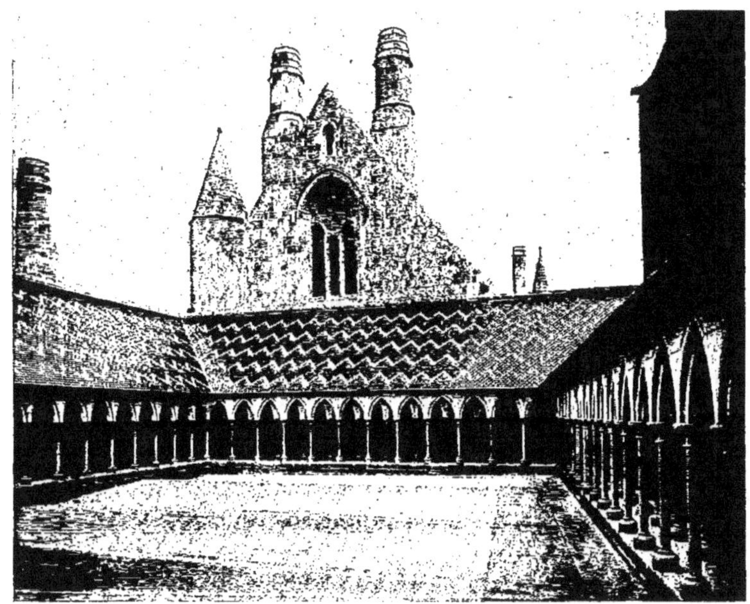

Fig. 51. — ABBAYE DU MONT-SAINT-MICHEL. LE CLOÎTRE.

1225-1228. Merveille de légèreté suspendue entre roc et ciel au-dessus de la salle des Chevaliers. Arcades en tiers point sur fines colonnettes à chapiteaux et socles circulaires de style normand. Elles alternent en quinconce pour assurer le mur contre le renversement. Beauté du Rythme. *Photo N. D.*

baies refendues ouvrent sur le cloître du monastère et ses arcades polylobées: de ce côté se jouent des effets de lumière amortie. Un banc continu court le long des parois, interrompu par les sièges plus hauts de l'abbé et des dignitaires. Des colonnes fines la partagent au centre en deux nefs ; hors de la corbeille des chapiteaux, les nervures s'élancent en gerbes, et s'évasent pour porter la voûte. Fresques, vitraux, pupitre sculpté, mettaient la couleur et la vie. Quelquefois même la formule triomphe des difficultés de la nature : la vertigineuse « Merveille » du Mont Saint-Michel (1203-1228) superpose sur un roc étroit, entre le ciel et la mer, trois étages de salles voûtées, de plus en plus sveltes sur leurs colonnes.

La formule a aussi bien servi la guerre que la prière. Une admirable architecture militaire se développe au XIIIᵉ siècle, et surtout dans le tumultueux XIVᵉ. Ne retenons que les formes. Les enceintes des villes fortes sont des œuvres d'art autant que d'utilité. L'effet y égale la technique. Aigues-Mortes (XIIIᵉ siècle) étale sur les lagunes un immense quadrilatère que domine la tour Constance. Carcassonne (XIIIᵉ-XIVᵉ siècles) allonge sur la colline rocailleuse deux enceintes flanquées de tours rondes, et la dernière s'appuie aux masses puissantes du donjon et de l'église crénelée. Avignon (XIVᵉ siècle) a des remparts très bas, mais d'un aménagement qui émerveillait Viollet-le-Duc, et leurs robustes encorbellements à copeaux sont de grand caractère. Dans les châteaux, la pierre dure a remplacé le bois. Les courtines se haussent, et toute la masse avec elles. Elles portent une couronne de machicoulis à merlons et créneaux, qui forment comme une « grecque » élégante, posée sur les encorbellements à copeaux. Le donjon, qui domine la masse, devient circulaire pour éviter les points morts. Les Croisés avaient construit en Syrie de puissants modèles avec les leçons de l'Orient. L'expérience des latins de la Terre-Sainte, aidée de la science des techniciens de Philippe-Auguste, élève l'imposante série qui va de Château-Gaillard (fig. 52) (1196) à Coucy (1230). Jamais le Moyen Age n'a mieux prouvé de quelle virile énergie il était capable. Pendant que la cathédrale se transforme en châsse vitrée, le château garde la robustesse de la masse. Mais à ces pleins formidables il trouve moyen de donner une physionomie : celle qui convient à la force. C'est la beauté du caractère. La guerre impose à l'architecture les nécessités les plus inéluctables de toutes; mais le génie consiste à avoir tiré des formes nécessaires, machicoulis, créneaux, rapports des tours et

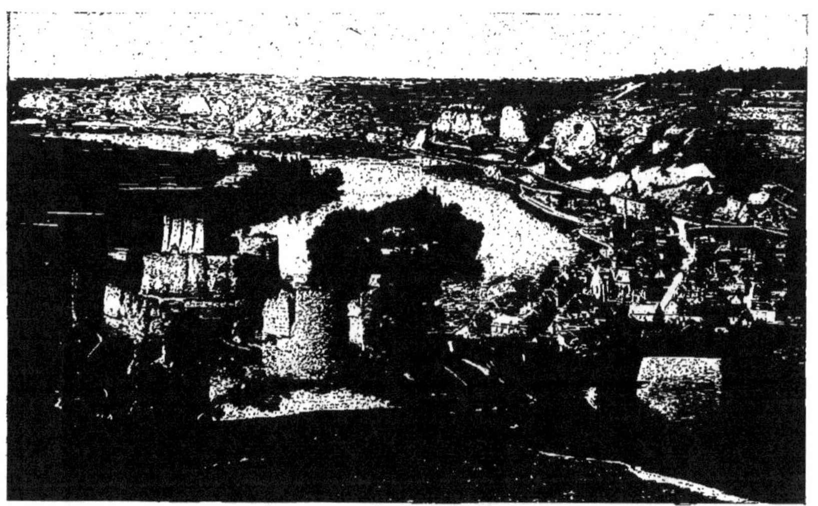

Fig. 52. — LE PETIT-ANDELY. Le CHATEAU-GAILLARD.

Edifié en 1197, par Richard Cœur de Lion, sur une falaise dominant la Seine. Aujourd'hui en ruines. Deux enceintes concentriques, dont la dernière est flanquée de tours tangentes entre elles sans courtines. Le donjon à éperon lui est accolé. Ouvrage avancé au premier plan. Parfaite science technique, influencée par celle des Arabes et les châteaux des Croisés en Orient.
Photo N. D.

des courtines, tourelles et échauguettes, des effets qui relèvent du plus grand art. Puis, avec le XIVe siècle et la guerre de Cent ans, c'est un essor nouveau. Le donjon, d'abord centre de la résistance, perd de son importance au profit de l'enceinte. Un monument unique en Europe montre l'étonnante souplesse d'adaptation de cette architecture. C'est le château des Papes en Avignon (commencé vers 1334), assis sur le rocher des Doms au-dessus du Rhône (fig. 53). Il assure la sécurité d'un souverain temporel, et c'est une forteresse, massive, flanquée de tours, dont les contreforts se réunissent en arcs pour porter le chemin de ronde. Il est le siège du chef de la grande communauté chrétienne, et c'est un monastère autour d'un cloître. Il est la demeure d'un des princes du monde, et c'est un pa-

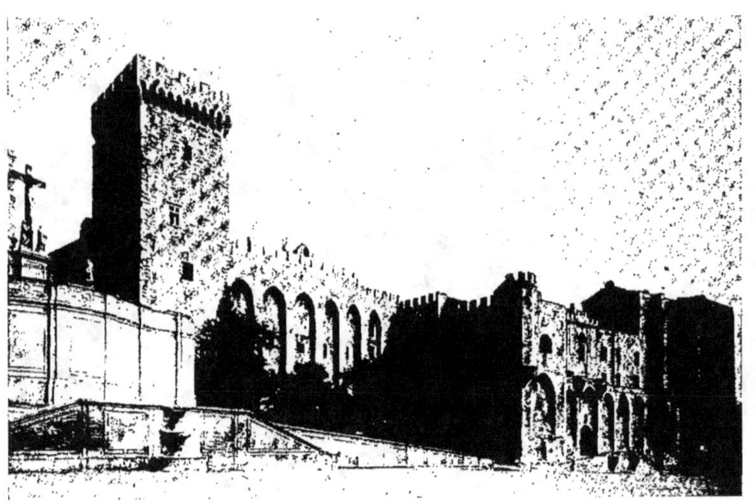

Fig. 53. — AVIGNON. Palais des papes (de 1334 a 1380).

Masse formidab'e au dehors, dont les courtines entre tours carrées s'appuient à des contreforts qui se rejoignent en arcades pour porter les machicoulis. Mais pas de donjon, et à l'intérieur un cloître, et de belles peintures murales italiennes et françaises. *Photo M. H.*

lais magnifique, décoré de fresques par les meilleurs artistes italiens du Trecento. A Pierrefonds (1390-1400), le donjon ne fait plus qu'un avec la chemise, et tout le château s'enlève d'un seul bloc, gros rectangle flanqué de tours rondes. Bien à l'abri, il commence à s'humaniser. Le voici qui s'ouvre déjà aux commodités et au décor. Les châteaux surtout du duc d'Orléans, Pierrefonds, la Ferté-Milon ; ceux du duc de Berry, Mehun-sur-Yèvre, Saumur,

Dourdan, Bicêtre, montrent la forteresse féodale en train
de devenir un palais seigneurial.

Le château de Mehun-sur-Yèvre (fig. 54) n'est plus

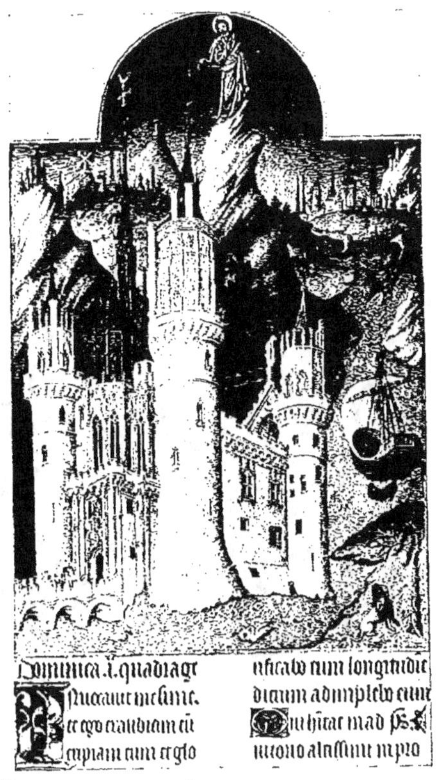

Fig. 54. — MINIATURE DES TRÈS-RICHES HEURES DU DUC DE BERRY.
LE CHATEAU DE MEHUN-SUR-YÈVRE.

Edifié vers 1370, par Guy de Dammartin. La forteresse devient un palais fortifié. Au-dessus
des tours et des courtines, d'architecture toute défensive, s'élèvent des belvédères féeriques.
ciselés, ajourés de verrières, auxquels les élégantes souches de cheminées servent de contreforts. Flèche vertigineuse en plomb doré de la chapelle.

qu'une ruine, mais le miniaturiste du duc nous fait voir au
vif ce chef d'œuvre d'architecture militaire déjà civile.
Sur de hauts glacis nus qui émergent des douves, au-dessus des parties exposées, s'élance une demeure de féerie ;

les tours fleurissent en galeries, vitrées comme des lanternes de phares, et coiffées de plomb ouvragé et doré. Le miniaturiste ne fait point de fantaisie : il fait saillir le caractère, simplement. Le palais urbain se modernise plus vite encore. La grande salle du palais de Poitiers, à Mon-

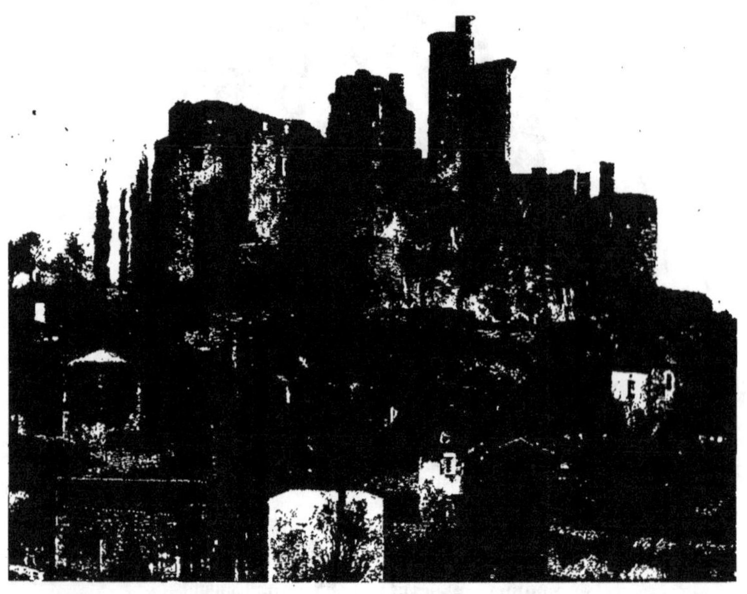

Fig. 55. — BONAGUIL (LOT-ET-GARONNE). Le château (vers 1480).

Architecture militaire déjà transformée par l'artillerie à feu. Double enceinte dont la première, bastionnée, très basse, laisse voir aux tours des embrasures longitudinales pour le tir rasant. Beauté imposante même dans la ruine. *Photo M. H.*

seigneur le duc de Berry, avec sa cheminée immense qui est à la fois un petit logis sur degrés, une tribune de musiciens, une verrière, un appui de statues grandeur nature, avec ses vastes parois qui s'offraient à la tapisserie, est si moderne en son ampleur lumineuse, qu'elle est devenue la salle des Pas-Perdus du moderne Palais de Justice : elle a à peine changé de destination.

Ainsi, à aucune époque on n'associa aussi intimement

qu'aux deux grands siècles du Moyen Age la science qui calcule, la parfaite exécution technique, l'adaptation aux besoins, et ce qui est la fleur naturelle de toutes ces conditions réalisées : la beauté des proportions et des formes. Rien d'étonnant que l'art gothique se soit propagé en Europe, et au delà. Si la France est sa patrie, le monde est sa conquête. D'Upsal à Tolède, de Canterbury à la Syrie, la voûte sur nervures croisées a porté notre esprit d'initiative, de logique, d'équilibre entre l'art et la science, entre la technique et l'effet.

Mais cet art vivant évolue encore. Le xve siècle, qui est le Moyen Age finissant, ne touche presque pas à la structure, depuis longtemps parfaite. Il se contente de donner aux formes une élégance raffinée. La logique exigeante, appuyée sur une science presque trop rationnelle, réduit encore ce qui pouvait rester de pleins dans l'édifice, agrandit encore les fenêtres, supprime les chapiteaux, assèche les nervures, dont les bases se cristallisent en prismes basaltiques. C'est déjà l'exploitation un peu mécanique d'une formule. Mais voici la compensation : sur ce corps un peu sec foisonne une décoration luxuriante (fig. 56). Au lieu de sortir spontanément des nécessités et des divisions architectoniques, comme autrefois, elle devient souvent adventice. L'effet de détail et la recherche du pittoresque priment parfois le souci de la monumentalité. Les flèches des tours s'ajourent, les culées se hérissent de clochetons. Aux remplages des baies courent des courbes et contrecourbes qui donnent l'impression d'un flamboiement. C'est bien un style « flamboyant ». Facilités pour l'écoulement des eaux ? Peut-être, mais surtout virtuosité de dessin. Les arcs-boutants même ondulent au lieu de se tendre : blasphème architectonique ! Les arcs pointent en accolade et leur intrados se tasse en anse de panier. Sous la voûte, au lieu des simples nervures croisées, court un lacis de liernes et de tiercerons, dont les multiples croisements

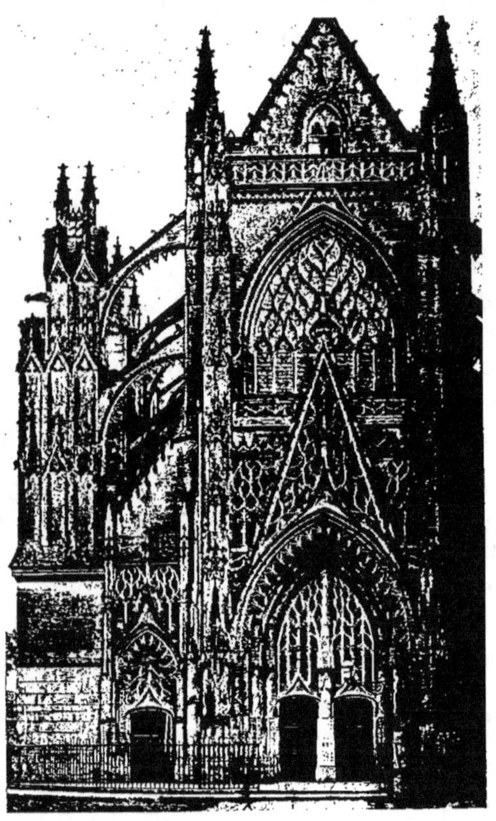

Fig. 56. — VENDOME. ÉGLISE DE LA TRINITÉ (FIN XV° SIÈCLE).

Gothique flamboyant. Remplages en courbes et contre-courbes, mouchettes et soufflets, composant une fine résille. Acuité du gâble, élan de la façade entre ses minces contreforts. Aux portes, arcs en anse de panier et en accolade.

s'ornent de clefs à décor géométrique. La flexuosité est générale, et la logique (car il y en a une) n'est que pour guider le caprice. Merveilleusement naturaliste, le décor végétal choisit pour modèles les plantes les plus déchiquetées, la vigne vierge, le chardon, le chou frisé, dont le ciseau fouille et refouille la dentelle. Aux voussures il s'enlève presque en ronde bosse sur l'ombre des dessous, où l'on peut passer la main. La ripe suit les nervures, où l'on sent courir la sève. Çà et là errent des bêtes du bon Dieu, des limaçons, des oiseaux, « rendus » avec un sentiment très frais de la vie. L'archivolte, le bandeau, c'est la bordure naturaliste des miniatures contemporaines qui s'est transposée dans la pierre, assouplie elle-même à tous les effets de la peinture. Cette passion du sinueux, du flexueux, nous la connaissons : elle est endémique chez nous aux époques de raffinement. L'accolade ou le décor en S, ce sera le style « Régence », que les contemporains précisément dénommeront « chicorée », et c'est l'éphémère modern style d'hier.

Mais quelle sève dans cette poussée gothique d'arrière-saison (fig. 56)! Qu'elle soit française d'origine, ou suscitée pendant l'occupation anglaise par une sorte d'humour anglais, le curvilinear, il y a des régions où son efflorescence nous frappe davantage. C'est peut-être en Picardie, dans la cathédrale d'Amiens, qu'elle est née, vers 1373. C'est dans cette province en tous cas qu'elle donne ses plus belles fleurs, à Rue, à Saint-Wulfran d'Abbeville (fig. 104), ouvragées avec une luxuriance flamande. La Picardie n'est-elle pas sœur des Flandres ? En plein XVIIIe siècle encore, on y retrouvera ce style, abâtardi. La Normandie, elle, fut longtemps terre anglaise. Est-ce pour cela qu'à la voûte de la cathédrale d'Alençon, achevée par les Anglais en 1444, à Saint-Maclou de Rouen, à la tour de Beurre et à l'escalier des Libraires de la cathédrale, la richesse est si exubérante (fig. 57)? Parfois même, une sorte de style « perpendiculaire » tend un réseau de sèches lignes droites.

Est-ce encore l'Angleterre qui nous envoie cette raideur élégante, comme naguère le curvilinear ? L'austère Bretagne même courbe son dur granit : le chevet de l'abbatiale du Mont-Saint-Michel le fleurit de pinacles, de crochets,

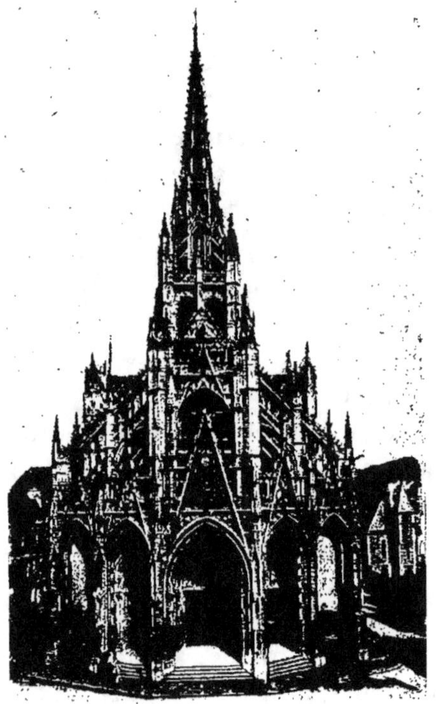

Fig. 57. — ROUEN. Eglise saint-maclou (1437-1460).

Gothique flamboyant, aigu, géométrique, et très ouvragé. Composition pyramidale. Porche à cinq baies dont la courbe épouse le tournant de la rue.   *Photo Touring-Club.*

de fleurons, qui restent insensibles malgré la hauteur au vent du large et à l'air marin. Paris, qui n'est jamais en reste pour la mode, élève la nef de Saint-Gervais, Saint-Nicolas-des-Champs (1420-1480), des parties de Saint-Séverin (1489-1495), et surtout le joli porche (1431-1439) de Saint-Germain l'Auxerrois, ouvragé comme un bijou, et sans séche-

resse. Partout jubés et clôtures de chœurs sont découpés,
ajourés comme du bois (fig. 58). C'est même méconnaître le
« génie » de la pierre que de lui imposer les effets des

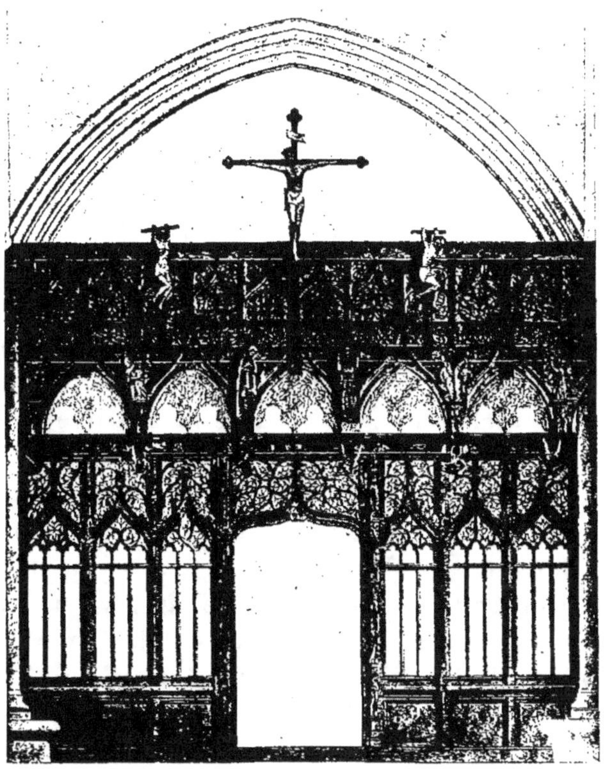

Fig. 58. — LE FAOUET (MORBIHAN). LE JUBÉ DE L'ÉGLISE.

Le gothique flamboyant adapté aux clôtures du chœur. Richement dentelé dans le bois des
forêts bretonnes. Triomphe de l'arc en accolade, et du lacis courant sur les surfaces. Composition très architectonique malgré la luxuriance du détail.

autres matières. Le jubé du Faouet, dans l'austère Morbihan, est du moins une dentelle de vrai bois. Mais ce
renoncement de l'architecture de pierre en faveur d'effets
qu'elle ne peut atteindre avec autant de sûreté, est luimême un signe de déclin.

Ce gothique flamboyant, qui paraît une recherche dans la maison de Dieu, est chez lui dans l'hôtel du noble et du riche bourgeois. C'est pour la façade intérieure, sur la cour, qu'il réserve sa plus riche efflorescence. Souvent elle nous séduit d'autant plus qu'elle s'appuie par derrière à l'ancienne forteresse d'aspect hostile. Une fleur sous la cuirasse. Ce brusque effet de contraste nous est offert, par exemple, aux châteaux de Josselin et de Châteaudun (fig. 59). Il n'est rien de plus aérien, de plus suspendu, que les lucarnes du premier. Quant au second, le caprice de Dunois et la fantaisie du maître-d'œuvre se sont concentrés sur l'escalier et en ont fait une féerie. Au lieu d'être dans une tourelle saillante selon l'usage, il s'emboîte dans une cage intérieure. Mais le décor prend sa revanche aux grandes baies qui l'éclairent : la vis tourne derrière une guipure suspendue ! La Grand'maison de Jacques Cœur à Bourges (1443-1451) est le meilleur exemple de cette architecture privée, création de mœurs nouvelles, où le sens des commodités pratiques et de l'agrément s'associe, chez le bourgeois cette fois, avec l'orgueil du parvenu. La cour s'ouvre sur la rue en avant de la demeure : c'est la tradition de la villa gallo-romaine, contraire à celle de l'Italie qui l'encadre de tous côtés comme faisait l'antique maison romaine. Porte cochère et petite porte aux piétons, accolées, satisfont au bon sens pratique en narguant la symétrie factice (fig. 60). C'est toujours la franchise du Moyen Age ! A la façade du logis, l'escalier saillant dans sa tourelle donne du mouvement. Chaque organe vital de la construction s'affirme ainsi en saillie et en élévation. Au relief de la surface correspond toujours un sursaut de la silhouette : combles aigus de la tourelle et de la chapelle. Accidents sans doute, mais logiques : c'est la variété de la vie. Aux baies la « croisée » va désormais remplacer le remplage :

elle affirme la beauté des angles droits. Une décoration
charmante court à toutes les divisions, ou est jetée pitto-
resquement sur le plat des murs, familière, bourgeoise, nar-
quoise même. Voici le sujet de genre en bas-relief monu-

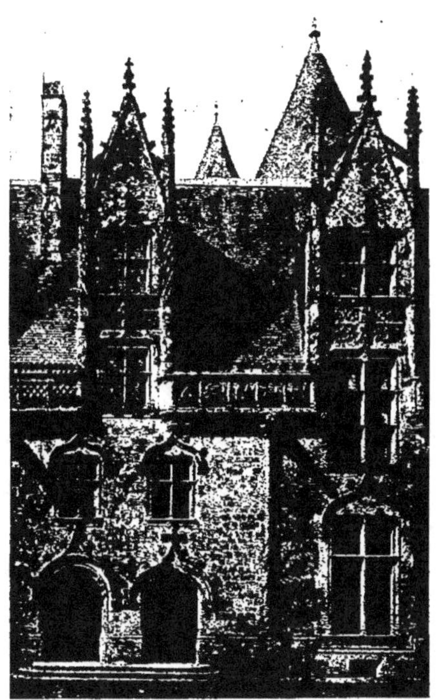

Fig. 59. — JOSSELIN (MORBIHAN). Façade intérieure du château.

Entre 1490 et 1505. Le gothique flamboyant dans l'architecture civile. Lucarnes ouvragées,
s'ouvrant à deux étages dans le comble aigu, et par des fenêtres « croisées » (sans remplages).
Richesse de la balustrade à devises qu'elles interrompent. Sur les baies, arcs en accolade
ornés de crochets en choux frisés.   *Photo E. Lefèvre Pontalis.*

mental : des boitiers de miroirs il s'est haussé sur l'édifice !
La distribution est pratique, déjà moderne : il y a plus de
confort et d'intimité chez Jacques Cœur, à Bourges, que
chez le grand Roi à Versailles. C'est la vraie tradition française. Interceptée par l'art classique, elle renaîtra dans

l'hôtel du xviiiᵉ siècle, au temps heureux de de Cotte et de Boffrand.

Quant à la maison, la négligence de l'histoire de l'art à

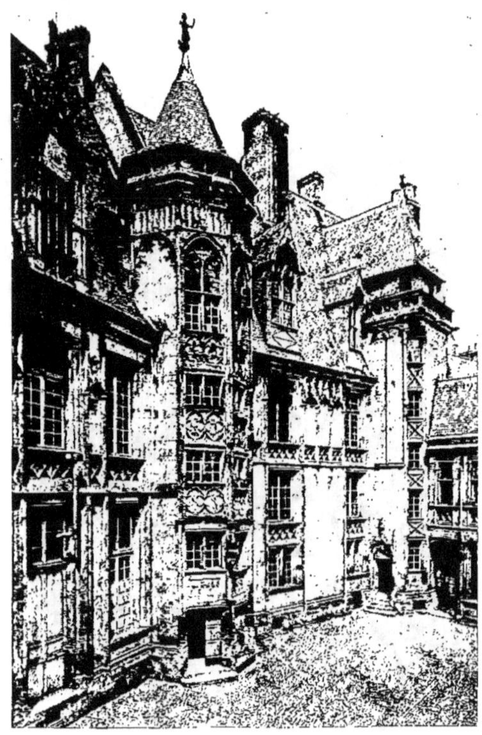

Fig. 60. — BOURGES. La grand'maison de Jacques Cœur.

Cour intérieure (1443-1451). Le gothique flamboyant dans l'architecture privée. Tous les organismes font saillie en surface et en hauteur. Tourelles d'escaliers au milieu et dans l'angle. Lucarnes et fenêtres « croisées », abondance de lumière, commodité des dispositions, riche décor.   *Photo N. D.*

son égard est surprenante. L'Église n'est que pour Dieu, et souvent unique en la cité. D'autre part château, palais, hôtel, sont des demeures d'exception, pour des privilégiés. Mais dans quel cadre vivait le peuple innombrable de France, et quelles formes avaient pour ainsi dire été modelées par les besoins de sa vie? Quel aspect cette foule de logis anonymes donnait-elle à nos rues, à nos villes du Moyen Age (fig. 61)? C'était la vision familière que chacun gardait d'elles, celle que nous-mêmes, si nous avons le sens du passé, nous devons essayer de ressusciter d'après

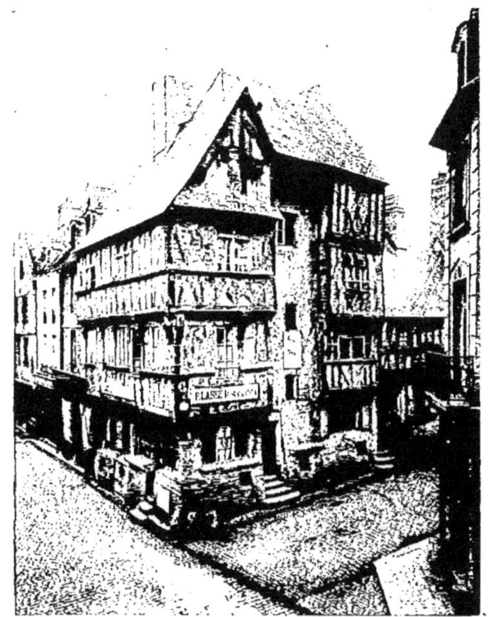

Fig. 61. — BAYEUX. MAISON DE LA FIN DU XV° SIÈCLE.

Étal au rez-de-chaussée, étages en encorbellements, pignon aigu, empilage de matériaux entre les colombages de bois. L'accommodation aux mœurs du temps égalait le pittoresque de l'effet. *Photo N. D.*

les nombreux exemplaires de cet art, populaire entre tous, et bien plus spontané que l'autre. S'il offre moins de grands problèmes techniques, il a plus de racines dans la vie. Il est né plutôt que fait.

A ne regarder que la fin du Moyen Age, la maison du Midi, dans la vieille cité de Cordes par exemple, est en belle pierre ou en brique. Le climat la dispense des combles. En revanche elle s'ouvre volontiers en portique au rez-de-chaussée, et au premier étage en loggia. Mais celle du Nord a décidément plus de saveur. La pluie, le ciel voilé, la modicité de l'espace et l'étroitesse des rues lui ont fait sa figure. Elle tourne vers la rue son petit côté, s'enfonce en profondeur, et dresse son pignon pointu dessiné par les rampants du toit. Tous ces pignons côte à côte découpent sur le ciel de France une silhouette en zigzags, qui donnait et donne encore à nos plus vieilles rues une physionomie vive et de l'accent. Les peintres l'ont fixée à l'envie, de Jehan Foucquet à Bonington. Presque toujours elle est en bois. En Normandie surtout on sent la tradition vivante des charpentiers scandinaves, celle-là même qui va bientôt construire comme une carène de bateau renversée l'église Sainte-Catherine à Honfleur, à deux pas de la mer. Poutres et poutrelles sculptées font l'armature de la façade, et parfois ce colombage la recouvre toute, si bien qu'elle n'est plus qu'un immense bahut, un beau meuble, dressé le long de la rue. Mais le plus souvent il laisse place entre ses croix et ses losanges à un empilage de matériaux parfois polychromes. L'effet de couleur est charmant. Les fenêtres croisées à petits carreaux, petites mais multipliées, boivent avidement la lumière, qui fait la santé, la gaieté. Les étages s'avancent en encorbellements superposés. Des deux côtés de la rue ces logis allaient donc à la rencontre l'un de l'autre, avec bonhomie, et leur sollicitude interceptait pour le passant l'excès du soleil, du vent, ou du froid. Notre esthétique urbaine la plus moderne tend au contraire au retrait progressif des étages et à la dissimulation des toitures. Mais telle était alors l'accommodation à la moyenne vie française, que ce type de logis a vécu presque jusqu'à la moitié du xviie siècle; et tel est son charme pittoresque, si national, dans les vieux quartiers de nos vieilles villes, à Caen, Rouen, Bayeux, Tours, etc., que l'attachement populaire en a sauvé beaucoup du vandalisme moderniste. Il donne à Lisieux son caractère unique.

Si forte était la vitalité de l'architecture ogivale, qu'elle ne meurt que vers le milieu du xvie siècle, en pleine Renaissance. Alors même, est-elle bien morte? Aux xviie et xviiie siècles Orléans élevait la dernière des cathédrales gothiques. Pastiche? ou survie? Survie plutôt, car les maçons provinciaux restaient fidèles aux traditions dans la coupe des pierres et l'expression des formes. Quand il s'agit de celles-ci on peut toujours discuter; mais les principes, ce qui vaut mieux, n'ont jamais disparu. Même les églises baroques du temps de Louis XIII, même la chapelle de Versailles, sont d'esprit gothique sous un habillement classique. Localisation des poussées, grandes portées de nervures, substitution de verrières aux murs, c'est aussi notre architecture métallique. La Galerie des machines, détruite, nos grands magasins de nouveautés, sont en un sens les héritiers de Notre-Dame d'Amiens. Avec le fer, le ciment armé, élastique et souple, inapte aux surfaces mais excellent au support, maintiendra longtemps le rôle de la nervure.

Comment et pourquoi cette architecture n'est-elle plus, en ses formes, que du passé? Etait-elle épuisée au début du xvie siècle ou est-ce l'art nouveau qui l'a tuée? Cet art merveilleux de calcul et d'équilibre, pourquoi n'est-il pas devenu l'art moderne? Nous répondrons à cette question difficile en regardant une dernière fois l'art du Moyen Age au moment où il va disparaître.

A l'époque gothique, les arts décoratifs dépendent étroitement de l'architecture. Tous décorent à l'envie la maison de Dieu : ce sont des arts complémentaires, de destination précise et pratique. Là est leur grandeur, qui fait honte au dilettantisme des nôtres. Arts du tissu, du bois, du métal, de la terre et du feu, ils ont sans doute leur effet propre, qui tient à leur matière et à leur technique. Mais ils se soumettent tous à la loi de l'Art-Roi. Le reli-

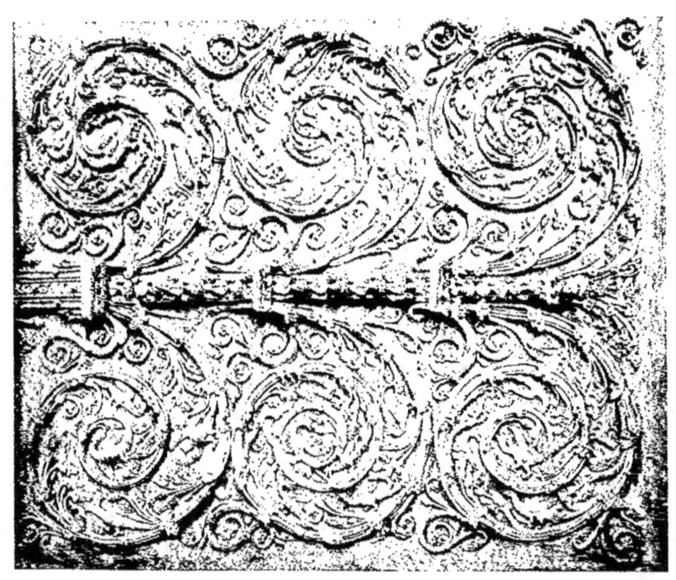

Fig. 62. — PARIS. Penture d'un vantail de porte a Notre-Dame.

Rinceaux en fer forgé. Art décoratif de style large et monumental. Lointain souvenir des rinceaux antiques.

quaire, l'armoire et la huche, la grille qui clôt une chapelle, la penture en fer forgé et estampé qui consolide le vantail de la porte (fig. 62), la crosse de l'évêque, même les petits objets comme la custode et la pyxide, tous ont la monumentalité, par la décision des plans, la largeur du dessin, les motifs courants du décor. Dans cette confraternité les arts sont égaux. Le Moyen Age n'a jamais établi de hiérarchie entre les arts « majeurs » et « mineurs », entre l'artiste et l'artisan. Coffret ou cathédrale, serrure ou maison, la destination est la même : servir Dieu ou l'homme, chez lui. Et ici ou là l'Art est un, une la Beauté. Bien mieux, ils se prêtent les uns aux autres, ou même se

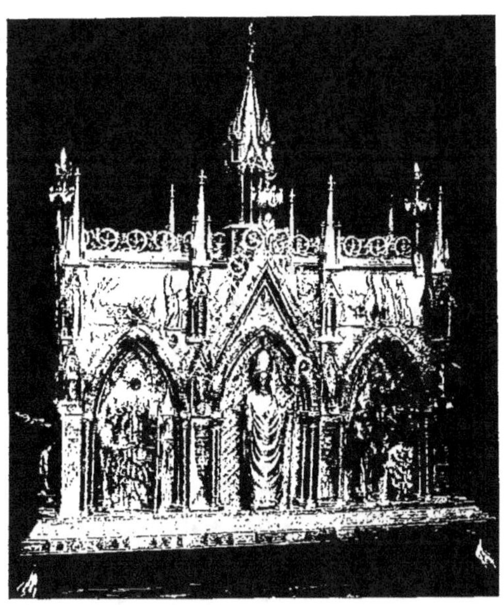

Fig. 63. — ÉVREUX. CHASSE DE SAINT TAURIN. (ÉGLISE SAINT-TAURIN.)

Le style monumental dans l'orfèvrerie, entre 1240 et 1255. Petite réduction d'église, à arcatures séparées par des pinacles que surmontent des clochetons. Comble à épi, flèche fine, et statuaire de grande allure comme aux cathédrales. — Riche décor de nielles, filigranes et pierreries. *Photo N. D.*

transposent les [uns dans les autres. De même que la châsse est un petit monument, la miniature se reflète dans le dyptique d'ivoire, la grande sculpture se réduit sur le plat de l'Évangéliaire, la grande peinture sur la plaque d'émail. Le vitrail semble n'être parfois qu'une miniature agrandie et transparente. Ainsi s'affirme de nouveau l'unité de l'Art. Époque heureuse ! Le souvenir de cette discipline et de cette fraternité, sous la maîtrise de l'Architecture, hante aujourd'hui nos décorateurs comme un regret et une leçon.

Les deux arts décoratifs qui marquent sont l'orfèvrerie, gloire de Paris, et l'émaillerie champlevée, « œuvre de

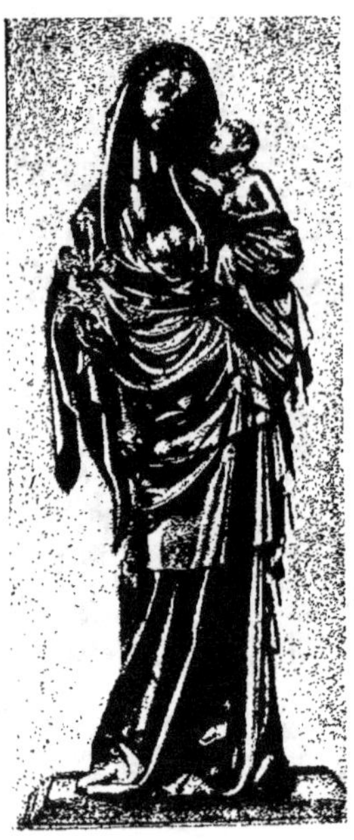

Fig. 64. — VIERGE DE JEANNE D'ÉVREUX (1439).
(*Musée du Louvre*).

Orfèvrerie en métal doré sur piédestal émaillé. Reflet de la grande statuaire dans l'art industriel. Style du XIVe siècle : hanchement, tendresse familière, et déjà quelque maniérisme jusque dans la noblesse.

Limoges ». Toutes les deux relèvent de richesse la forme. Mais l'une favorise plutôt le dessin, jusque dans les méandres du guillochage et des filigranes dorés, l'autre la couleur opulente, celle de l'émail bleu, mat, tantôt presque céruléen, tantôt parcouru de blancheurs lactées.

L'art de Limoges ose même encore, comme à l'époque

romane, sceller sur les défunts illustres des tombes émaillées. Mais le reliquaire est l'art le plus complet. C'est une petite église, d'abord sobre de plans comme la châsse d'Ambazac au début du XIIIe siècle, puis rayonnante et ajourée comme celle de Saint-Taurin d'Évreux (1250), que surmonte même une flèche ! De plus en plus le cabochon, d'esprit barbare, fait place à la plastique. La statuette en ronde bosse s'adosse à la petite paroi dorée, comme la statue de pierre à l'immense cathédrale (fig. 63). L'orfèvre est un imagier ; il regarde la façade à l'ombre de laquelle il travaille. Comme à l'époque romane, le reliquaire prend souvent la forme d'un buste, d'un « chef » en métal repoussé, mais doué de la vie nouvelle comme le réaliste Saint-Mayeul de Moulins (XVe siècle). Il devient même une pure statue avec la Vierge en argent doré de Jeanne-d'Évreux (1329) (fig. 64). La valeur de l'œuvre ici n'est plus dans sa destination, ni dans sa matière, si précieuse qu'elle soit, mais dans l'art de la forme plastique, où s'exprime avec délicatesse le sentiment le plus tendre. Le reliquaire n'est d'ailleurs plus que le socle. L'art « industriel » finit par s'effacer modestement devant l'art tout pur ! Et ainsi se retrouve encore dans les arts « mineurs » l'hégémonie des « grands » avec leur forme et leur style.

CHAPITRE II

LA SCULPTURE ET LA PEINTURE AU XIIIe SIÈCLE.
L'IDÉALISME.

La décoration sculptée de la cathédrale. Sa richesse, sa disposition logique et harmonieuse sur la façade et selon les portails. — Le programme religieux et l'inspiration de l'Église. La part des clercs et des laïques dans l'œuvre commune. — Le texte et la forme plastique. — Le vaste symbolisme. — En quel style sont exprimés dans la pierre la flore et la faune, le travail de l'homme, les Vertus et les Vices, l'histoire humaine, celle du monde biblique, du monde régénéré par le Christ, la vie du Christ et de la Vierge, le Jugement Dernier.
La qualité de l'art. La soumission joyeuse à l'Architecture. La technique et les modèles. — La nature simple point de départ. L'idéalisme : le nu, l'expression, le regard et le sourire, le goût de la jeunesse, la pudeur devant la souffrance et la mort. — La sculpture funéraire. — L'équilibre du réel et de l'idéal, l'affinité avec l'art grec.
La Peinture dans la cathédrale. Comment elle reçoit sa loi de l'Architecture. — Le Vitrail et sa leçon toujours vivante. — La miniature. Reflet du Vitrail puis de l'Architecture.

La décoration directe de la cathédrale, c'est le monde de statues, de bas-reliefs, qui multiplie et précise son expression. Il semble émaner d'elle. Il pullule au dedans et surtout à l'extérieur, aux façades de l'occident et du transept : on a compté à Reims deux mille trois cents sculptures. C'est particulièrement aux portails que ce peuple afflue : au seuil de l'église il accueille le fidèle et le prépare par ses leçons. Pour le loger on amplifie même leur structure. A Laon et à Notre-Dame de Paris, ils se creusaient dans la façade. Bientôt ils projettent des porches

en saillie, qui multiplient par toutes leurs surfaces le champ
de la plastique. Mais (et voici la marque du génie) jamais
cette luxuriance ne nuit à l'effet monumental ni à la fermeté
des profils. Une ordonnance magistrale assigne d'ailleurs
sa place à chacun : à Dieu et au Jugement dernier le portail royal, qui est le centre matériel et moral; à Notre-
Dame et aux Saints, patrons de la cité, les portails latéraux; aux soubassements, ébrasements et voussures, les
scènes qui commentent et la légion de ceux qui accompagnent, dans la hiérarchie sacrée, les grands personnages
de la cour céleste. L'art roman avait à peine entrevu cette
distribution ample et détaillée à la fois, qui fait descendre
sur la pierre le catégorisme théologique.

Le même esprit classique d'organisation se retrouve
dans le programme des sujets. Il est l'œuvre de l'Église :
les doctes clercs l'ont établi en s'inspirant des livres
sacrés. La sculpture des cathédrales, d'inspiration religieuse, ecclésiastique, traduit donc plastiquement quelque
chose d'écrit. Le livre de pierre transpose la page du manuscrit. Jamais ne s'est posée plus nettement pour nous
la question des rapports du texte littéraire et de l'art, du
thème proposé et de la réalisation. Ces thèmes fournis
par les clercs, en effet, ce sont les imagiers qui les ont
taillés dans la matière. Là est la part des laïques, humbles
artisans du chantier : des illettrés. Pour l'historien de
l'art elle est la meilleure : c'est celle du talent ou du génie.
Le thème du Jugement dernier est le même pour tous,
et cependant tous ces tympans diffèrent. C'est que, seul,
le sentiment personnel inspire chaque imagier quand il
réalise en détail, ciseau à la main, les attitudes, les gestes,
les expressions. Le texte les suggère : lui, il les fait vivre.
Il est le véritable créateur, le Poète. Ces scènes de l'Évangile, il les connaît d'ailleurs si bien, et par cœur ! Les récits

de sa mère en ont bercé son enfance : depuis lors il les
« voit ».

M. Émile Male a exposé dans toute son ampleur, en un
livre célèbre où la majesté du sujet a passé, le programme
qui fait de la cathédrale un vaste symbolisme. Chaque pierre
y exprime une pensée. Mais comment l'exprime-t-elle ?
Miroir de la nature, elle fait fleurir aux chapiteaux, aux ban-

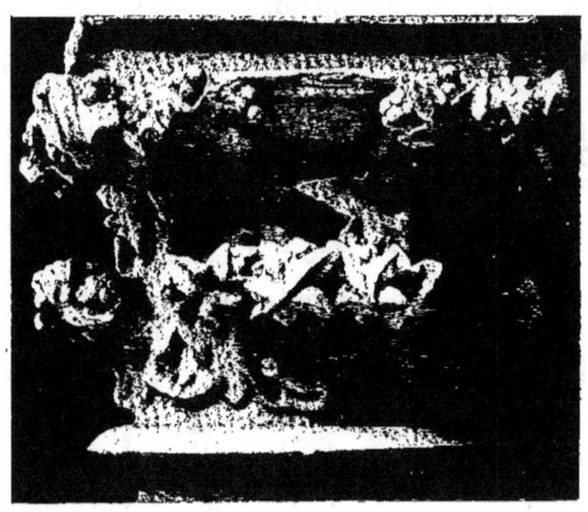

Fig. 65. — REIMS. Chapiteau végétal a la cathédrale.

Frais naturisme d'après le lierre. Alliance de la vérité et du style, exactitude de l'observation dans la largeur de l'effet décoratif. Déjà, avant le XIVᵉ siècle, deux registres de feuillages superposés sur la corbeille. *Photo N. D.*

deaux, une flore naturelle pleine de sève (fig. 65). Nous
aimons aujourd'hui à y insister, parce qu'elle rafraîchit
notre archéologie technique. N'exagérons rien : le chapiteau
à crochets, qui est le plus commun, stylise la plante.
Mais très souvent, à Reims par exemple qui est la cathédrale toujours précoce, l'imagier a sous les yeux le modèle qu'il vient de cueillir, fougère, arum, belladone, plan-
tain, cresson ou nénuphar. Plantes modestes des bois et
prairies de France, non de serre ou de cour comme la flore

du xviiiᵉ siècle. Ici, point de roses. Viollet le Duc a montré
que son évolution est un épanouissement naturel : à la
fin du xiiᵉ siècle c'est un bourgeon gonflé ; au xiiiᵉ s'ouvre
la feuille ou la fleur ; au xvᵉ elle se dessèche. L'art roman
mettait en contradiction le style et la vie ; l'art gothique

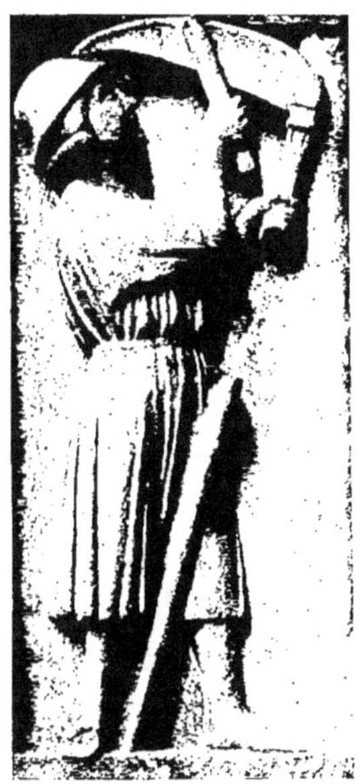

Fig. 66. — PARIS. LES TRAVAUX DES MOIS (NOTRE-DAME).

Le Faucheur. Vérité et pureté dans le dessin des gestes primordiaux. La scène est réduite
à sa plus simple expression par un art qui condense et par conséquent suggère.

Photo Martin Sabon.

les accorde. Il est le premier dans l'histoire qui ait affirmé
la vertu ornementale de la flore vivante. Des verreries
ou meubles d'Émile Gallé aux chapiteaux de Derré, aux
ferronneries de Brandt, son exemple, sa poésie toute par-
fumée, a rajeuni nos arts décoratifs. L'animal, au contraire,
reste imaginaire et symbolique. En lui survit l'irréalisme
roman. Géniale est souvent la grimace de la gargouille
qui, de là-haut, crache l'eau des pluies : la fantaisie débri-

pée n'en a jamais fait deux pareilles. Le miroir de la Science et du Travail ? Voici les douze travaux des Mois au socle des portails. Tableautins d'intérieurs ou « géorgiques chrétiennes », on est frappé de l'extrême concision, qui résume, par conséquent suggère (fig. 66). Le geste auguste du semeur est sur un quatrefeuille d'Amiens avant d'être sur la monnaie de Roty. Le faucheur qui aiguise sa faux à Notre-Dame évoque la vision immense des sillons. La nécessité d'inscrire dans un petit quadrilobe une scène riche de vie ou large d'horizon force l'imagier à condenser des actes qui d'ailleurs ont la simplicité grandiose des choses primordiales. Quelle puissance de synthèse dans ce dessin ! Nous essayons aujourd'hui de nous en rapprocher. Quant au miroir moral, c'est le combat des Vertus et des Vices. Chaque Vertu est un personnage allégorique, donc abstrait et un peu froid ; mais le Vice correspondant est toujours figuré par une petite scène mouvementée, dramatique même. La Colère est une dame noble bien violente : elle donne un coup de pied au valet qui lui présente, à genoux, son gobelet. Mais la Douceur est simplement assise, en méditation ! Elle nous intéresse donc moins, comme le *Paradis* de Dante nous émeut moins que l'*Enfer*, où brûlent les passions du temps, de Florence et du Poète. Quelle leçon artistique dans cette inégalité !

Mais la cathédrale est surtout le miroir de l'Histoire, conçue à la façon de l'Église : elle va de la Genèse au Jugement dernier. La galerie des Rois (rois de Juda ou rois de France), debout sous des arcatures les uns à côté des autres, couronnés et sceptre en main, tous différents dans la rythmique répétition du thème, est une des grandes beautés de la façade. Beauté monumentale, par le calme, la majesté, l'accord avec le mouvement ascensionnel de l'ensemble. Entre l'homme, fût-il Roi, et les personnages divins sont les Saints. L'art gothique a beaucoup aimé ces patrons familiers de chacun et de la cité. Ils sont là, chacun avec son type physique, son caractère et ses attributs : jeune chevalier comme Saint Théodore à Chartres,

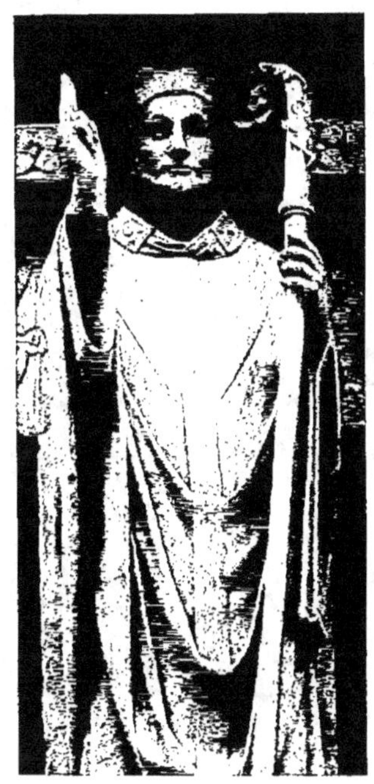

Fig. 67. — AMIENS. CATHÉDRALE. SAINT-FIRMIN.

Art idéaliste. qui s'élève, sans perdre contact avec la vie, du caractère individuel à l'universel et à l'éternel. Taille directe : simplicité et largeur des plans. Étroit accord de cette sculpture avec le membre architectonique (ici le linteau) auquel elle s'appuie.

Photo Martin-Sabon.

évêque bénissant comme le grandiose Saint Firmin d'Amiens... (fig. 67) Souvent, sur les tympans comme celui de Saint Étienne à Notre-Dame, nous assistons aux dramatiques épisodes de leur vie merveilleuse (fig. 68). Ils ont beaucoup favorisé la sculpture narrative, elle-même propice au mouvement, à la vie.

Mais le centre de l'histoire est le monde de la Bible et surtout de l'Évangile, reliés l'un à l'autre par un symbolisme subtil qui s'exprime sur la façade par des symétries.

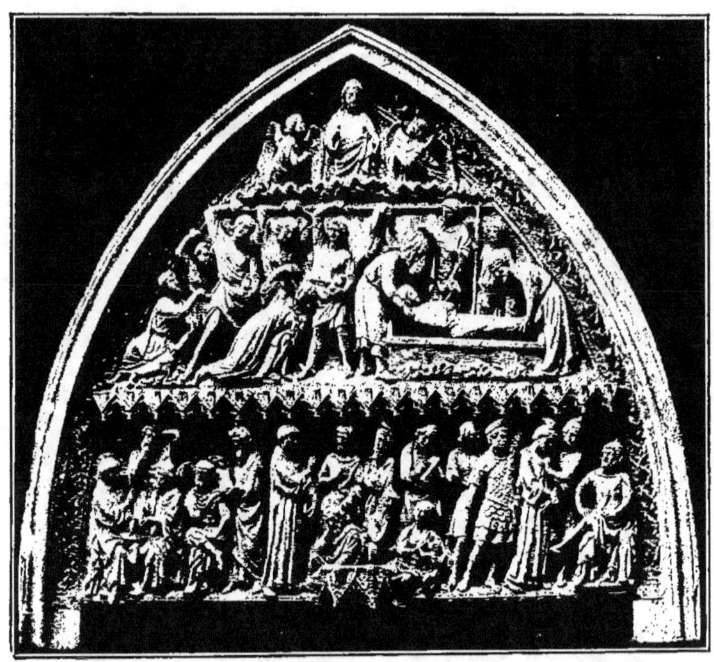

Fig. 68. — PARIS. NOTRE-DAME. PORTAIL DE SAINT-ÉTIENNE.

Type du tympan à trois registres de bas-reliefs. Art narratif, naturel et vivant, pittoresque au besoin et même dramatique, mais toujours noble et harmonieux : jusque devant le martyre et la mort il garde la tenue du style monumental. *Photo N. D.*

Les Prophètes, précurseurs des Apôtres (fig. 69), méditent : l'imagier leur donne l'expression lointaine de ceux qui voient l'avenir. L'Évangile est la source préférée, car il est la loi d'amour. C'est dans la Vierge et le Christ qu'elle se personnifie. Là est l'effort suprême de la sculpture gothique, parce que de la Nativité à la Passion tout est sentiment, poésie ou drame poignant. Vierge-mère debout ou assise, avec l'Enfant dans ses bras, à genoux aux pieds du Christ pour intercéder, couronnée par lui au ciel, elle n'est plus la raide Theotokos, encore byzantine, de l'art roman. La voici humaine et divine à la fois. Bientôt même, à la Porte-Dorée d'Amiens (vers 1288), elle sourit à l'Enfant (fig. 70) : si souple de mouvement virtuel, qu'on croit qu'elle va le faire sauter dans ses bras, et déjà familière, presque maniérée. Quant à Dieu, absolu, infini, quelle

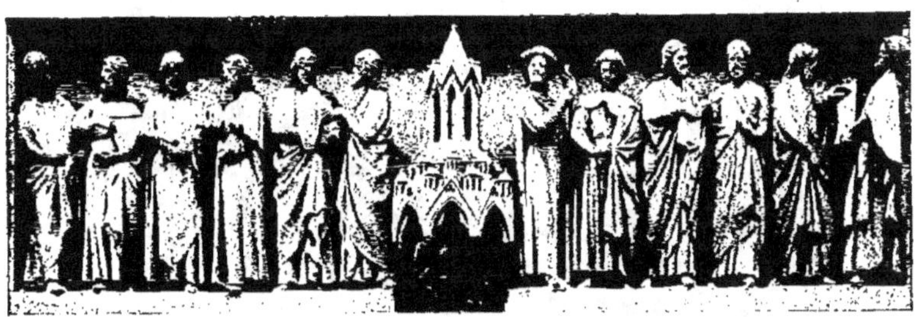

Fig. 69. — AMIENS. CATHÉDRALE. LINTEAU DE LA PORTE DORÉE.

Les Apôtres. Individualité des figures, des attitudes et des gestes, dans la commune noblesse du style. Remarquer Saint Jacques et Saint Jean, c'est-à-dire le Pèlerin et la grâce juvénile. Ces 12 figures sont les plus « grecques » de l'art gothique. *Photo N. D.*

difficulté pour l'imagier ! L'art est alors trop amoureux de la vie pour céder au platonisme de l'Idée pure, et trop respectueux pour descendre au caractérisme. Le Beau Dieu d'Amiens, malheureusement ratissé, le Saint Firmin, ont en eux, avec quelques traits d'identité personnelle, de l'éternel. Mais c'est surtout dans le Jugement dernier que le Christ apparaît. A Laon, Chartres, Paris (vers 1220), Amiens (fig. 71), Bourges, Bordeaux, le programme du grand drame a bien changé depuis l'art roman ! Plus de vision de l'Apocalypse, plus d'évangélistes à figures d'animaux comme dans le « Tétramorphe » : l'imagier gothique ne pratique plus ce fantastique de solitaire oriental, et va chercher dans l'Évangile de saint Mathieu un divin plus proche de nous.

Aussi, que de naturel désormais! que de vie, toujours dans la grandeur! Sur ces trois registres superposés, entre la vallée de Josaphat et le Ciel un microcosme grouille, mais dans une ordonnance et avec une pondération classiques. Toujours le classicisme gothique! D'Autun (xiie siècle)

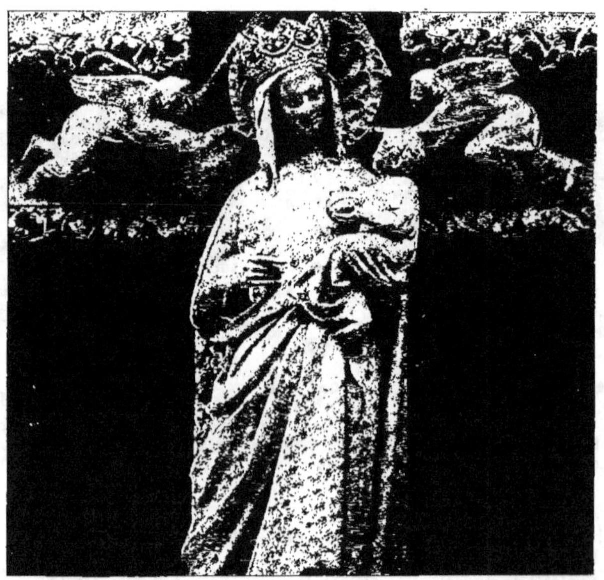

Fig. 70 — AMIENS. CATHÉDRALE. TRUMEAU DE LA PORTE DORÉE.

La Vierge et l'enfant (vers 1288). Précoce évolution vers la tendresse familière. Les personnages sacrés s'humanisent de plus en plus. L'inclinaison de la tête, le sourire, les gestes maternels et le jeu de l'enfant.   *Photo Martin-Sabon.*

à Bourges (deuxième moitié du xiiie siècle) qu'on mesure le chemin! Plus de proportions gigantesques pour le Christ, plus de hiératisme, plus de mandorle, plus de couronne. Il est assis sur un trône, comme dans l'art roman; mais cette fois le terrible problème qui consiste à représenter sur un panneau peu épais la saillie des genoux, est résolu (fig. 72). La perspective est trouvée. L'imagier possède le secret souverain : avec un relief insuffisant donner l'illusion de la profondeur réelle. De la Résurrection des morts à la séparation des bons et des mauvais, enfin au Juge qui prononce, à la Vierge qui intercède, c'est toute la gamme de l'angoisse et de l'espérance, de

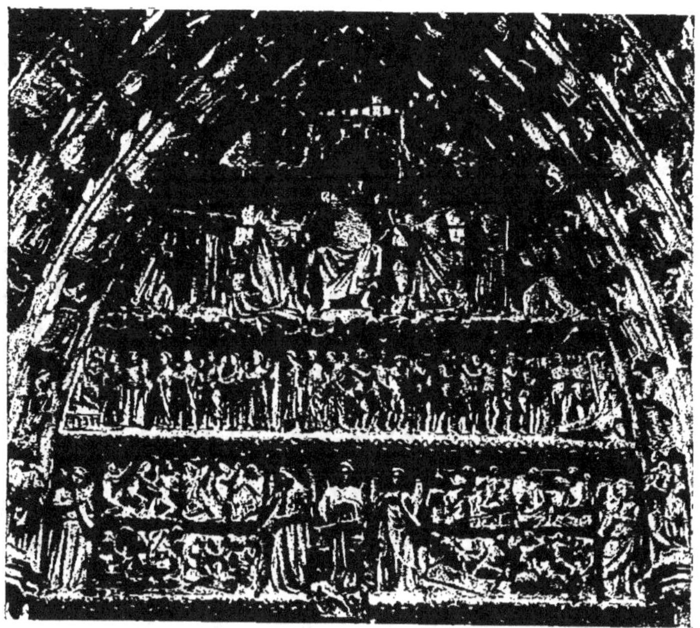

Fig. 71. — AMIENS. Cathédrale. Le tympan du jugement dernier.

Les trois scènes habituelles du grand Drame, en trois registres : la Résurrection, le Partage des bons et des mauvais qui s'en vont vers le Paradis et vers l'Enfer, la sentence du Juge entre la Vierge et saint Jean qui l'implorent. Vie grouillante, mais ordonnée dans une composition classique. *Photo Martin-Sabon.*

la terreur et de la béatitude, de la tendresse et de l'impartiale sérénité, sur le visage et dans les gestes. Un cœur qui sent, une main qui sait, les ont exprimées au vif. Ces scènes sont le modèle de ce que peut l'expression contenue par le style et l'effet d'un drame universel quand l'esprit d'ordre l'organise. La cathédrale est donc la « Somme » du savoir humain, la Bible de pierre, lisible à tous ; mais en même temps elle est le répertoire le plus riche de motifs plastiques, et l'emplacement le plus vaste qu'une religion et son sanctuaire aient offert à l'art de la forme. Mythologie et temple grec nous semblent désormais presque pauvres.

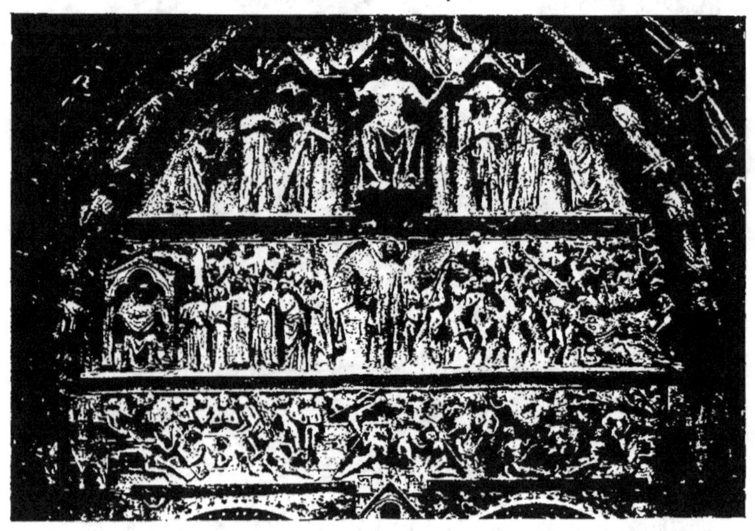

Fig. 72. — BOURGES. CATHÉDRALE. LE JUGEMENT DERNIER.

Tympan restauré. Hauteur croissante des registres. Recherche de l'expression, mais sans excès, sur le visage des élus et des damnés : béatitude et terreur. La gouaillerie des imagiers à l'égard des démons : verve populaire.   *Photo N. D.*

Cet art est de génie. Ce n'est pas qu'il n'obéisse à des conventions, loin de là. Celles qui lui viennent de la théologie sont bien moins étroites que celles qui résultent de sa subordination volontaire, et comme joyeuse, à l'architecture. Aux portails, des centaines de statuettes sont penchées suivant la courbe de la voussure, avec leurs piédestaux et leurs dais. Celles qui arrivent à la pointe de l'arc sont presque horizontales, et leurs dais se rencontrent ! Et toutes ces figurines en positions anormales, sous leurs petits monuments en forme d'églises, surplombent la tête du fidèle qui entre dans le sanctuaire! Au départ d'une voussure le cheval de la Mort, échappé de l'Apocalypse, se dresse tout droit avec son cavalier. Cabré? Non : il est au contraire lancé à fond de train « sur les quatre parties du Monde ». Mais il suit l'archivolte qui monte droit, tout simplement. Franchise crâne, qui bouscule les habitudes du réalisme vulgaire. C'est que chaque figurine est taillée à l'atelier dans une assise, et prend le rythme de l'assise une fois posée. L'imagier et l'appareilleur collaborent intimement. Comme il arrive aux époques élues, le parti pris architectonique s'achève de lui-même en expression : toutes ces statuettes ainsi inclinées suivant la courbe convergent de leurs regards et de leurs gestes vers la grande scène sculptée au tympan. L'audacieuse invraisemblance aboutit à la composition la plus classique : celle qui concentre l'intérêt.

Aux ébrasements, chaque grande statue reste un support : elle adhère à la colonne qui soutient l'archivolte. Chacune est taillée sur le chantier, avant la pose; épannelée, non modelée à l'aide de boulettes de glaise. Les effets pittoresques, l'essayisme, le « faire artiste », lui sont absolument étrangers. Statuaire de plein air, sauf les Vierges et les ivoires, elle est faite pour être vue de loin et nous parle à distance par des plans décisifs, qui gardent l'ampleur du bloc d'où elle est sortie. Le géométral, par des tracés curieux dont l'album de Villard de Honnecourt nous offre des exemples, achève de l'accorder avec le mur, qui n'est plus seulement un support mais un parent. Comme aux grandes époques, la sculpture est un art complémentaire : elle est pour décorer le monument. Son calme et sa majesté lui viennent moins du sentiment religieux que de cette discipline allègrement consentie.

Même quand elle est descellée, même quand elle est devenue pièce de série dans un musée, même quand elle est mutilée, on sent en elle comme l'esprit de l'arc, du pilier, du mur qu'elle accompagnait : c'est une veuve. Quand Bourdelle reproche à Rude d'avoir agité comme une toile, devant l'Arc-de-Triomphe, le groupe passant du

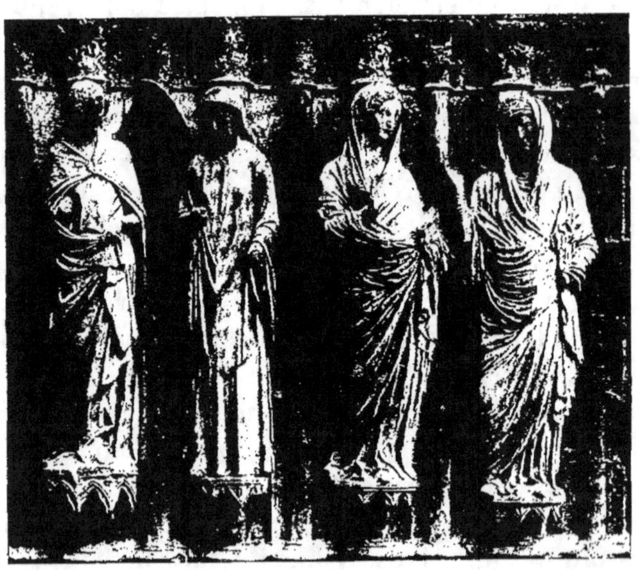

Fig. 73. — REIMS. CATHÉDRALE. LA VISITATION ET L'ANNONCIATION.

Contraste saisissant des deux groupes, l'un de goût purement français, expressif et ingénu, l'autre d'imitation antique, qui recherche le rythme et le style dans l'attitude. dans les plis de la draperie. même dans la coupe du visage. Première tentative, mais isolée, de ce qui sera la « Renaissance ».   *Photo Rothier.*

Départ, à Carpeaux d'avoir fait onduler devant l'Opéra la ronde frémissante de la Danse, à tous deux d'avoir oublié le mur, il pense à la fois à la sculpture de Phidias et à celle des imagiers gothiques dont il veut être l'héritier. La taille directe est au sculpteur ce que la fresque est au peintre. L'art du Moyen Age doit à l'une et à l'autre sa largeur, sa grandeur. La nostalgie de nos artistes, qui aiment aujour-

d'hui à se proclamer « tailleurs de pierre », nous aide à
mieux comprendre la vertu de cette discipline.

Les modèles ? L'imagier a peu regardé l'antique, mais il
ne l'a pas ignoré. A Reims (fig. 73), à Auxerre, ... se sont
posés des reflets exquis de l'art grec. Cela est rare : l'heure
n'est pas venue de l'alliance entre le sentiment chrétien et
la beauté hellénique. Le modèle, c'est la nature, la vie, mais
épurées, idéalisées. Toujours elles sont ramenées au style
monumental. Certes, l'art est réaliste, jusqu'à la caricature
même quand il le faut ou qu'il le veut : témoin les diables
de l'Enfer à Bourges, création gouailleuse de la verve
populaire, les masques grotesques de Bayeux, de Reims,
de Rampillon, des types ethniques comme le nègre cen-
turion du tympan de Notre-Dame. A Reims, toujours
précoce, on commence à discerner dans la deuxième moitié
du siècle un goût très vif de l'accident, de la crise, où
l'homme sort pour un moment de sa personnalité. Il y a
des atlantes, car cet art a tout créé ou recréé; le dur
effort contracte leurs traits. Les portraits abondent,
d'accent si personnel, que le public ou même l'archéologue essaie d'y mettre un nom. Les saints personnages
eux-mêmes ne sont souvent que des camarades d'atelier
de l'imagier, mais élevés à cette majesté par un curieux
travail de généralisation. L'individuel, le particulier, ne
sont que le point de départ pour se hausser à l'universel et
à l'éternel. Un siècle avant, Guillaume de Champeaux
ne proclamait-il pas sur la colline Sainte-Geneviève que
les Universaux sont la seule réalité ? A l'individu cet art
préfère le type, mais nourri du suc de la vie. La Vierge est
une mère, mais divine, le Christ est l'Homme-Dieu,
Jérémie est le Prescient. Le beau saint Firmin d'Amiens
n'est pas seulement le patron de la cité, mais un raccourci d'éternité. Le détail mesquin qui caractérise trop,

plis, veines, poils, accidents divers, s'atténue : il laisse
intacts les larges plans établis par l'esprit de synthèse.

Si cet art cherche le général et le permanent, on peut
s'étonner qu'il ait si peu traité le nu. Certes, il n'y est pas
inhabile. Au linteau de Rampillon (fig. 74) les ressuscités
sont des corps jeunes, frais, caressés dans leur modelé par
un plasticien amoureux de la chair. Une exquise jeune
femme vient de sortir du sarcophage : ses membres ronds

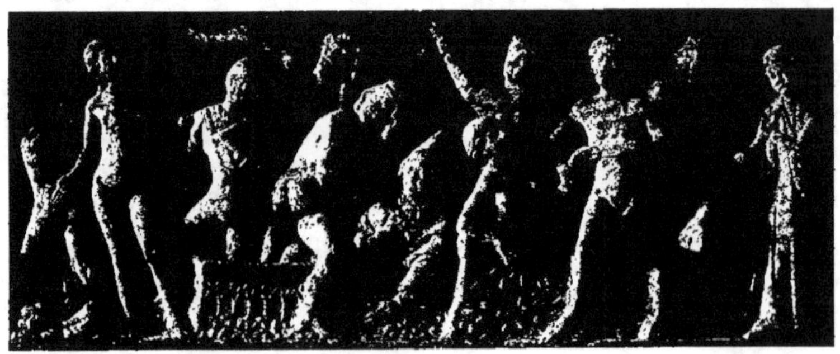

Fig. 74. — RAMPILLON (SEINE-ET-MARNE). LINTEAU DU PORTAIL
DE L'ÉGLISE.

La Résurrection des morts. L'habileté de l'art gothique à modeler le nu quand il le veut.
La variété des épisodes et des expressions dans ce retour universel à la vie : réveil qui
s'étire, surprise, action de grâces, bonheur des époux qui se retrouvent.   *Photo Enlart.*

ont la souplesse et l'élasticité de la vie. Et quelle audace à ne
rien cacher ! La beauté de la Femme avait disparu de l'art
depuis la fin du monde antique : la voici qui reparaît, mais
spiritualisée par le Christianisme. On sent que l'imagier est
vivement ému devant elle; mais il l'épure par la gravité de
la scène sacrée. L'art gothique est chaste. Seuls certains
ressuscités, Adam et Ève, le Christ sur la croix, offrent le
corps humain dévoilé. Mais si la draperie le recouvre
presque toujours, elle ajoute à son rythme le sien propre.
Le dessin des plis du Beau Dieu et des Apôtres à Amiens,
de l'ange de Saint-Nicaise à Reims, par exemple, est un

langage précis en même temps que mélodieux : il dit la gravité ou la grâce affectueuse. Finis le parallélisme et la rigidité romanes. Inconnues d'autre part, les oppositions ultra-dramatiques entre l'ombre des creux et la lumière des saillies, que l'on recherchera bientôt. L'étoffe et sa

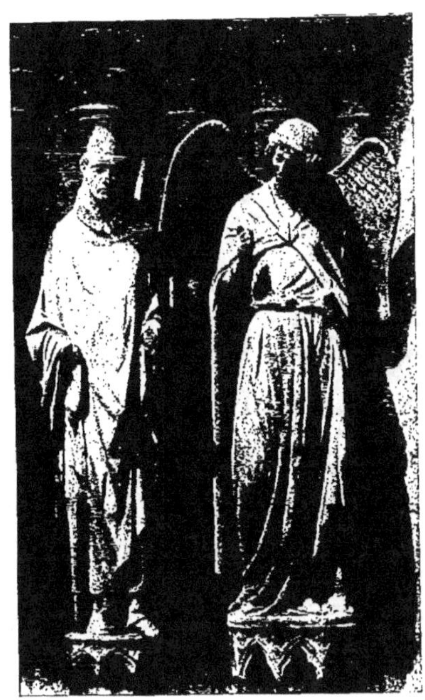

Fig. 75. — REIMS. CATHÉDRALE. UN ANGE.

Fréquence du sourire à Reims, où il est, non une formule d'atelier qu'on retrouve comme un rythme fatal dans l'évolution artistique de tous les pays, mais l'expression d'une âme gracieuse et tendre. Souplesse du corps et sveltesse des proportions dans la seconde moitié du XIIIᵉ siècle. *Photo N. D.*

retombée, c'est le naturel, sans parti pris. Le canon des proportions est instinctif, non chiffré : un peu robuste avant le milieu du siècle, il devient alors svelte et souple. A Reims on sent le désir de faire onduler la forme : la gravité monumentale se change en cambrure déjà moderne.

L'expression, on le sent, ne pouvait être que très sobre

Ce n'est pas au visage qu'elle est confiée de préférence, car une sorte de pudeur le respecte comme le miroir de Dieu, mais à l'attitude et au geste. C'est aussi le parti de l'art grec et de l'art classique. Jamais le trépan ne perce la prunelle : le regard, quand il y en a, s'obtient par a couleur. Assez rare, au XIII᷍ siècle, est la Passion san-

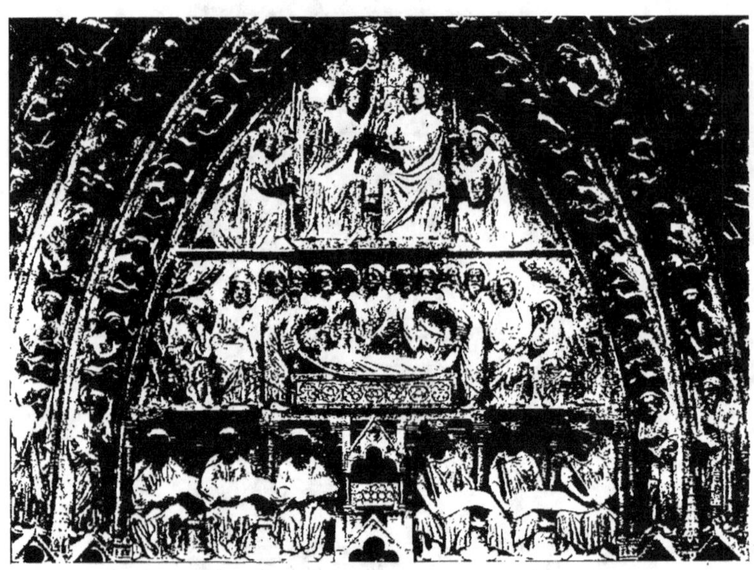

Fig. 76. — PARIS. NOTRE-DAME. PORTAIL DE LA VIERGE.

L'ensevelissement de la Vierge. Extrême réserve de l'art gothique devant la douleur et la mort. Composition sereine, rythmée, de grand effet décoratif. Art synthétique qui résume en un arbre le paysage palestinien. Quelque raideur archaïque encore dans la partie supérieure.

Photo N. D.

glante, assez rare le supplice du Crucifié sauf dans les ivoires. Les épouvantes de l'Apocalypse se rassérènent, ou, comme la Mort à cheval à Paris et à Amiens, paraissent discrètement, dans une voussure. Superbes d'ailleurs, et d'une force tragique que Durer n'a pas dépassée. On évite l'émotion violente qui tord les corps et convulse les visages. Sobre est la terreur des damnés que la gueule de l'Enfer attend,

sans éclat exagéré le bonheur souriant des Élus, qui mar-
chent en file vers le Paradis. Le sourire de Chartres à la fin
du XIIe siècle était peut-être une formule d'atelier, une phase
du rythme artistique chez toutes les nations. Mais celui de
Reims (fig. 75) n'a rien de mystérieux, et sait bien ce qu'il
veut dire : il est l'expression de la joie mystique. Seulement
elle reste discrète. De même, cet art est réservé devant

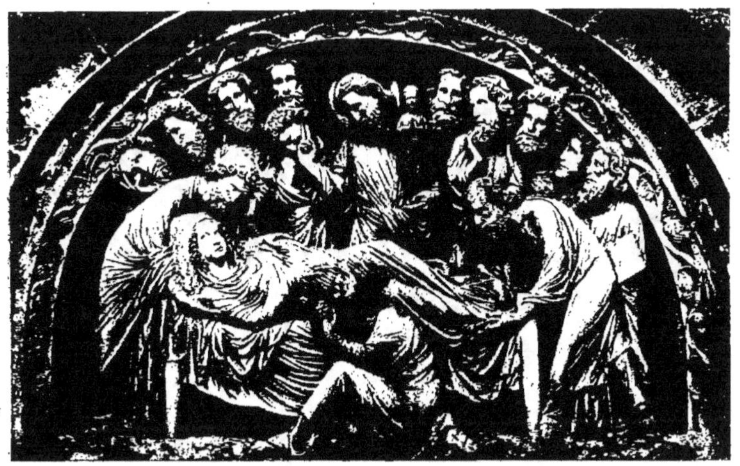

Fig. 77. — STRASBOURG. CATHÉDRALE TYMPANY DU PORTAIL SUD.

Ensevelissement de la Vierge. Plus de frémissement des lignes et des formes dans cet art
alsacien que dans l'Ile-de-France. Emouvante idée de la pleureuse accroupie. Mais tout ce
pathétique s'ordonne harmonieusement dans le demi-cercle de la voussure, et même sait en
tirer parti pour l'expression.

la décrépitude : il ne grave les rides de la vieillesse qu'à
fleur de pierre, avec la pointe de ciseau. Ce qu'il aime,
c'est le charme tendre de saint Jean et la grâce fraîche de
Notre-Dame. Au tympan de la Vierge à Paris (fig. 76), la douleur et la mort restent harmonieuses : et cette pudeur ne les
empêche pas d'être émouvantes. Au tympan de Strasbourg, la douleur agite les mains, courbe les têtes, jette au
pied du lit où la Vierge vient de mourir une pleureuse qui

tord ses doigts. Ici certes elle émeut davantage les lignes.
Mais l'artiste alsacien, qui a connu d'ailleurs les œuvres de
l'Ile-de-France, les agence musicalement : ce Lamento est
une belle symphonie (fig. 77).

Mieux encore. Sur la dalle des tombeaux les gisants
gardent les yeux ouverts, et ont la figure de leur jeunesse.
La mort est un demi-sommeil. Par une convention aussi

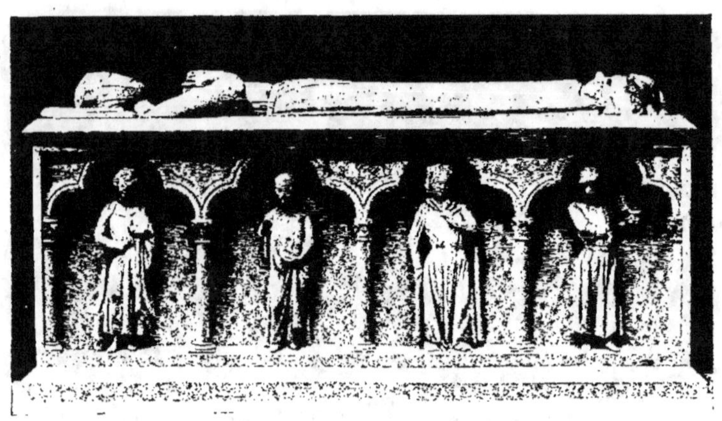

Fig. 78. — SAINT-JEAN-DE-JOIGNY (YONNE). TOMBE D'ADÉLAIDE DE
CHAMPAGNE. ÉGLISE.

Art funéraire bourguignon au XIIIe siècle. Gisante aux lignes épurées, mais qui déjà a les
yeux fermés, contrairement à l'usage. Personnages sous arcatures bien avant que paraisse
le cortège des pleureurs. La calme majesté de la mort.　　　　　*Photo N. D.*

surprenante, corps et draperie ont le rythme de l'attitude
debout : ni les membres ni les plis ne s'affaissent. On dirait
que la loi de la pesanteur ne s'applique pas à ces défunts, sor-
tis du monde pour vivre en Dieu (fig. 78). Cet art idéaliste,
mais qui part de l'observation, trouve moyen d'ennoblir les
gestes les plus familiers en leur laissant leur naturel : le
dormeur, le scribe (saint Mathieu) et les marchands
drapiers de Reims, les scènes de la vie des étudiants à
Paris, sont la vie même, et la plus commune, en des formes

choisies. La polychromie, aujourd'hui effacée, animait encore cette plastique : mais çà et là, discrètement sans doute, juste ce qu'il fallait pour soutenir le ton général des vitraux, des orfèvreries, des quelques murailles peintes. Ce qui en reste est précisément dans les tons du vitrail. Ce n'est ni le trompe-l'œil, ni le goût sensuel de la couleur qui guide la main de l'enlumineur, mais le sens de l'ample harmonie où il va poser sa note. Ce mélange délicat du style et du naturel, cet équilibre du réel et de l'idéal dans la sérénité, nous le connaissions : c'était déjà l'art attique du ve siècle. Le rapprochement des méthodes, même de certaines œuvres, est saisissant. Deux fois dans l'Histoire la mesure exquise et d'ailleurs éphémère a été trouvée : au Parthénon d'Athènes au temps de Phidias, dans les cathédrales de France au temps de saint Louis. Qu'y a-t-il de plus « grec » que les Apôtres sur le linteau de la Porte Dorée d'Amiens ? Ingres lui-même sentait vivement la parenté du grec et du gothique. Ceux qui savent, nos maîtres sculpteurs, Rodin naguère, Bourdelle, Maillol, ne les séparent ni dans leur enseignement, ni quand ils écrivent, ni dans leurs collections. Cependant, à l'époque où fleurit cet art, les chefs-d'œuvre italiens de Nicolas d'Apulie et des Pisans sont encore à venir. La chaire de Pise est de 1260, celle de Sienne de 1268, et ici même, en bien des détails d'iconographie ou d'encadrement architectonique, on sent le parfum lointain du gothique français.

La sculpture est, après l'architecture, l'art par excellence du xiiie siècle, l'interprète préféré de sa pensée. A toutes les grandes époques la couleur est tenue en bride par elles : car elle est le sensualisme. Certes l'art gothique lui fait une grande place dans la cathédrale, mais en la disciplinant fortement. Quand le mur roman, couvert de fresques, s'est ouvert, le décor est monté sur les membrures et sur les verrières. Les premières, il était logique

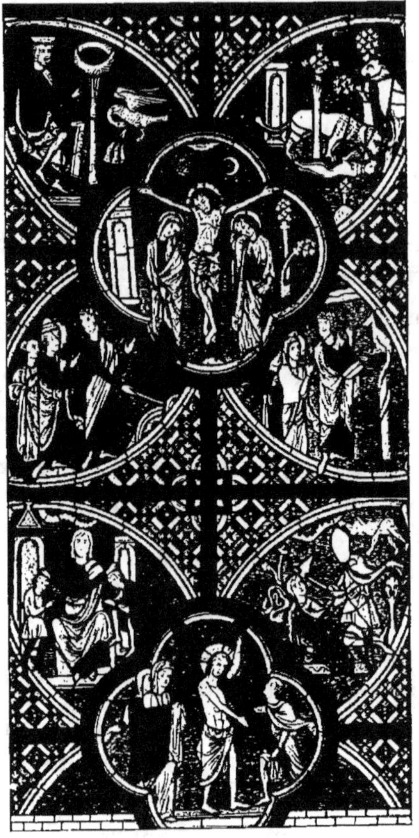

Fig. 79. — LE MANS. VITRAIL DU XIII° SIÈCLE A LA CATHÉDRALE.
D'après un calque en couleurs. Extrait de E. Hucher : Les vitraux peints de la cathédrale du Mans.

Symbolisme de l'Ancien et du Nouveau Testament. Dessin net, composition sobre, teintes plates : le tout soumis à la discipline architectonique des polylobes, armatures croisées et compartimentages.

d'ajouter à leur accent par les couleurs les plus soutenues, le bleu chaud, le vermillon, les rehauts d'or. Il s'agit de répondre au ton opulent du verre coloré. Il ne faut pas que le décor immatériel, translucide et fragile, tue de son éclat les parties vives de l'édifice, son ossature même.

Mais c'est le vitrail qui est la vraie peinture gothique. Il gagne dans le monument sans parois tout ce qu'a perdu la fresque. Chartres, Notre-Dame de Paris, Bourges, Sens, Tours, Rouen, Le Mans, lui doivent une grande partie de leur puissance d'émouvoir (fig. 79). Les 2 roses du transept de Notre-Dame de Paris (1257), et les 15 lancettes immenses de la Sainte-Chapelle (1248) versent sur la pierre grise ou peinte un ruissellement d'émaux. Certes, le vitrail est une sensualité raffinée. Le rubis, le saphir et l'émeraude y exaltent leurs tons, bien que le bleu soit moins profond, moins velouté qu'autrefois, que déjà le violet fasse entendre une petite note mélancolique, et qu'à la fin du siècle la bordure en grisaille annonce la décoloration future. Comme les morceaux de verre n'ont pas la même épaisseur et que le coloris est pris inégalement dans la masse, il vibre. Les harmonies enchantent par le souci précoce des complémentaires. L'église devient un énorme écrin qui chatoie. On est surpris de rencontrer dans la maison de l'âme, édifiée par le calcul de la pensée abstraite, une somptuosité que l'Orient voluptueux des Mille et une Nuits n'a pas connue. Mais tout de suite on s'aperçoit que la transparence la spiritualise. La verrière lumineuse ouvrait à l'extase la vision du ciel. La joie physique que donnent ces trésors de Golconde s'achevait donc en pur mysticisme. Et puis, la verrière reste monumentale. Elle pénètre dans la muraille, mais celle-ci à son tour y insère la fermeté de ses meneaux. Lancettes ou roses sont peintes, mais aussi construites. De plus, l'armature s'y dessine avec force. Le champ est divisé en médaillons, losanges et polylobes, mais des vergettes de plomb les sertissent, et la géométrie même de ce compartimentage lui donne quelque chose d'architectonique. Aux fenêtres hautes de la nef et du chœur se dressent parfois de grandes figures isolées, traitées avec une ampleur superbe. Dans les autres les figures sont menues, mais leur dessin est large. Le vitrail, fait pour être vu de loin, reste toujours sobre et clair : c'est un art qui condense. Le modelé n'est fait que de grosses hachures, qui disparaissent de loin dans la vibration de l'ensemble. Les teintes plates juxtaposées font une mosaïque translucide, non une vraie peinture. L'effet de ce grand style est tel que nos artistes contemporains y vont chercher le secret de la synthèse décorative. Son immarcescible vertu a agi dans tout notre art du XIXe siècle. Elle a contribué à le guérir de la myopie réaliste et du « lâché » impressionniste, où rien n'enserre le papillottement des taches lumineuses.

En attendant, il affranchit la miniature de son temps. Il l'aide à sortir du scriptorium du cloître pour s'épanouir dans Paris, à l'ombre de l'Université fameuse. Dante la célèbre. Ce sont des enlumineurs laïques qui décorent Bibles de luxe, psautiers pour dames nobles, missels, et romans de chevalerie. Pour que la miniature ressemble au vitrail, ils détrempent dans l'eau mêlée de gomme ou de blanc d'œuf la pourpre et le bleu. Comme le verrier, ils enclosent de petites scènes en des cercles et des losanges. Mais le vitrail n'avait pas la souveraine magnificence dont ils disposent : l'or, l'or en feuilles, qui condense tout le soleil. Sur les fonds, à la place du paysage et du ciel, il s'étale, poli au brunissoir, chaleureux, éblouissant. C'est du factice, mais quel éclat ! Sur ce décor sans réalité, repoussé souvent au marteau par derrière comme une plaque orfévrée, des figures délicates prennent des attitudes contournées, avec des gestes très précieux. Elles ont

quitté le hiératisme pour une minauderie involontaire. Ce
petit haussement d'épaules, ce torticolis exquis, c'est le
mouvement qui s'essaie. L'expression s'ébauche, le por-

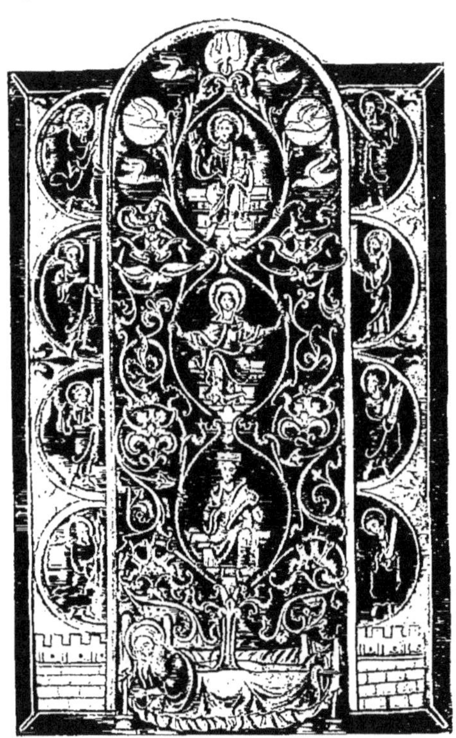

Fig. 80. — PSAUTIER DE SAINT-LOUIS ET DE BLANCHE DE CASTILLE.
(*Arsenal* 1186, *fol.* 15°).
Miniature, commencement du XIII° *siècle.*

Arbre de Jessé. Étroite analogie de composition avec le vitrail qui précède. Fraternité
des deux arts. Étagement de médaillons. Concision et visibilité du dessin dans un arrange-
ment tout décoratif.

trait même s'esquisse. Dans sa vivacité, la fine pointe d'un
pied dépasse le cercle du médaillon. Le Psautier de saint
Louis (fig. 80) et de Blanche de Castille, l'Évangéliaire de la
Sainte-Chapelle, sont les joyaux de cet art raffiné. Bientôt
le dessin incisif et aigrelet des figures, tout en silhouette,

s'inscrit dans d'admirables architectures, sous des dais
hérissés de gables, de pinacles, de galeries ajourées, sem-
blables aux fines merveilles que commençait à créer le
gothique rayonnant. L'enlumineur se détourne maintenant
de la verrière, il regarde la haute façade. S'il fait des tons
plus clairs, c'est pour mieux détacher la ligne. Plus tard encore, quand il en aura fini avec les effets architectoniques,
il essaiera le tableau. Mais pour l'instant, son art menu reste
en accord avec le monument immense.

CHAPITRE III

LA SCULPTURE ET LA PEINTURE AUX XIVe ET XVe SIÈCLES. —
LE RÉALISME. — LE DÉCLIN DE L'ART DU MOYEN AGE.

L'avènement du réalisme et ses causes. — Le réalisme délicat et
l'art de cour jusqu'en 1410. Les marbriers de la Meuse. Le
règne du portrait : portraits de donateurs, portraits funéraires.
— Le maniérisme. La mode du hanchement. Les Vierges.
Les ivoires profanes. — La Miniature à la cour du duc de
Berry : triomphe du portrait et du paysage. Sincérité
flamande, grâce siennoise et goût affiné de la cour des Valois.
Le réalisme puissant ou brutal. Claus Sluter et la Chartreuse
de Champmol. Le caractérisme. — Le pathétique véhément
dans l'art du xve siècle, et ses causes. Comment il affecte le
dessin et la forme sculptée : le Christ mort, la Vierge de
douleur, les Sépulcres, le Tombeau. Le triomphe et les excès
de l'art expressif. — La Peinture. La fresque et la tapisserie.
Le réalisme dans la miniature : la part du génie français et du
génie flamand. Jehan Foucquet. — Le réalisme dans le tableau
et l'origine de la peinture moderne. Le vernis à l'huile et les
ressources nouvelles qu'il apporte à l'art de peindre. — Les
Ecoles et les principaux chefs-d'œuvre.

La fin du xvᵉ siècle. Le retour de l'esprit français de goût et de
mesure. Le rôle de la Touraine et du Centre. La douceur générale dans l'expression et le fondu dans le modelé. — Les origines
de la Renaissance dans la sculpture et dans la peinture du
Maître de Moulins, même en dehors de toute influence italienne.
— Conclusion sur l'art du Moyen Age. L'art expressif et spontané.

Après le xiiiᵉ siècle, la sculpture et la peinture perdent
de cette grandeur calme. C'est presque fini de l'idéalisme.
Dès le règne des premiers Valois (Philippe VI de Valois
1326-1350), par une évolution fatale, toujours la même chez
tous les peuples, et aidée de circonstances historiques très
complexes, le peuple de France regarde hommes et choses
de plus près, en eux-mêmes, et non plus comme les formes
d'une idée. L'individualisme orgueilleux, l'esprit bourgeois, observateur et un peu terre à terre, suscitent deux
genres nouveaux : le paysage et le portrait. Or ceux-ci vi-
vent du réel. Le monde moderne leur fera fête. L'esprit de
jouissance crée un art de luxe, l'affaiblissement de l'esprit
mystique laisse une place à un art civil et profane. L'artiste ne travaille plus seulement à l'œuvre de la cathédrale,
sur le chantier : il sert le grand seigneur ou le bourgeois
riche « à domicile ». Est-ce un déclin ? C'est en tout cas
un art tout autre, plus en dehors, plus attaché au monde
extérieur et sensible.

Du xivᵉ siècle à la fin du Moyen Age, ce réalisme s'offre
sous trois aspects.

Un art de cour fleurit d'abord dans les petites capitales
des princes apanagés, à Bourges, à Riom, à Poitiers, à
Orléans, mais surtout à Paris autour des rois cultivés,
Charles V et Charles VI. Paris commence alors, jusqu'à
la guerre civile de 1410, sa destinée brillante de centre
artistique de l'Europe. C'est un réalisme délicat. Presque

tous les artistes, Beauneveu de Valenciennes, Jean de
Liége, Jean de Cambrai, Pépin de Huy, apportent des
provinces franco-flamandes où ils sont nés l'amour du réel
qui règne alors dans tout le Nord, mais ils prennent au cœur

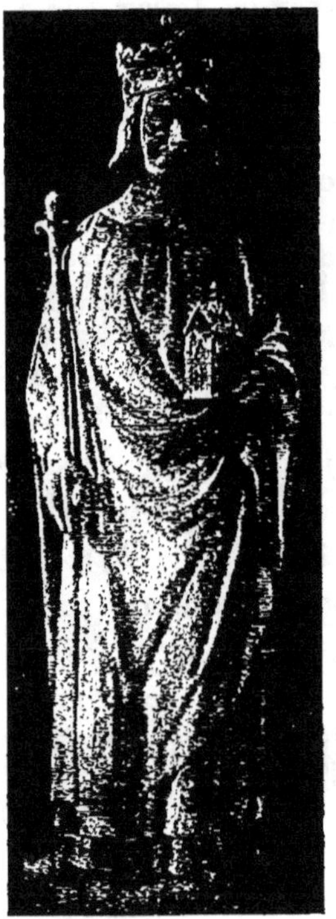

Fig. 81. — CHARLES V.
(*Musée du Louvre*)

Le réalisme au XIVᵉ siècle. Portrait véridique et d'une bonhomie familière : ressemblance
physique et ressemblance morale. Mais toujours dans le style monumental.

de la France la finesse et le goût. Tout ce qui est exécuté
pour le roi, les princes et les gens de cour, participe de ces
qualités essentiellement françaises. Les statues féminines
de la grande salle de Poitiers (vers 1389) sont des portraits,
mais aussi de coquettes « gravures de mode ». Véridiques

aussi les portraits de donateurs sur les monuments. Le Charles V des Célestins (vers 1370) est d'une bonhomie souriante et toute familière (fig. 81). Il se penche très légèrement pour nous adresser la parole, un peu narquois en sa bonté. Mensuration et étude physionomique ont collaboré chez l'imagier, qui avait d'ailleurs le sens aigu de la vie. Le Charles V du contrefort d'Amiens (vers 1375) a déjà vieilli : penché par la fatigue, semble-t-il, il fléchit un peu la tête sous le poids de la couronne et tient son sceptre à deux mains. Seulement, toutes ces statues gardent encore mesure et gravité. Adossées au mur, elles en reçoivent les qualités monumentales.

Portraits aussi sur le tombeau. Il importe peu que celui-ci soit un sarcophage, isolé ou enfoncé dans un enfeu au creux de la muraille, ou qu'il soit, comme les somptueux tombeaux des Papes d'Avignon (de Jean XXII à Clément VI), abrité sous un catafalque hérissé de pinacles, sorte de petite église dans la grande. Là n'est point la marque de l'évolution. L'édicule ambitieux accapare même trop l'intérêt; tout au plus peut-on remarquer ses effets artistiques quasi nouveaux : l'ombre mystérieuse qu'il projette sur l'auguste gisant. L'important, c'est celui-ci. La figure est le plus souvent taillée d'après un moulage pris sur le visage du mort. La large face de Philippe III le Hardi à Saint-Denis (début du xiv° siècle), fendue par une bouche immense où s'est figé un sourire, est la première application à un roi de cette sincérité macabre. Étape décisive de notre art comme de notre sentiment religieux, que celle où le défunt, au lieu de garder les traits impersonnels de qui est entré en Dieu, reste lui-même, strictement ressemblant (fig. 82). Les joues commencent à se creuser, les yeux à se clore, comme sur la figure glacée de Guillaume de Chanac au Louvre. C'est âpre comme du

Donatello. Bientôt, quand les yeux resteront ouverts, un parti pris d'atelier leur infligera une sorte de strabisme. Aux mains de Jean de Dormans les veines font saillie, comme dans la vie : erreur physiologique qui est une méprise du réalisme même. Le gros et court Duguesclin à Saint-Denis, a les yeux sortants ; l'imagier, Robert Loisel ou Thomas Privé, a peut-être marqué la cicatrice d'un coup de lance !

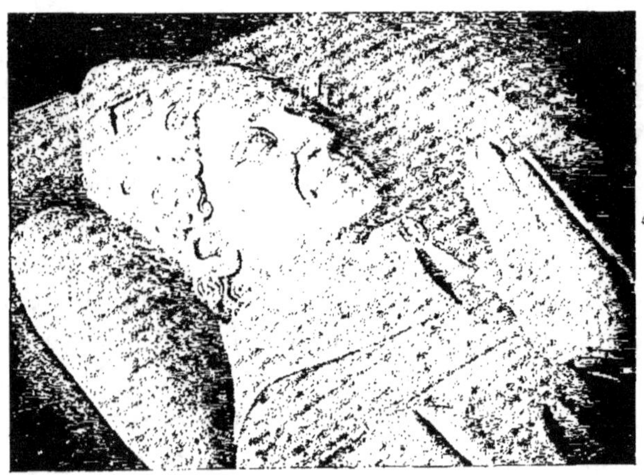

Fig. 82. — ECOUIS (EURE). Statue tombale de Jean de Marigny.

Le réalisme dans le portrait funéraire. vers 1350. La maigreur ascétique et les plis profonds autour de la bouche. Caractérisme vigoureux mais large qui rappelle l'art de Donatello.

Mais les tares de la figure, le léger mouvement d'un genou et du costume, n'enlèvent pas grand'chose encore à la majesté de la Mort. Les tombiers flamands surtout font fraterniser dans le marbre de la Meuse les qualités parisiennes avec celles de Valenciennes ou de Cambrai. André Beauneveu est puissant, mais sans brutalité.

Une sorte de maniérisme répand dans le dessin, dans la peinture, dans la plastique, la mode fameuse du « hanchement » : il détend la silhouette en pose familière, fait onduler les formes et remonter joliment les plis vers une hanche. Ils retombent en paquets tourmentés ou en paraphes. Comme une vraie maman la Vierge-mère caresse l'Enfant, lui sourit et le fait jouer (fig. 83). Front bombé, petits yeux en amande, sourcils indistincts, bouche mince,

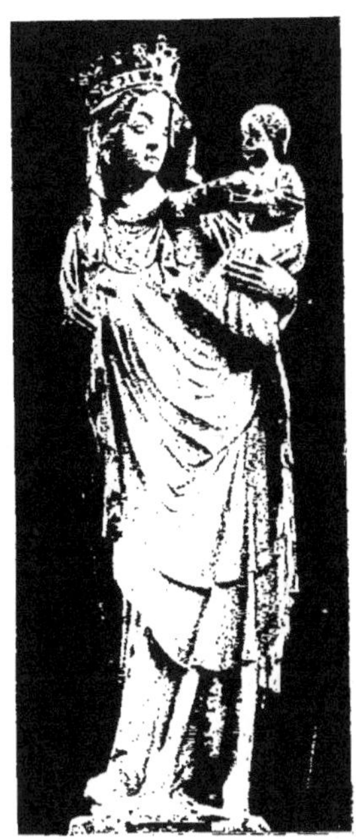

Fig. 83. — PARIS. NOTRE-DAME. VIERGE DU PILIER.

Art très humanisé. La courbure du « hanchement » au XIV⁰ siècle. Sourire délicat, et léger maniérisme du geste.   *Photo N. D.*

elle a l'air elle-même d'une gracieuse adolescente, surtout en Touraine. Et toujours elle se penche d'un côté, comme pour faire contrepoids à l'enfant qu'elle porte. Qu'elle soit en pierre, en métal précieux, en bronze ou en ivoire, son style est le même. Cependant n'oublions pas que le véritable artiste, surtout à cette époque, travaille toujours selon ce que Bourdelle appelle « le génie de la matière ». Ce n'est peut-être pas parce qu'elle est en argent doré que la Vierge dite d'Évreux (1329) au Louvre est si « précieuse ». Mais l'ivoire est une matière vivante : sa chair délicatement veinée se prête à la caresse du ciseau. Ces jolies vierges risquent d'autant plus la manière que la courbure de la dent d'éléphant où l'ivoirier les a taillées accentue leur attitude hanchée. C'est déjà de la statuette d'appartement ! Toujours pétrie d'âme, mais quelquefois avec un grain d'esprit. Le petit bas-relief d'ivoire à sujets religieux industrialise la grande sculpture; mais il a beau s'enclore d'arcatures monumentales, se composer en diptyques ou triptyques, il reste une miniature sculptée. Le drame de la Passion en est le lieu-commun, mais sa grandeur s'y amenuise. Sur les boîtiers de miroirs osent se montrer des scènes de romans courtois ou de mœurs mondaines : le tour galant du sujet passe dans le dessin et la caresse dans le modelé.

C'est encore un art de cour, celui qui au xive siècle fait œuvre de plate-peinture pour les rois Charles V et Charles VI à Paris, et pour le duc de Bourgogne à Dijon. Girard d'Orléans, Henri de Bellechose, Jean Malouel ou Melchior Brœderlam sont gens du Nord, mais souvent touchés de la grâce de l'Ile-de-France et du charme penché de Sienne. Certes Jean le Bon, sur son portrait de la Bibliothèque Nationale, a lourde mâchoire. Dans la Décollation de Saint-Denis (fig. 84) ou dans la Trinité du Louvre, le sang gicle. Il est si vif, si réel, que les yeux risquent d'être moins sensibles au ton qu'à l'horreur. La Pitié de Notre-Seigneur est un sanglot. Mais ce qui nous empêche d'être fortement secoués, c'est l'extrême délicatesse du dessin, qui nous ravit. La vivacité du ton d'autre part fait du tableau une miniature. La détrempe, sur ces panneaux, est éclatante et fraîche. Partout on reconnaît l'élégance du style

à la mode, de cet « ouvraige de Lombardie » ou de Sienne,
dont se délectent alors les Cours comme nous-mêmes
nous nous délectons encore de Simone Martini. Elle pro-
curait à Monseigneur le duc de Berry le frisson de l'exquis

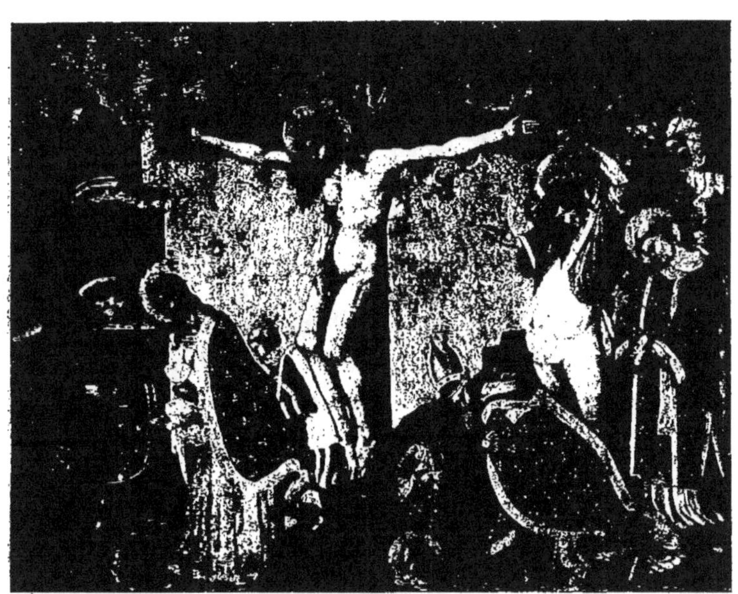

Fig. 84. — Décollation de Saint-Denis, de Jean Malouel
et Henri Bellechose.
(*Musée du Louvre*)

Le réalisme nouveau vers 1415 : le pathétique, le sang, la laideur ignoble du bourreau.
Mais il s'accompagne d'archaïsmes (le même personnage deux fois présent, le fond doré) et
d'italianismes (l'édifice de style giottesque).   *Photo Alinari.*

comme à nous le tableautin des Trois-Vertus franciscaines,
de Sassetta à Chantilly. Elle bride les petits yeux vers
les tempes, amincit les lèvres et le nez, amenuise les
doigts effilés. Et puis le fond d'or, « d'or eslevé » en guillo
chages, étincelle. Plusieurs de ces tableaux sont ronds. La
petite Pitié du Louvre est un « tondino », qu'on enfermait

dans un étui de cuir : et ce luxe très précieux suivait la Cour dans ses déplacements (fig. 85).

Un fait étonne au premier abord : c'est la miniature qui s'affranchit le plus vite du style décoratif et marche de l'avant. Elle va vers le véritable tableau tout en restant

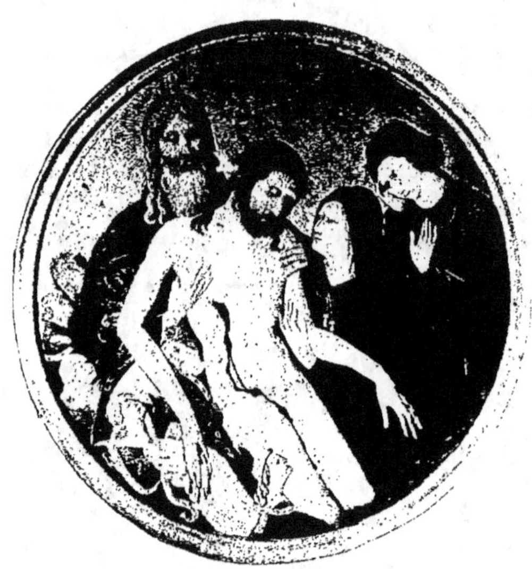

Fig. 85. — LE DIEU DE PITIÉ.
(*Musée du Louvre*)

Attribuable à Jean Malouel, peintre des ducs de Bourgogne. Tableau rond, peint encore avec les tons clairs de la miniature et sur fond doré. Dessin délicat et mince où l'on retrouve la saveur de l'art siennois, si à la mode à la fin du xive siècle.   *Photo N. D.*

fidèle à sa technique. L'art de Jehan Pucelle, dans la première moitié du xive siècle, est encore tout parisien. Cependant, autour de ses petits personnages maniérés qui prennent encore des poses et font des mines intéressantes, il enlumine des encadrements nouveaux : curieuses drôleries où sautillent, gambadent, volètent, oiselets, singes et libellules, saisis sur le vif. Le Bréviaire de Belleville est d'une « vision » spirituelle et légère.

Mais voici que le réalisme du nord tonifie ces jo-
liesses. A la fin du xive siècle, les miniaturistes du duc
de Berry (mort en 1416), trois flamands très francisés,
fixent dans les merveilleuses Très Riches Heures de Chan-

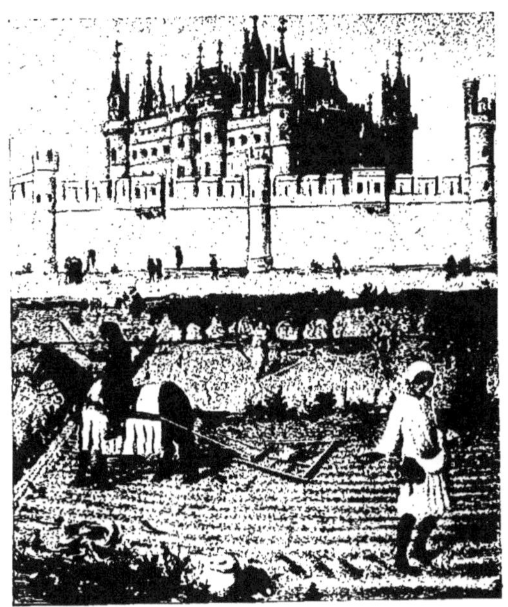

Fig. 86. — LES SEMAILLES.
Miniature des Très Riches Heures du duc de Berry.
(Musée de Chantilly)

Le réalisme délicat au début du xve siècle. Portraits véridiques du Louvre de Charles VI
des rives de Seine et des paysans de France. Quelque gaucherie encore dans la perspective,
trop d'importance donnée à la « fabrique », et nul souci de faire fuir les sillons vers l'horizon.

tilly une image déjà exacte des choses de leur temps. D'une
audace ingénue ils osent même le nu : un nu très « nature »,
sans fadeur de style. Quand le duc tournait les feuillets
pour prier, il y rencontrait jusqu'à trois fois en une même
miniature, dans un Paradis terrestre joli comme un Jardin
d'Amour, Adam et Ève, tendrement caressés sur le vif,

aussi naïvement vrais que sur les panneaux fameux de Van Eyck, mais bien plus fins. Non seulement ils portraiturent, avec un goût déjà psychologique de la physionomie, le maître, qui est d'une laideur propice, mais aussi ses chiens, sa ménagerie, son orfèvrerie et surtout ses châteaux avec leur site. C'est l'avènement du paysage moderne. Dans les champs labourés que baigne la Seine, en face du Louvre, des paysans robustes font sur le sillon les gestes primordiaux, avant Millet (fig. 86). L'accord entre la terre et l'homme est déjà scellé. Les architectures sont dessinées à part et ne sont pas bien dans l'espace, encore moins dans l'atmosphère; la perspective est incertaine. Mais elle essaie d'étendre jusqu'au pied des châteaux, là-bas, les vastes plans de la terre. Elle creuse déjà le tableau jusqu'aux lointains. Miniature ingénue du Moyen Age, art d'esprit décoratif, aux fonds d'or et d'effets plats, que vous voilà loin! Dans les prés fleuris que domine le château de Dourdan des gens de cour se promènent, aristocratiquement effilés, d'extrémités fines, laissant traîner des manteaux à longues franges. La probité flamande se fond ici, dans une mesure délicate, avec le goût affiné de la cour des Valois et la grâce siennoise. On respire même quelques chaudes effluves de l'Orient. La rencontre des Rois Mages, en bonnet conique ou turban, se déroule en cortèges de chasse parmi les léopards apprivoisés : lointain reflet de miniatures persanes! A l'encolure des chevaux la sinuosité du dessin a la même morbidesse que chez les enlumineurs de Tabriz ou d'Ispahan sous les Timourides.

Les émules sont plus hardis encore. Ni les jeux de la lumière ni les phénomènes de l'atmosphère n'effraient les miniaturistes des Heures de Turin (vers 1417). Ils ont observé la mer au matin, au crépuscule, sous l'orage, et

bravement ces précurseurs inaugurent les « marines ».
Décidément, voici l'aurore de la peinture moderne : elle
éclaire déjà le long chemin qui aboutira à l'Impressionnisme. En attendant, ils préparent ce qu'on avait cru être
le « miracle » des Van Eyck. Miracle ? Hubert Van Eyck
fut de ces ateliers : il a travaillé aux Heures de Turin.
Son art, l'art moderne, est le résultat direct des recherches faites en France, par des artistes français ou francisés, en faveur de princes français. C'est dans les petites
capitales où se concentrait l'essence de notre génie, à
Paris, et dans ces milieux parisiens encore, à Conflans,
à Bourges, à Poitiers, qu'ils ont exécuté ces chefs d'œuvre
exquis. La Flandre, entre le xive et le xve siècle, n'est que
l'élève de notre pays, initiateur du naturalisme comme il
l'avait été du grand style gothique. Seulement elle nous le
renverra, un peu alourdi d'insistance. Nos recherches iront
aussi par delà les monts, favoriser celui de Gentile da
Fabriano et de Pisanello, qui a d'ailleurs sa saveur
propre, bien plus exquise encore.

Mais voici qu'en même temps, à l'extrême fin du xive siècle, retentit en Bourgogne, une note plus puissante. Elle
aura des échos lointains, car après la mort de Charles VI
(1422) la Bourgogne hérite de la royauté artistique de
Paris. Le duc Philippe le Hardi appelle en 1385 à Dijon,
pour décorer la Chartreuse de Champmol où il voulait
dormir son dernier sommeil, des artistes septentrionaux.
Certains, comme Jean de Marville, gardent quelque chose
du style parisien. La Vierge du portail est bien la sœur de
celles de l'Ile-de-France, bien qu'avec une autre fierté de
jet dans la personne et dans les plis ! Mais le duc, à genoux
dans les remous de sa houppelande, menton carré sous
traits puissants, a la même vigueur de ciseau que le Col-

leone de Verrocchio. Est-ce le contact d'un de ses auxiliaires ? Il y en a un très grand en effet, un vieux maître venu probablement de Hollande, le mystérieux Claus

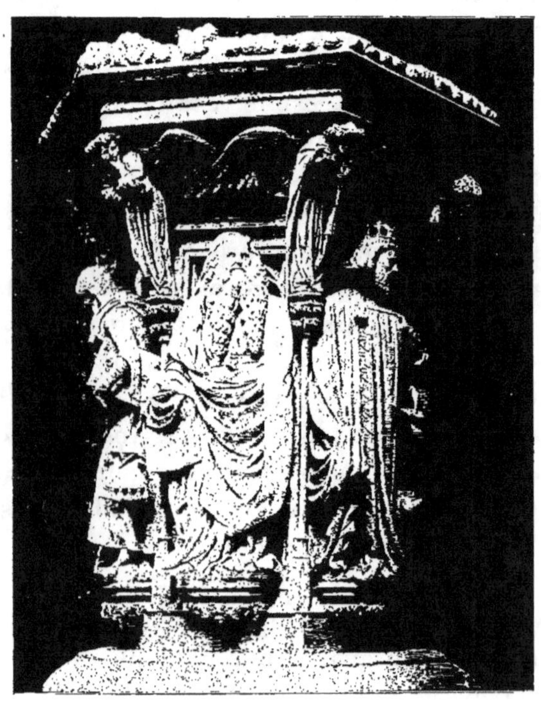

Fig. 87. — CLAUS SLUTER. LE PUITS DE MOISE (1395-1402).
Chartreuse de Champmol près Dijon

Réalisme puissant, qui élève le « caractère » jusqu'au plus grand style. Figures très individualisées, proportions trapues, draperies très amples à plis redondants. Expression intense de la douleur chez les anges-cariatides qui supportent la base où se dressait la croix.

Sluter. Le Calvaire, sculpté par lui de 1395 à 1402, est d'un réalisme grandiose, presque sauvage. Que devait-il être quand il était intact et que la couleur et l'or ajoutaient à son pouvoir d'obsession ! Les six Prophètes sont des figures formidables (fig. 87). Moïse a hanté a cime du Sinaïc cent

vingt ans avant celui de Michel-Ange. Les siècles ont raviné
sa figure, d'où descendent les torrents de la barbe. Entre
lui et Daniel au bec de proie, Isaïe penche sa tête pelée
de vieux vautour, où l'artério-sclérose dessine en zigzags de
grosses veines. Aucune minutie dans ces détails d'observation : une envergure immense les emporte sur ses ailes,
au souffle des sommets bibliques.

La Mort aussi devait inspirer cet art implacable, mais
épique. Un thème funéraire déjà ancien prend une ampleur soudaine. Autour des sarcophages des deux ducs
Philippe le Hardi et Jean Sans Peur, à la Chartreuse et
au musée de Dijon, tourne le cortège des obsèques. Nouveaux sont les gestes des « plourants » : ils pleurent,
prient dans leur missel, disent leur patenôtres, se voilent la
face, ou s'essuient les yeux du pan de leur grand manteau.
Bientôt ils se moucheront avec leurs doigts, prestement.
L'imagier saisit l'occasion que lui offre le capuchon baissé
sur le visage : l'ombre portée, et son émouvant mystère.
Sous ce trou noir on voit saillir un ou deux éclats de
lumière : le bout d'un nez, d'un menton. Chez cet imagier
prodigieux, natif de « Orlandes », il y a déjà la magie de
Rembrandt (fig. 88). Et cette puissance dramatique de
l'ombre est mise au service de la Mort. Quelles nouveautés !
Cet art creuse les rides révélatrices, masse les corps trapus, les recouvre de manteaux épais et si amples qu'on
ne voit plus que le visage et les mains. Chez certains pleurants, on ne voit même plus ni visage, ni pieds, ni mains.
Tout ce qui est chair vivante a disparu sous l'amplitude du
manteau funèbre. Rien ne vaut cette éloquence muette. Les
plis, surabondants, sont taillés profondément : crêtes de
lumière sur des précipices d'ombre. Dans le bas ils s'affaissent en zigzags les uns sur les autres, lourdement. Le
costume assume donc une partie de l'expression, qui est

intense. On sent le corps, mais non son rythme; c'est le contraire de l'art grec. Et ce violent caractérisme est antérieur à celui du Quattrocento. L'Isaïe du Puits de Moïse précède de trente ans le hideux Zuccone de Dònatello au campanile de Florence. Seulement, tandis que l'Isaïe

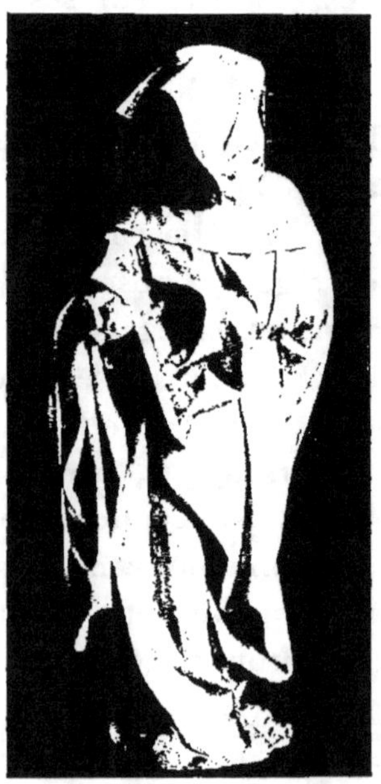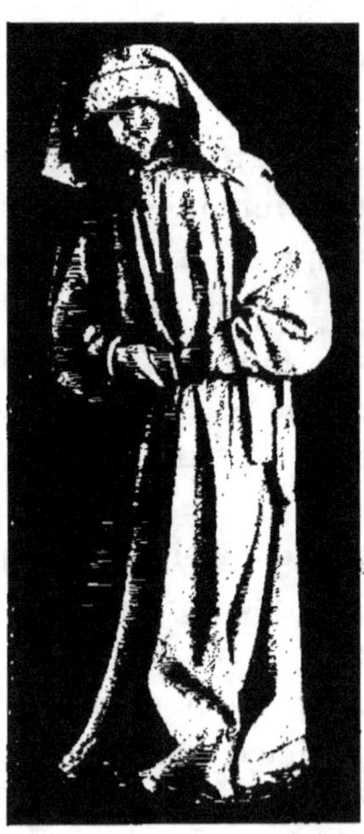

Fig. 88. — Statuettes de « pleurants » du tombeau de Philippe le Hardi.
(*Musée de Dijon*)

Font partie du cortège funèbre (moines, seigneurs, fidèles du duc, en long manteau de deuil), qui tourne autour du tombeau. Beauté de ce motif : puissance des effets d'ombre, éloquence de la draperie tourmentée. Vigoureux réalisme qui caractérisera l'art bourguignon.

Photo N. D.

est un vieil usurier de Dijon élevé à la dignité de Prophète, la « vieille courge » est un florentin décrépit qui, nu sous sa tunique à agrafe et son manteau oratoire, a de grands airs de sénateur.

Ce caractérisme, qu'il soit d'esprit flamingo-bourguignon ou dans la logique de l'évolution générale, est souverain

au xv⁰ siècle. Un pathétique véhément le favorise encore.
L'exemple des peintres dramaturges du Trecento italien,
l'angoisse de la peste toujours menaçante, surtout la prédi-
cation et les livres des visionnaires franciscains, le « Mystère » de la Passion représenté sur les tréteaux devant
la foule, secouent la sensibilité de l'artiste comme de

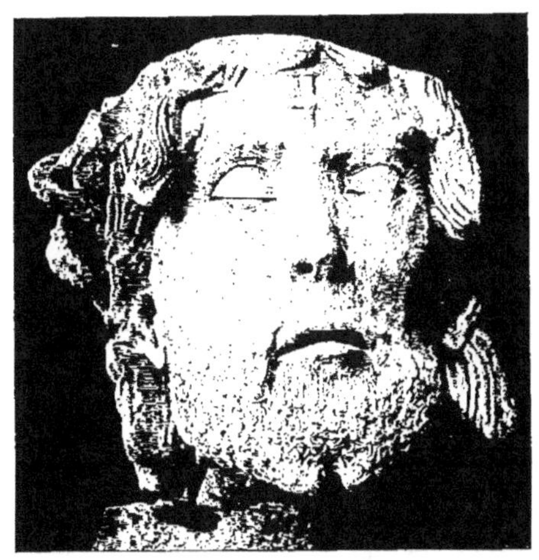

Fig. 89. — CHRIST MORT.
(Musée de Beauvais)

Le Christianisme douloureux du xvᵉ siècle. Réalisme poignant de cette tête couronnée
d'épines dont l'une a transpercé la peau du front, aux yeux presque clos, à la bouche entr'ouverte et marquée par la souffrance, aux pommettes saillantes. Mais cet art sait rester
large dans l'obstination implacable au détail.   *Photo M. H.*

tous les Français. M. Male a magistralement exposé cette
grande pitié. Certes l'art religieux de la fin du Moyen
Age cultive toujours la tendresse. Mais le geste de la
Vierge se fait encore plus familier; le sens du divin dans
sa sublimité s'y atténue; et ce sont ses souffrances que
l'artiste préfère, comme la Passion du Christ. Il a le culte
de la sensation, de l'émotion, jusqu'au spasme. Pinceau et
ciseau sont plus « nerveux » : ils cherchent l'accent. Le
sens de la douleur accidente la silhouette, déséquilibre la

forme, abaisse les coins de la bouche et des yeux, contracte les traits ou les crispe. Le souci de l'expression a chassé le rythme. Jamais la mort n'eut tant d'attrait pour l'artiste. Rien ne vaut, pour faire comprendre ce passé toujours vivant en son esprit, les tableaux sanglants de M. Georges Desvallières ou la sculpture tourmentée de Rodin, qui modela la « Belle qui fut heaulmière » en se souvenant du Grand Testament de François Villon.

La plastique en est toute remuée. Les têtes de Christ mort abondent et multiplient dans l'art un type nouveau d'expression : l'agonie du supplice (fig. 89). Bouche entr'ouverte par le dernier cri, yeux presque clos, nez pincé, joues creusées par la souffrance : c'est l'observation implacable des suppliciés d'alors, mais exaltée par la volupté du paroxysme. L'imagier taille ces morceaux avec une énergie décisive : il fait saillir les pommettes, enfonce avec insistance deux plis amers autour de la bouche. Sépulcres et Vierges « de Pitié » commencent aussi leur fortune dès la première moitié du siècle. Le Sépulcre de Langres est de 1419, et c'est donc la Bourgogne qui a commencé de sculpter ces imposants monuments funèbres. La Mère douloureuse assise, portant sur ses genoux le cadavre de son Fils, ployé en arc, est un groupe d'un réalisme inexorable bien que très classique de composition (fig. 90). Pour l'Ensevelissement, saints hommes et saintes femmes sont debout derrière le corps horizontal, qui descend lentement dans le rectangle du tombeau. Composition classique encore et sévère de tenue. Mais quelle harmonie lugubre ! On y entend le sanglot de la Vierge qui défaille entre les bras de Saint-Jean. La vertu artistique de ces scènes est éternelle, comme le sentiment qui les a suscitées. La fresque d'Albert Besnard à l'hôpital de Berck, la « Douleur » de Cottet au Luxembourg, les recommencent. Lorsque Stein-

len a voulu fixer l'immense souffrance des mères lors de
la Grande Guerre, c'est une « Mise au tombeau » qui
est née sous son crayon. Avant, le mort était un vivant
simplement endormi dans l'éternel sommeil. Maintenant,
il arrive que l'imagier tire des ténèbres du sépulcre un

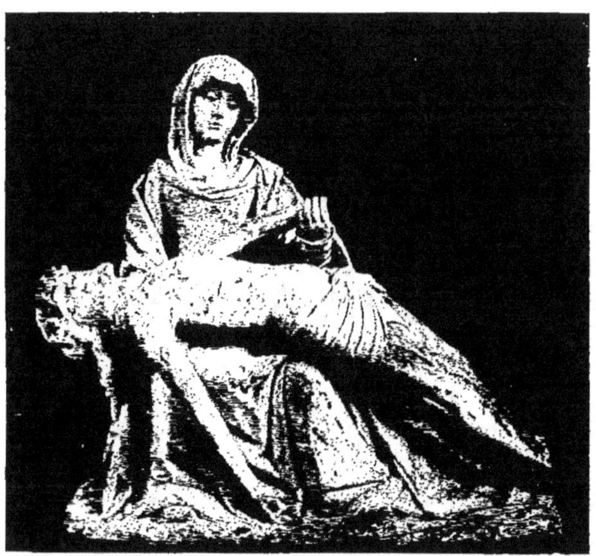

Fig. 90. — PREMERY (NIÈVRE). Vierge de douleur.

Le thème le plus pathétique de l'art du Moyen Age avec les Sépulcres. Le Christ mort et
raidi sur les genoux de sa mère. Les gestes de celle-ci, trouvailles d'un art qui vient du
cœur. Mais c'est déjà la fin du xv⁰ siècle : la douleur reste désormais contenue et ne dé-
range ni les traits, ni les plis. ni l'harmonie du groupe pyramidal.   *Photo Locquin.*

squelette, ou une pourriture déliquescente où rôdent les
vers, et l'étale. On voit encore passer, souvent, le cortège
des funérailles. Mais la procession autour de Philippe
Pot (vers 1480) est devenue fantastique. Il est étendu sur la
dalle; mais celle-ci est portée directement sur les épaules
des pleureurs (fig. 91). Et ils sont de grandeur nature, en
manteau noir sous le capuchon noir, visage tuméfié par les

pleurs. La polychromie la plus véridique impose l'illusion de la vie, dans l'horreur de la Mort. C'est une vision dantesque.

La peinture n'offre pas d'œuvres de cette envergure. Et

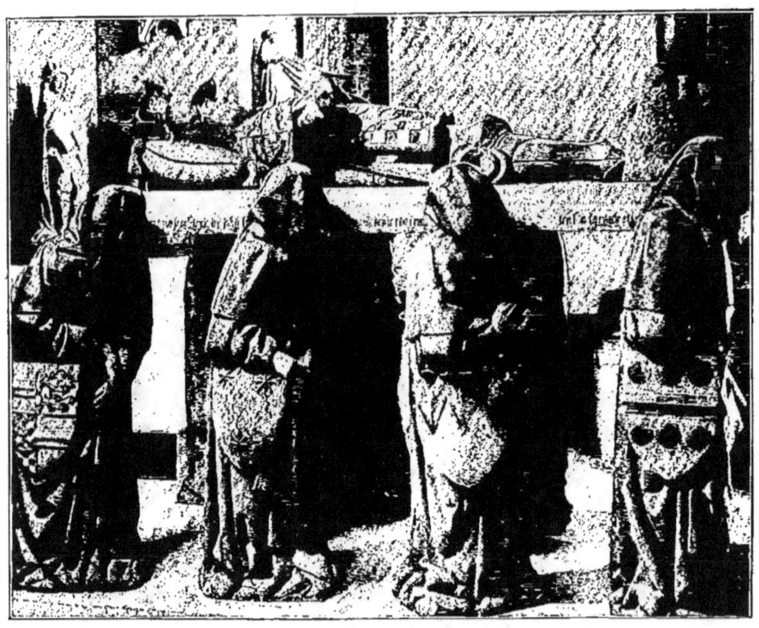

Fig. 91. — TOMBEAU DE PHILIPPE POT (VERS 1480).
(*Musée du Louvre*)

La sculpture funéraire bourguignonne à la fin du XVe siècle. Les « pleurants », de grandeur nature, haussés à l'échelle monumentale, portent eux-mêmes la dalle. Robuste réalisme encore accentué par la couleur, et puissant effet dramatique de cette sculpture pleine d'accents, mais largement taillée.   *Photo Alinari.*

pourtant elle est riche d'avenir. La fresque se dispute avec la tapisserie les parois des églises et des nobles demeures : toutes les deux maintiennent le grand style au moment critique où se développe le souci flamand de la belle exécution technique. Trop peu sont demeurées sur les murs. Certes, l'intérêt est très vif pour nous de la

Danse macabre de la Chaise-Dieu, trémoussée, tressautante, enlevée en vive esquisse (fig. 92), ou des anges déjà aériens de la chapelle de Jacques Cœur à Bourges. Mais c'est la tapisserie de haute lisse qui est alors pour nous la vraie peinture monumentale. Elle est même suzeraine de la fresque : la Danse macabre de la Chaise-Dieu simule en effet une tapisserie suspendue. Épouse du mur, elle reçoit de lui l'ampleur, la plénitude, le grand effet décoratif. Aussi résiste-t-elle davantage au réalisme. Qu'importe

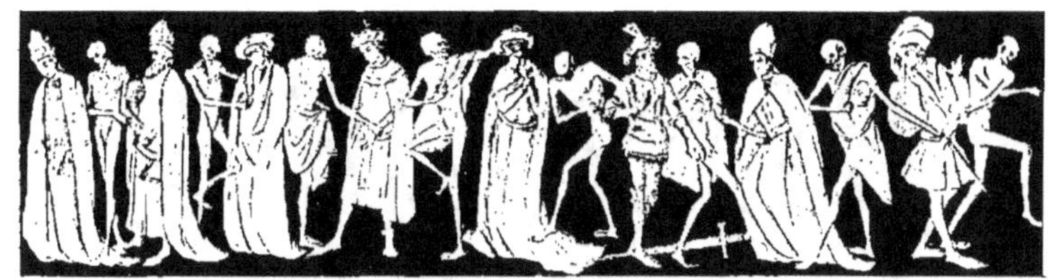

Fig. 92. — ABBAYE DE LA CHAISE-DIEU (HAUTE-LOIRE). DANSE MACABRE (XV° SIÈCLE).
D'après une lithographie de E. Tudot (Extrait de Michel : l'ancienne Auvergne).

Thème très aimé dans l'art pathétique de la fin du Moyen Age. Dessin vif et presque spirituel jusque dans le funèbre. Squelettes tout en ressorts, contrastant avec l'accablement des « vifs ».

qu'elle emprunte aux hauts-lissiers d'Arras un peu de leur véracité instinctive? Sur les tapisseries religieuses ou civiles, personnages historiques ou sacrés, toujours contemporains de costume et d'allure, souvent d'une laideur amoureusement caractérisée où la trogne du vilain abonde, se superposent en perspective montante jusqu'au haut de la pièce. Pas de ciel, pas d'air dans cette foule, pas de plans dans cette ville. Aucune concentration : du pittoresque, du touffu. La tapisserie « soutient » le mur. Ailleurs, voici des amoureux, d'abord de gracieux type siennois, puis de laideur poussée, qui se promènent en conversation galante dans des jardins d'amour. Fleurettes et animaux sont absolument naturels de forme et de coloris, mais comme appliqués sur un fond de verdure épaisse qui monte elle aussi jusqu'à la bordure. La fontaine flamboyante que

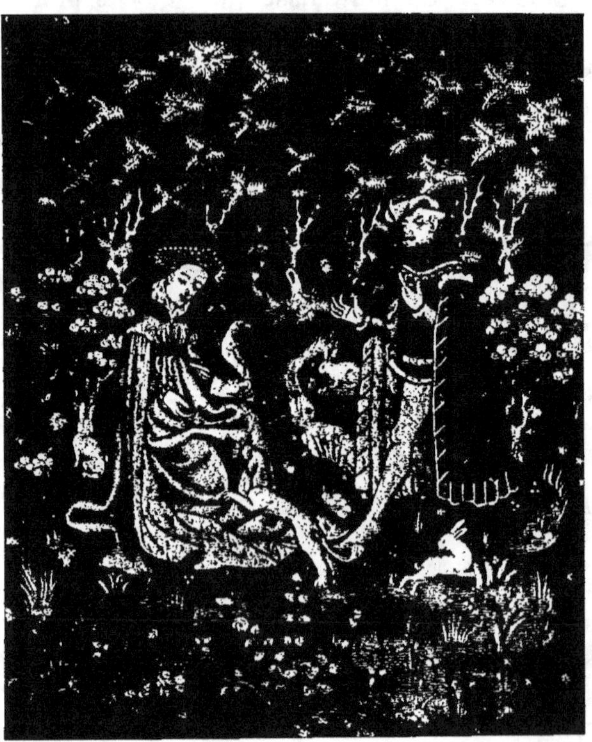

Fig. 93. — TAPISSERIE FRANÇAISE DU XVᵉ SIÈCLE : CONVERSATION AMOUREUSE.
(*Musée du Louvre*)

Naturalisme de la « verdure » et des petits animaux. Mais les personnages de roman gardent la distinction de l'Art de cour. La composition, toute décorative, n'a pas de fond et monte jusqu'à la bordure, enveloppée de calme et de silence.   *Photo Alinari.*

surmonte le petit Dieu d'Amour est « réelle », comme les damoiselles au chapeau de roses et comme le décor printanier; mais elle partage en deux moitiés symétriques des allégories du Roman de la Rose. L'art de cour s'attarde ici, et s'il y admet le réel, il le choisit. Un grand silence enve-

loppe ces scènes de courtoisie dans un « hortus conclusus »
(fig. 93). Quel calme profond dans cet art ! Voilà pourquoi
il « décore » si bien. Même dans les scènes très animées le
dessin a quelque chose d'arrêté : il est statique comme le
mur qui est derrière.

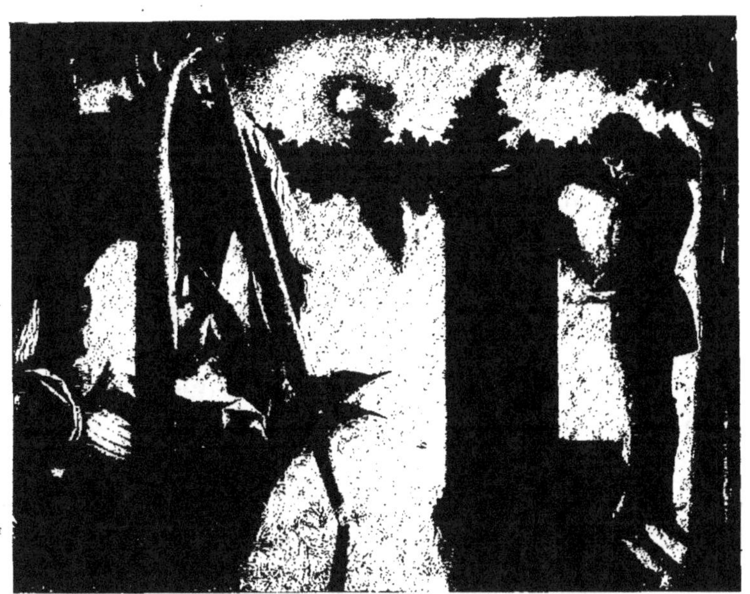

Fig. 94. — MINIATURE DU XVe SIÈCLE. LE LIVRE DU « CŒUR D'AMOUR ÉPRIS ».
Bibliothèque Impériale de Vienne Ms. 2597. fol, 15.

Extraordinaire progrès du Paysage. Soleil levant sur la campagne, où les effets poétiques
du clair obscur sont observés et fixés par un art déjà moderne.

Ce reste d'esprit médiéval, la peinture proprement dite
s'en débarrasse allègrement. A ne consulter que le style,
son réalisme est-il français ? Est-il flamand ? Il est commun
aux deux pays, politiquement confondus d'ailleurs dans
nos provinces du nord. C'est l'étape d'une évolution fatale.
Après la mort de Jean Sans Peur (1419) les ducs de Bourgogne attireront les artistes septentrionaux à leur cour

de Bruges, Gand, Bruxelles, Lille; les deux écoles alors suivront chacune leur destinée, mais lentement, et en parlant souvent même langage.

La miniature abonde, et c'est encore cette fille du Moyen Age qui apporte quelques-unes des plus hardies nouveautés. A la cour des ducs de Bourgogne, en Flandre, Philippe de Mazerolle francise les qualités flamandes : ses petits personnages à la dernière mode, en pourpoint trop court sur jambes graciles, sautillent dans un décor reproduit avec une exactitude photographique. Malgré le soin minutieux, c'est un art vif et preste. Près du roi René à Angers, le miniaturiste du « Cœur d'Amour épris » (fig. 94), est déjà un maître des effets de matin sous le soleil levant. La Touraine s'exprime par Jehan Foucquet, qui est nôtre entre tous. Voici, vers 1460, dans les Heures d'Etienne Chevalier et les Antiquités Judaïques, les histoires de la Bible, des Évangiles, de l'Antiquité, mais transposées par un observateur précis qui a l'amour et le sens des choses de chez nous. Au pied des doux côteaux de Touraine, sur les bords de la Loire sinueuse, le paysage va se dégradant déjà en perspective aérienne. Sous l'azur léger, il est déjà baigné de lumière, presque d'atmosphère. Ses petites scènes de la vie domestique valent mieux que ses batailles. Il n'a point le sens de l'épopée, ni du drame. Les portraits, auxquels il faut joindre ceux qu'il a peints sur panneaux, peuvent être comparés à ceux des plus grands artistes modernes. Sous des noms sacrés ou fameux des bonshommes de Tours vont et viennent, assez épais, laids, curieusement analysés à petites touches (fig. 95). Le dessin est un peu lâché, précisément parce qu'il se méfie de l'élégance. Nous voilà loin de la distinction de cour des miniaturistes du duc de Berry! Cet art de France moyenne est même si dénué de

lyrisme, qu'un peu de gouaillerie se mêle à la sainteté du
Mariage de la Vierge. Ce tourangeau est d'ailleurs allé
en Italie : il a regardé amoureusement les fresques de
Paolo Uccello et de Jacopo Avanzi. Selon le cas, il en-

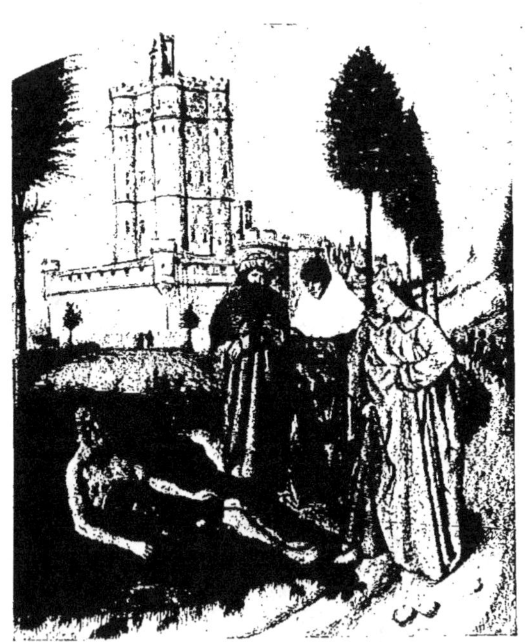

Fig. 95. — JEAN FOUQUET. Miniature des heures d'et. chevalier
(vers 1560).

Musée Condé à Chantilly.

Job et ses prétendus consolateurs. Art véridique et déjà savant, par l'étude du nu, par la
fuite du paysage, par le dessin très poussé et même un peu sec du donjon de Vincennes.

cadre les scènes de monuments romains, d'ornements
florentins, d'églises gothiques, de maisons bien françaises
à pignons et colombages. Le souci de l'exactitude archéo-
logique apparaît : il ressuscite la réalité du passé à côté
de celle du présent (fig. 96). Réalisme encore et toujours !
Celui qui rend la vie à la civilisation antique comme le

10

Christ à Lazare s'appellera la Renaissance, et c'est le Moyen Age qui dès maintenant commence le miracle.

L'esprit gothique gêne encore la multiplication du

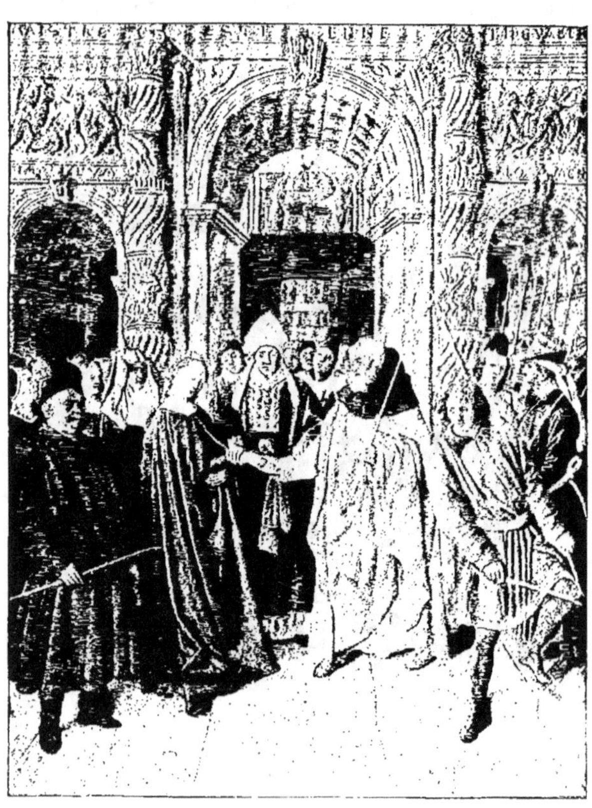

Fig. 96. — JEAN FOUQUET. Miniature des Heures d'Ét. Chevalier.
Musée Condé à Chantilly.

Le mariage de la Vierge. Souvenirs arrangés d'Italie dans l'arc de triomphe antique décoré de bas-reliefs. Mais goût français d'un artiste d'esprit bourgeois, qui renouvelle la scène traditionnelle par la vie familière et la bonhomie des types. Légère gouaillerie qu'insinue dans la scène le prétendant obèse.

tableau, surtout dans le Nord. Il ne s'affranchit pas toujours de la contrainte architectonique : le compartimentage des polyptiques et des vitraux y disperse l'action et juxtapose les scènes. C'est pourtant le tableau qui va devenir la peinture moderne. Ici surtout le réalisme est insistant ; il est d'ailleurs servi par une merveilleuse tech-

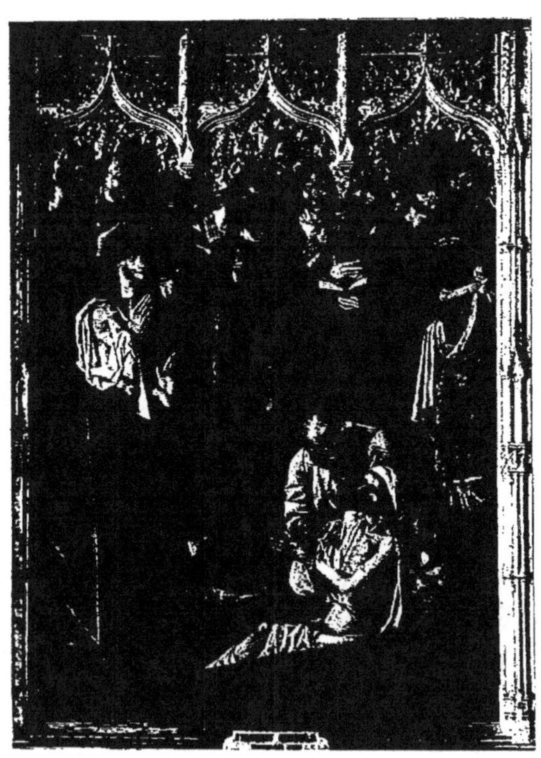

Fig. 97. — NICOLAS FROMENT. LA RÉSURRECTION DE LAZARE.
(*Musée des Offices à Florence*)

Panneau central d'un triptyque (1461). Art d'observation implacable, à la flamande. Le cadavre et son anatomie, la puanteur et les gestes de préservation des assistants, la laideur des visages. Dessin patient et minutieux, couleur chaude et d'éclat émaillé.

Photo Alinari.

nique que les flamands venaient de perfectionner : l'amalgame des couleurs par l'huile de lin. Avec sa ductilité, son moelleux, la richesse de ses tons et de ses nuances, sa transparence, l'huile va pouvoir enfin « rendre » la beauté du monde ; non seulement celle qui nous baigne de bonheur physique, le bleu du ciel ou le vert des prés, mais aussi les détails savoureux, la fraîcheur des carnations, la qualité des matières, par exemple les riches étoffes tissées par les métiers flamands, l'eau dormante d'une perle, ou même d'une larme. Elle est un sensualisme. Il va nous dégoûter de la détrempe au ton mat et contribuer à chasser la fresque, écriture abstraite, un peu ascétique, ainsi que la miniature limpide et sans secrets. Mais surtout, en concentrant l'attention de l'artiste sur ce que le monde a d'extérieur, elle l'empêchera parfois d'apercevoir l'esprit caché et d'écouter l'âme. Ce parfait instrument d'imitation a servi à tuer l'art du Moyen Age.

En Provence, ce réalisme est souvent ingénu, au point de répéter le même personnage. Dans le Couronnement de la Vierge d'Enguerrand Charonton, à Avignon, les files de saints ou de saintes se ressemblent. Fier d'avoir réussi son modèle, le peintre le recommence à côté, tout bonnement! Parfois il serre l'expression jusqu'à la grimace, comme Nicolas Froment. Son art, trop strict, grince. Près du sépulcre d'où se lève la puanteur de Lazare ressuscité (fig. 97), une fenêtre découpe des paysages agrestes ou urbains, profonds bien que détaillés, heureux sous la lumière égale et sereine. D'autres fois, l'expression jaillit, très intense, de formes presque plastiques par la fermeté et la largeur : la Pieta poignante de Villeneuve est sur fond d'or, mais elle s'y détache comme un groupe de pierre polychromée (fig. 98). Dans nos provinces flamandes ce réalisme devient minutieux au portrait et au milieu. Parmi les épisodes de la Vie de saint Bertin, nous voici avec un cicerone dans le cloître du Moustier, visitant une fresque de la Danse macabre. Rendu prodigieux! L'ombre portée du visiteur s'allonge sur les dalles. Un scrupule de miniaturiste septentrional note les détails infimes; mais les mouvements restent

aisés et les visages fins, sans la laideur si chère à Thierry
Bouts : c'est bien la main d'un Français. A Paris, le rétable
du Palais de Justice installe la véracité dite flamande du
paysage, des gestes, des attitudes, dans un sujet et un

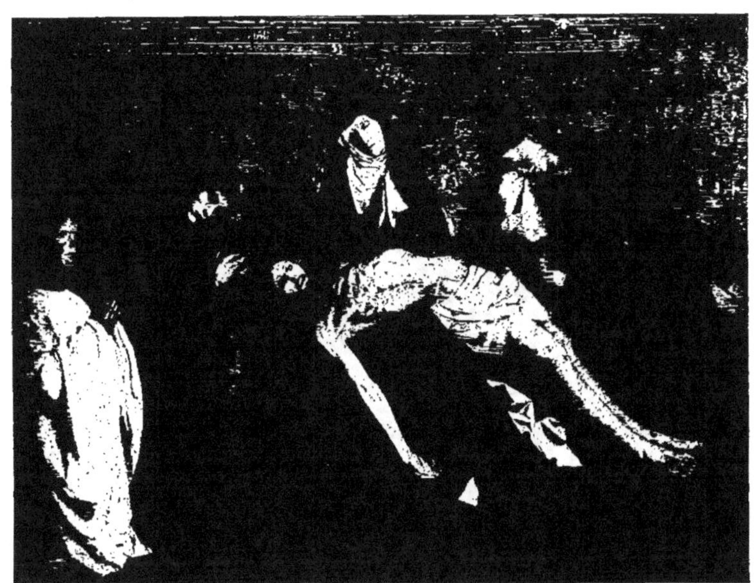

Fig. 98. — VIERGE DE PITIÉ.
(Musée du Louvre)

Tableau exécuté en Provence, peut-être par un peintre espagnol. Réalisme puissant et
dramatique groupe, de composition plastique, qu'on dirait sculpté en pierre peinte. Donateur
de facture presque moderne par la fougue et la largeur de la touche. Mais fond doré. Une
étrange église mosquée à l'horizon.   *Photo Alinari.*

décor tout parisiens. Toujours un dessin grinçant enserre
le réel.

Et pourtant notre génie commence, dès le milieu du
xve siècle, à se détourner de cette laborieuse insistance.
Ce n'est pas là sa vocation intime. Claus Sluter, qui a fait
son œuvre chez nous, venait de l'étranger. Réalisme âpre et

dramatisme pathétique, propagés par ses imitateurs, ne peuvent être au pays de France qu'un accès. C'est la loi de toute notre histoire. Vers la fin ils se « détendent », ou plutôt, car ce mot fameux prête à l'équivoque, jamais ils n'avaient étouffé les qualités proprement françaises (fig. 147).

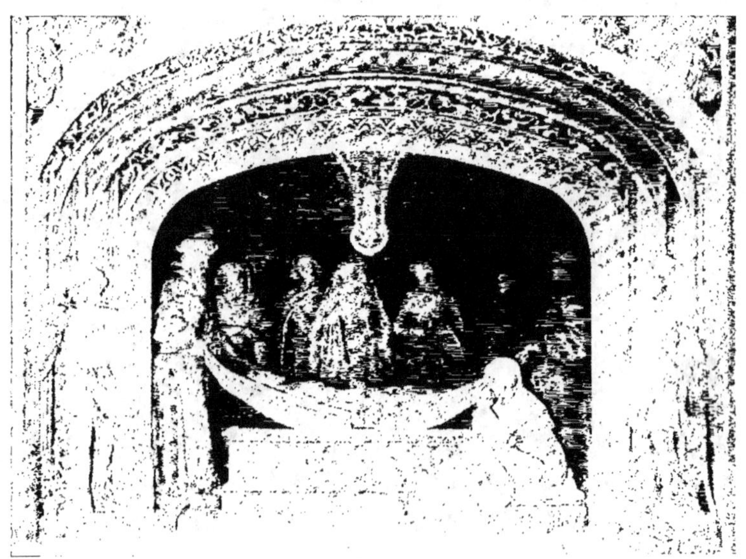

Fig. 99.— Sépulcre de Solesmes (Sarthe) (1496).

Cadre gothique de l'enfeu. Réalisme puissant des figures, où la véhémence bourguignonne a disparu dans la réserve nouvelle. Trouvaille émouvante : la pleureuse du premier plan. Les deux gardiens du tombeau sont de médiocres statues de style italien.

En bien des œuvres on voit celles-ci sourdre doucement à côté de la lourdeur bourguignonne et préparer la fine École tourangelle. A l'heure où nous sommes arrivés, voici qu'elles se réveillent : elles se rapprochent délibérément de l'art délicat de Paris sous Charles V, et même par delà, de la grâce noble du temps de Saint Louis. La Sainte-Catherine du Château du Moulin (xve siècle), la Vierge du Pilier de Notre-Dame de Paris (xive), la Vierge de l'Annon-

ciation à Reims (XIIIe), sont de même sang : elles pour-
raient se tendre la main à travers les âges sous les auspices
de l'Art de France. Mais ce retour de jeunesse a maintenant
une suavité particulière, et c'est la dernière phase de l'art
du Moyen Age. On ne saurait exagérer le rôle de la Touraine et du Bourbonnais : provinces élues, où viennent

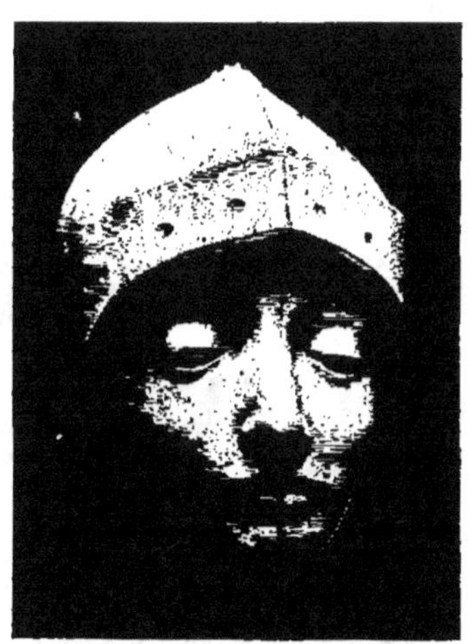

Fig. 100. — Saint-Maurice.
(*Orléans. Musée historique*)

A la fin du siècle l'art français retourne délibérément à la mesure et au goût. Modelé
fondu dans la douceur du clair-obscur.

se fondre comme en un creuset les influences diverses du
nord et du midi. Au temps même où surgissent Sépulcres
(fig. 99) et Vierges de Pitié, naissent sur les rives de Loire
des statues fines, apaisées, douces sous le heaume de ba-
taille comme le Saint-Maurice du musée d'Orléans (fig. 100),
douces dans la mort comme Jeanne de Montéjean et Agnès
Sorel sur leurs tombeaux. Le type de la Vierge-mère comme
celles d'Autun et de Châteaudun (fig. 102) devient délicat,
un peu méditatif dans sa sérénité. Un sourire très légère-

ment voilé l'éclaire. Les angelots du Louvre et de Saint-Maclou sont moins spiritualisés que ceux de Fra Giovanni da Fiesole, mais leur figure vivante est bien plus expressive. Un air de tendresse est partout épandu ; le modelé, plus fondu, annonce l'art de Michel Colombe, les plis ont plus de calme, et la taille reprend la sveltesse qu'avait tassée l'influence bourguignonne.

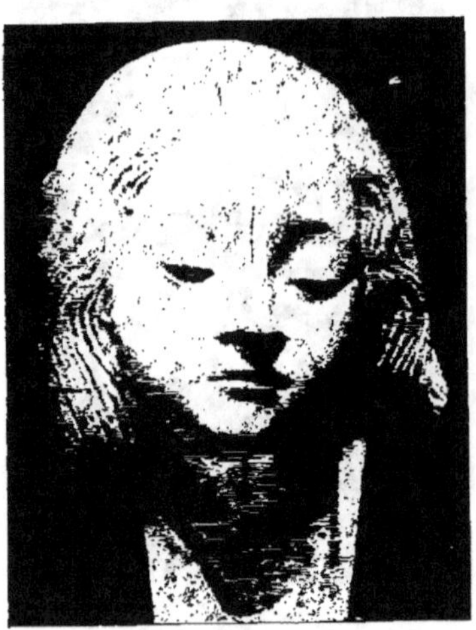

Fig. 101. — « CHEF » DE SAINTE FORTUNADE.

Art expressif et tendre, qui « enveloppe » de voilé des traits menus. Inclinaison pathé-tique de la tête, asymétrie légère des traits, absence de sourcils, importance du front dé-couvert.   *Photo Henri Olivier.*

L'œuvre peut-être la plus touchante de cet âge qui finit est le « chef » en bronze étamé de Sainte Fortunade (vers 1500). Malgré sa destination de reliquaire et la charnière qui mord le cou gracile, c'est bien une sculpture (fig. 101). Réalisme certes, car tout est pointu dans ce petit visage de fouine ; une dissymétrie spontanée déplace même sur le côté la raie des cheveux... Mais ce réalisme se fond en infinie tendresse. Pour nous émouvoir la tête a une inclinaison tout à fait inédite, les paupières baissées veloutent le regard, le modelé en « sfumato » estompe les traits : on dirait que le blaireau du peintre a passé sur ce bronze pour effacer toute contraction dans la figure de la petite sainte. L'art qui sait jouer en sourdine ces airs profonds joint à toute la

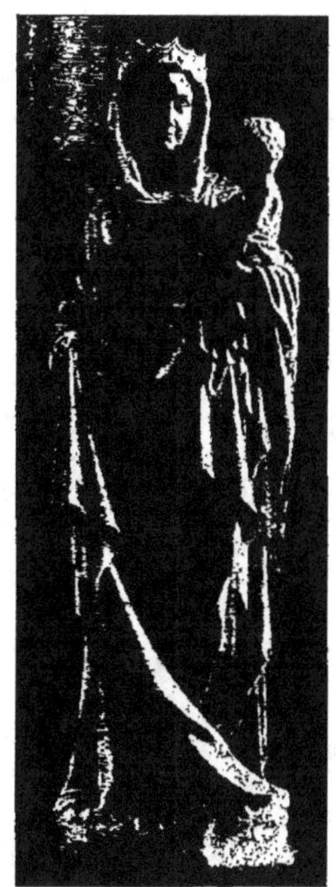

Fig. 102. — LA VIERGE DE CHATEAUDUN.

2ᵉ moitié du XVᵉ siècle. Exemple des qualités de goût et de charme que l'art français sut garder, même en plein réalisme flamingo-bourguignon, dans le visage très doux, dans la pose très simple et dans les plis détendus.

sincérité du Moyen Age les ressources les plus subtiles de l'art moderne (fig. 102).

Dans la grande peinture, des influences italiennes, déjà nombreuses et précises chez Fouquet, viennent s'allier à cette mesure française, qui n'exclut pas du tout la richesse de la vie intérieure. On ne saurait les nier dans le Saint-Michel et l'Annonciation d'Avignon ni dans la fresque des Arts Libéraux du Puy. Quelque chose du charme lombard

s'insinue peut-être dans les œuvres d'un maître mystérieux, en qui les uns veulent deviner Jehan Perréal, qui
connaîtra plus tard en Italie Léonard de Vinci, et que les

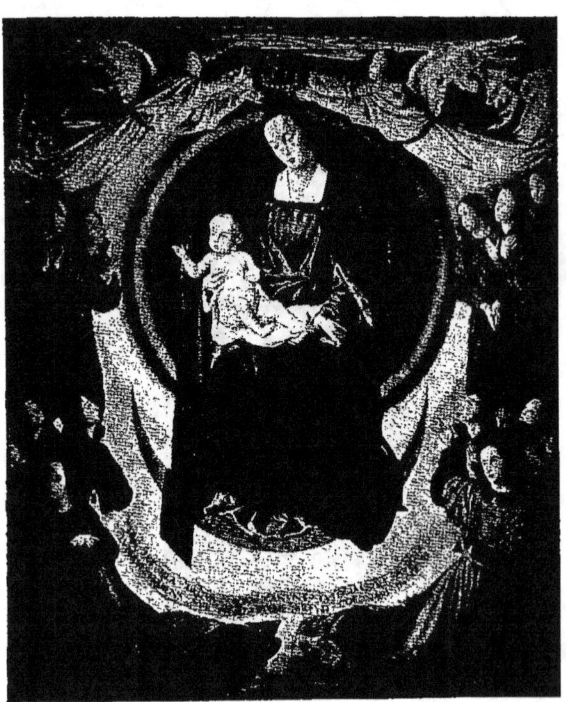

Fig. 103. — MAITRE DE MOULINS. LA VIERGE EN GLOIRE.

(Cathédrale de Moulins)

Panneau central d'un rétable (vers 1498). En peinture aussi, surtout dans le Bourbonnais, l'expression et le style s'adoucissent. Quelque sécheresse encore dans les plis inférieurs des robes, mais visages modelés par un pinceau caressant.   *Photo Gazette des Beaux-Arts.*

autres, plus prudents, désignent sous le nom de maître
de Moulins. Il fait la saveur pénétrante du rétable de Moulins et de la Nativité d'Autun, où se sont glissés aussi quelques accents florentins. Dans le rétable certaines draperies
ont presque le fondu de Léonard (fig. 103). Mais ce n'est

peut-être qu'une vision commune à l'Italie gallique et à la douce France ! La manie italianisante cherche à tort des origines milanaises à plusieurs de ces œuvres, qui savent mieux simplifier les plans, élaguer les détails, adoucir l'expression et déjà caresser le modelé. Ici est le progrès décisif, non dans quelques ornements à l'italienne. Qu'importent quelques motifs, à côté de cette chose intime, profonde, qui est le style ? Le dessin linéaire s'attendrit un peu : l'art des dégradations nuancées commence à envelopper l'analyse des traits, la fermeté des plans et la laideur du caractère. Le petit enfant de Charles VIII, au Louvre, est un gros poupon modelé « dans le clair », non dans le clair-obscur; mais il fut modelé très délicatement, sans qu'un dessin trop aigu enserre ses traits de bébé. C'est maintenant que le procédé à l'huile donne quelque velouté. Comme l'avait noté Henri Bouchot, presque toute l'œuvre de l'École de Moulins doit à l'huile onctueuse ainsi qu'à la douceur de touche un très léger *sfumato*. N'exagérons rien : il est bien réservé encore et moins suave assurément que celui des Lombards ! Mais il fait paraître sèches les œuvres du début du siècle telles que le *Martyre de saint Denis*. Cet art assoupli, humanisé en ce qui est l'expression et la forme, cherche aussi les échanges qui établissent entre les choses une sorte d'amitié : les reflets. C'est une des plus précieuses conquêtes de la peinture : l'œil du peintre y découvre l'unité du monde. Un gros donateur se reflète sur la cuirasse de saint Georges, son patron. Un « intérieur » se condense dans un verre de vin. L'épaisseur moelleuse d'une fourrure ou la douceur d'un épiderme vont maintenant tenter le pinceau savant. Le fondu, la caresse, l'enveloppe, entrent lentement et un peu gauchement dans l'art français, comme ils viennent d'entrer dans l'art lombard, vénitien et flamand. Le voici prêt à accueillir la Renaissance, qui devient universelle; ou plutôt il l'ébauche déjà lui-même spontanément, et ravi.

Saluons l'art du Moyen Age qui s'en va, du reste très lentement. Il était le sentiment spontané et frais de la vie. M. Maurice Denis dit avec raison qu'il avait au plus haut degré « le sens de l'objet ». C'était aussi le don de l'expression, de l'intensité, l'indifférence à l'égard des règles et de la beauté formelle, une bonhomie familière et souvent la tendresse. Même dans l'œuvre d'un artisan de campagne, comme telle vierge de bois ou de pierre, il y a l'accent et le timbre d'une âme. De l'intérieur elle modèle la forme. Carrière, le peintre des Maternités, pensait à cet art profond autant qu'au sien quand il disait : « L'homme est un repoussé; il est frappé au marteau du dedans au dehors ». Par bonheur l'art français ne perdra ou du moins n'atténuera ces qualités que pour en acquérir d'autres. On peut voir autrement la Nature et l'Humanité.

LA RENAISSANCE

CHAPITRE PREMIER

Ce qu'il faut entendre par la Renaissance. — Ses origines profondes dans le Moyen Age. — Son épanouissement au xvie siècle,
dans la survie de l'art traditionnel et la continuité de l'évolution.
— Ses causes occasionnelles.

La première partie du siècle. Les hésitations de l'Architecture
religieuse et la précocité de l'Architecture civile. La disparition lente des principes et des formes du Moyen Age, et les
emprunts à l'Italie. L'équilibre délicat de l'époque de François Ier.

La Sculpture. Les marbres et marbriers italiens. — Juxtaposition
de l'italianisme et de l'esprit gothique. Œuvres mixtes et style
mixte, avec inclination croissante vers l'esprit et les formes de
« par-delà ». — Même complexité dans la Miniature. Jean Bourdichon.

Les historiens de l'Art placent La Renaissance au gré
de leurs préférences esthétiques. Les uns la voient dans
l'art merveilleusement équilibré du xiiie siècle, d'autres
dans le réalisme franco-flamand qui crée, aux xive et
xve siècles, des chefs-d'œuvre de caractérisme ; les plus
nombreux enfin dans l'universelle dévotion du xvie siècle à

l'Antiquité et à l'Italie. Le mieux est d'en croire ceux qui l'ont revendiquée expressément pour eux-mêmes, et en ont créé l'idée, sinon le mot orgueilleux. Elle est la progression d'abord lente, puis rapide, enfin le triomphe de l'art savant, qui impose à la nature la discipline du style. Elle autorise sa propre initiative des exemples prestigieux de l'antiquité et de l'Italie moderne. Mais ce n'est que parce que celles-ci lui ont paru riches de cette science dont elle était déjà avide, qu'elle les a vénérées.

C'est dire que le Moyen Age lui-même l'a commencée. Quand on étudie de près l'art gothique on est surpris de tout ce qu'il recèle de classique. Il est l'Ordre et la Raison. Nous connaissons déjà la majestueuse ordonnance du grand programme iconographique fourni aux imagiers par l'Église. L'*Ordinatio ad unum,* chère aux clercs, à tout le Moyen Age, c'est l'essence même de l'esprit gréco-latin. Au contemporain de saint Louis comme au grec, l'univers apparaît comme une immense Harmonie. Il la fixe sur la cathédrale. Dieu a façonné le Cosmos comme le clerc et l'imagier ont conçu, sculpté, le tympan du Jugement dernier : même hiérarchie, même discipline. Sans doute du Moyen Age à l'art moderne les formes diffèrent. Mais regardons sous les apparences. Contreforts et arcs-boutants, nous l'avons vu, mettent autour de la cathédrale une symétrie vivante, et le Rythme. La niaiserie du Romantisme étonne, qui voyait en elle, architecture et décor, un désordre pittoresque. Sa naissance et son développement sont le chef-d'œuvre de la logique. La spéculation la plus abstraite a pénétré de calcul la pierre, et obtenu à force de précision l'équilibre délicat des poussées et des résistances. La cathédrale est l'exaltation du chiffre : l'esprit de Pythagore l'habite toujours. Le maître d'œuvre la met en proportions d'après

les tracés géométriques venus à travers les âges de la
Grèce et de l'Égypte millénaire. Le triangle équilatéral,
isocèle, égyptien, y règne, comme aux pyramides des Pha-
raons ou au temple de Poseidôn à Pœstum. Il collabore
autant à la beauté de la nef d'Amiens qu'à celle du Parthénon. L'architecte qui a composé la façade de Notre-Dame
sur des tracés que Choisy a retrouvés par l'analyse était-il
si loin de l'idéal antique? Est-ce un simple jeu d'évoquer,
comme on le fait si souvent à propos de cet art puissant,
sobre, presque austère, la beauté dorienne? A négliger les
formes, l'idéal y apparaît aussi classique que celui de
notre xviie siècle. Il y a autant de symétrie et d'équilibre
à ce frontispice debout sur son parvis qu'au Versailles de
Mansart sur sa terrasse. L'architecture hérite, en la re-
nouvelant avec une originalité primesautière, de la colonne
engagée ou adossée et du chapiteau végétal. Pendant ce
temps Villard de Hennecourt croque avidement dans
ses voyages les tombeaux « sarrasins », et dessine une
tête de Christ selon le canon de Vitruve. C'est un des
indices qui laissent supposer que le traité de l'architecte
romain a traversé le Moyen Age, du moins en ses leçons
essentielles. Le groupe de la Visitation à Reims christia-
nise des statues qu'on dirait exilées d'un péristyle antique.
Sans doute il est isolé, mais la plastique du xiiie siècle,
surtout à Reims, dans son idéalisme qui part du vrai, dans
sa sérénité, son parti pris de largeur dans les plans, son
canon élégant et souple, a souvent le parfum de l'hellénisme. Nous l'avons retrouvé à Auxerre. C'est à propos de
cet art que Viollet-le-Duc disait : « Nous avons été les
successeurs des Grecs en Occident au Moyen Age ». En
l'étudiant dans la cathédrale, crayon à la main, Rodin
écrit : « Les Romains y ont apporté leur force, leur logique, leur sérénité »; et un autre de nos artistes con-

temporains le définit d'un mot profond : « le classique occidental ». Même au xvᵉ siècle, les groupes les plus douloureux, la Pietà peinte de Villeneuve, les Sépulcres et Vierges de Pitié sculptés, sont admirables par la pondération des masses et la stabilité plastique.

Puis, voici venir des pressentiments d'une autre sorte. A la cour du duc de Berry on se pourléchait de « l'ouvraige de Lombardie » ou de Sienne. Les miniaturistes de l'époque s'en sont pénétrés. D'Italie Fouquet rapporte le dessin de monuments antiques, de leur décor, et des peintures nerveuses du Quattrocento florentin. Ce dessin intellectualiste fait ses délices. Dans la superbe légende des Preux sonne clair, déjà, la passion de la gloire. Une des tapisseries du duc de Berry portait même la légende « Fama ». On y sent, comme chez Pétrarque et chez Dante, le désir ardent de tout le Moyen Age de se rattacher à l'antiquité auguste. Sur toute l'époque Hector, Alexandre, Rome et César, projettent leur ombre immense. En art pur, à la fin du xvᵉ siècle, nos artistes connaissent déjà les ressources de l'illusion, la perspective, le raccourci, le modelé fondu par le clair-obscur, l'anatomie d'observation (non de dissection) et la beauté des plans simplifiés. Des artistes italiens viennent travailler pour nos princes, médailleurs et sculpteurs comme Pietro da Milano et Francesco Laurana. Entre Italie et France depuis longtemps les échanges sont incessants. Aussi faut-il de nouveau se poser la question qui domine toute notre histoire de l'art : pourquoi l'art du Moyen Age, soit celui du xiiiᵉ siècle, qui réunit toutes les qualités dans la mesure, soit celui du xvᵉ, plus près de nous par son inquiétude, par sa curiosité, par son réalisme déjà savant, n'est-il pas devenu l'art moderne ?

Il est certain que les guerres d'Italie (1495-1526) eurent une importance occasionnelle. Elles n'ont pas déclanché

la Renaissance, mais elles l'ont précipitée. Durant trente
ans, princes, nobles, prélats, gens de finance, quelques
artistes même, foulent de Gênes à Naples un sol couvert
de merveilles antiques ou modernes, dorées par un soleil
qui est à lui seul un Poète. Peu importe que ces féodaux
peu dégrossis n'aient guère senti la beauté des ruines ou

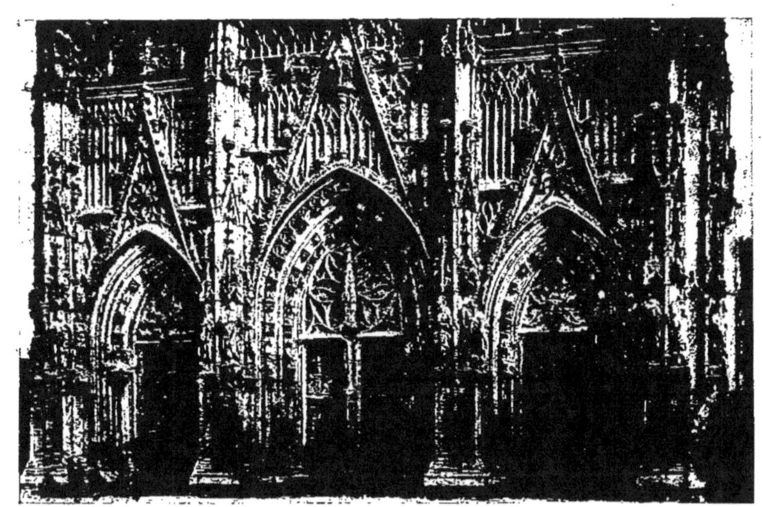

Fig. 104. — ABBEVILLE. Façade de Saint-Wulfran.
(début du xvi° siècle).

Survie du gothique flamboyant, plus luxuriant que jamais dans les édifices religieux.
Décoration souvent superficielle et adventice, où s'associent la courbe et la perpendiculaire.
Quelque sécheresse linéaire dans cette magnificence.   *Photo N. D.*

de ce délicieux printemps qu'est le Quattrocento. La mode
d'Italie commence par les parfums, les jardins : elle finira
par l'art lui-même. Avec François Ier, elle deviendra un
snobisme analogue à celui qui agenouillait notre grand
public même, il y a à peine trente ans, devant le charme
pénétrant de Sandro Botticelli. Du reste, quantité d'œuvres et d'artistes italiens, d'estampes et d'objets appor-

11

tent chez nous le goût de « par-delà ». Avant François Ier, c'était la pénétration, avec lui c'est l'invasion.

Seulement, ils se heurtaient à un art indigène encore vivace. Sans doute il portait en lui les germes de sa mort, comme tous les organismes vivants, qui évoluent. Mais il avait tant de sève ! Il créait encore des œuvres si fortement organisées sous leur floraison flamboyante, qu'il a pu disputer le terrain, pas à pas, aux nouveautés d'outre-monts. La Renaissance n'est victorieuse (avec des réserves encore) qu'au moment où disparaît le roi qui a tant fait pour elle (1547). Rien n'est émouvant comme ce duel Il est le nœud dramatique de notre histoire de l'Art. D'aucuns s'oublient à dire : duel entre la nouveauté et l'art « national ». C'est blasphémer, que réduire à la durée du Moyen Age la vertu vraiment créatrice de notre génie. La Renaissance n'a fait que se servir des formes étrangères, et dans un esprit français, pour des œuvres qui sont des créations françaises. A vrai dire il n'y a pas duel, mais conciliation savoureuse, qui n'est qu'à nous, entre l'apport étranger et l'art que nous appellerons traditionnel. Au faîte de nos monuments classiques la pyramide n'est que l'ancien candélabre de la Renaissance, qui à son tour était l'ancien pinacle gothique. Gâble, pignon, fronton, sont en principe de même dessin. Sur les rampants, les crochets feuillus se muent en rinceaux. Du dais hérissé à la niche cintrée la transition est parfois insensible; et le fol grimaçant de la bordure des manuscrits devient le « masque » de style sur les « arabesques ». En des cas multiples Renaissance et classicisme ne font que continuer le Moyen Age en le transformant.

Dans la première moitié du siècle l'architecture religieuse, toujours conservatrice, reste fidèle au gothique

flamboyant. Elle y ajoute une virtuosité : les voûtes à
dalles plates sur nervures. A celle de Tillières, par exemple,
qu'est devenue la belle franchise du Moyen Age? Elle

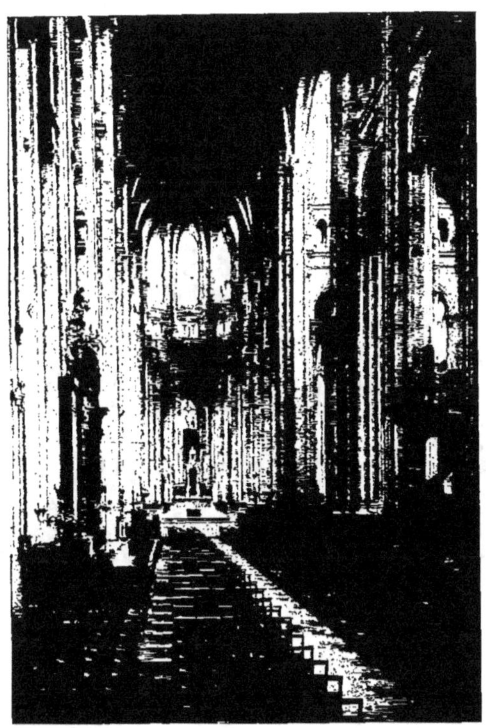

Fig. 105. — PARIS. ÉGLISE DE SAINT-EUSTACHE (COMMENCÉE EN 1532).

Intime union de la tradition et de la nouveauté. Structure gothique et plan analogue à
celui de Notre-Dame de Paris. Mais des pilastres, des chapiteaux corinthiens, des fragments
d'entablements à l'antique, et partout le plein cintre.   *Photo N. D.*

cède au joli mensonge qui fait de l'effet. Liernes et tiercerons multiplient encore leur lacis, comme dans la chapelle du Saint-Esprit à Rue. A leurs croisements, des
clefs pendantes se détachent, véritables stalactites, ciselés
comme des bijoux, parfois décorés de niches et de statues

comme de petits temples. Sensation, chez le fidèle qui
lève la tête, d'une menace toujours suspendue! Une riche
efflorescence fait de Saint-Wulfran d'Abbeville (fig. 104)
et de la façade de Saint-Riquier un vrai bouquet. Nous
sommes dans la luxuriante Picardie, où la Flandre et l'An-

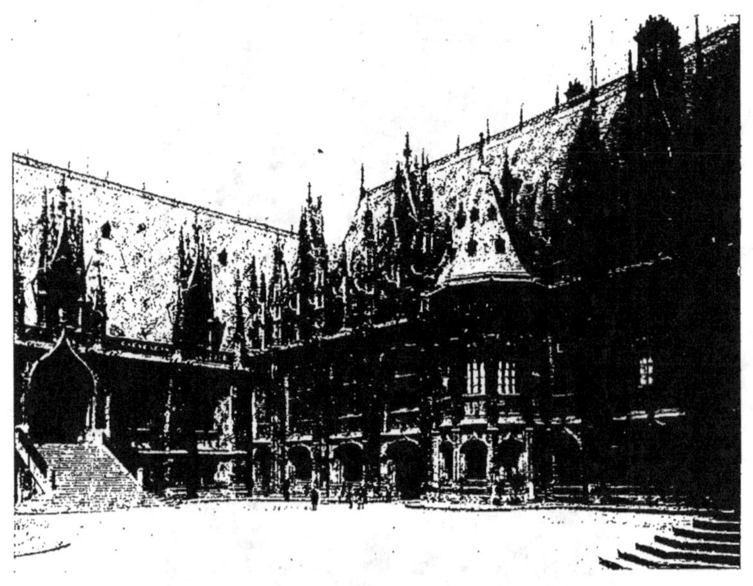

Fig. 106. — ROUEN. Palais de justice (1499-1514).

Survie du gothique flamboyant dans les édifices civils. Comble aigu, hautes lucarnes ouvragées, escalier saillant en tourelle; aux baies arc en anse de panier et en accolade. Efflorescence sculptée.   *Photo Touring Club.*

gleterre continuent d'envoyer leurs fantaisies si diverses.
L'aigu et le perpendiculaire s'y associent plus que jamais
à l'accolade. Au transept nord de Beauvais c'est le dernier éclat : le gothique religieux finit dans une éblouis-
sante apothéose. A Saint-Eustache (à partir de 1532), si le
plan est celui de Notre-Dame de Paris, son illustre voisine, si les formes générales sont traditionnelles, voici un
décor superficiel de pilastres et de corniches (fig. 105). Sur

une structure médiévale c'est un habillement Renaissance.
A certains portails flamboyants les ordres antiques appa-
raissent sous des frontons grecs.

L'architecture civile est toujours plus avancée. Le maître

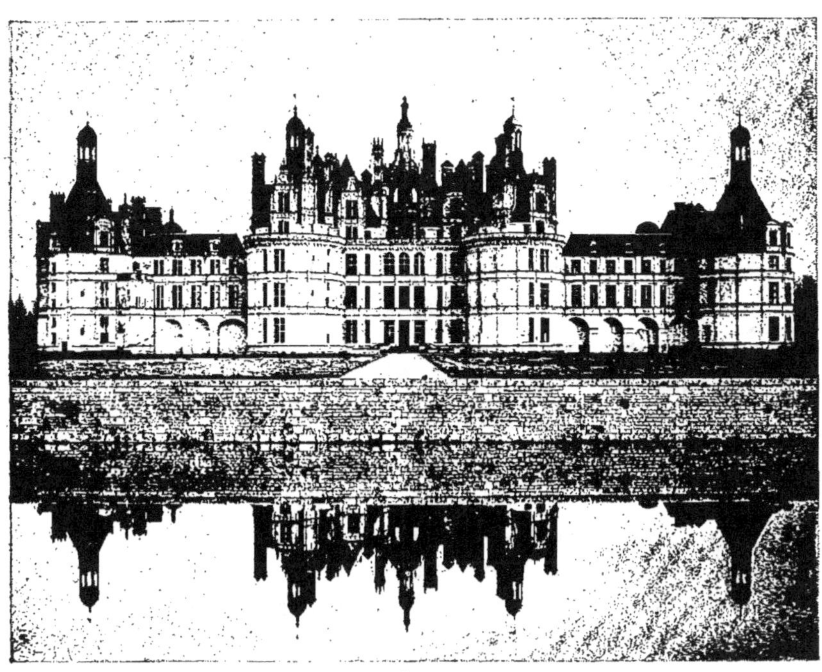

Fig. 107. — CHATEAU DE CHÁMBORD. Façade septentrionale
(1519-1575).

Plan de forteresse médiévale, avec donjon et tours angulaires. Mais situation en plaine,
abondance des jours, triomphe des horizontales et des verticales (bandeaux et pilastres) se
recoupant à angle droit. Belle demeure de plaisance avec quelques souvenirs des châteaux
militaires. Deviseur inconnu.   *Photo N. D.*

d'œuvre, qui a ici les mains libres, peut satisfaire au goût
de la mode. Certes plan, 'composition, combles, aspect
général, restent les mêmes, surtout au début. Le palais de
l'Échiquier (1508-1514), à Rouen, se pare d'une richesse
inouïe pour rivaliser avec le maître portail de la cathédrale.
C'est encore une des dernières fleurs de l'art gothique,

dentelée jusqu'au paradoxe (fig. 106). Mais déjà, des souvenirs de Bramante s'aperçoivent près de là dans le décor du Bureau des Finances. Dans les châteaux, très féodaux encore par leur plan quadrangulaire, par leurs tours rondes qui se reflètent toujours dans les douves, par leurs hauts combles d'ardoise, une conception plus aimable de la vie et un besoin plus vif d'air et de lumière propagent, avec quelques thèmes décoratifs nouveaux, la galerie, qui permet d'être dehors en restant chez soi. Elle faisait le charme de Gaillon (1507-1509); elle fait le charme de la cour de Blois. Le Moyen Age ne l'avait certes pas ignorée, mais l'Italie heureuse la prodiguait dans ses loggias.

Sous François Ier, des nouveautés plus décisives s'allient aux traditions vivaces. Chambord (1519-1525) est un donjon flanqué de quatre tours massives. Mais il est descendu dans la plaine. Les organes hostiles, mâchicoulis, créneaux, disparaissent ou deviennent de purs ornements, comme le noble du Roi gardera à la cour une épée de parade (fig. 107). Presque partout, des loggias. Prises dans la façade comme un balcon rentré, souvent superposées, elles s'ouvrent entre leurs colonnettes à l'agrément d'une cour ou à la vaste beauté de la campagne. La façade de Madrid s'offrait toute ainsi au charme du paysage. L'Architecte y saisit l'occasion d'une pseudo-ordonnance au rythme léger. Le comble d'ardoise se découpe à vif sur le ciel, en silhouette élancée, surtout dans la brumeuse Normandie; et les lucarnes à gâble, les hautes souches des cheminées, accompagnent son ascension. Mais d'autres châteaux, La Muette, Saint-Germain, Challuau, rendez-vous de chasse sur la lisière des forêts, se couronnent d'une grande nouveauté : la terrasse. Saint-Germain (fig. 108) a beau être d'une « sauvage quadrature », celle même du vieux château féodal qui l'a précédé, et riche en voûtes d'ogives : il est essentiellement une terrasse, supportée par une construction. Comme la Muette, il semble fait pour elle. Assise sur voûtes, elle fait saillie hors du mur sur de hautes arcades que soutiennent des pilastres contreforts. Une balustrade élégante la borde. « Et est, dit Du Cerceau, la

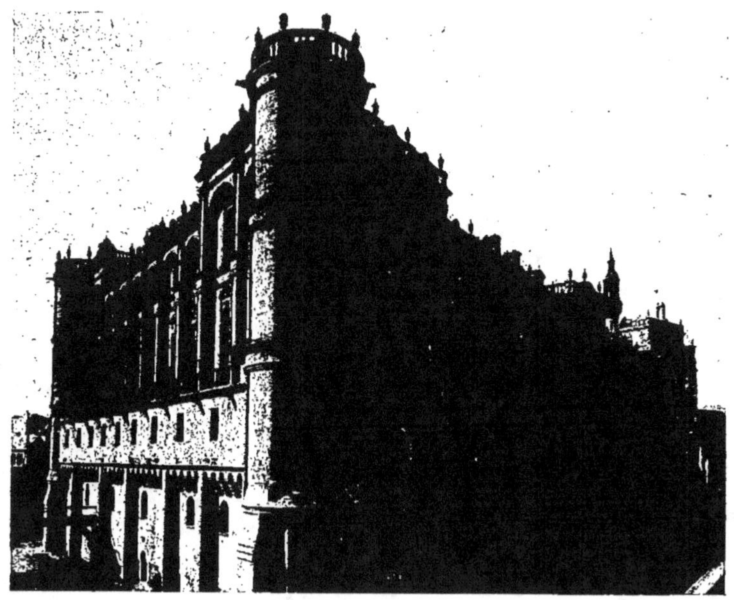

Fig. 108. — SAINT-GERMAIN-EN-LAYE. Le chateau
(COMMENCÉ EN 1537).

Plan ancien, mais construction en partie de goût nouveau. Terrasse avancée sur des arcades que portent des pilastres-contreforts. Caractère déjà classique de ces pilastres, de la balustrade, des grands arcs et des fenêtres. Régularité et rythme.   *Photo N. D.*

première de toute l'Europe pour sa façon et chose digne d'être vue et considérée ». Parfois même c'est pour elle que le meilleur de l'effet est réservé.: celle de Chambord (fig. 109) se hérisse de combles, lucarnes, cheminées, campaniles d'escaliers, qui font comme un bouquet sur une lourde corbeille. Ce foisonnement est gothique, mais la terrasse d'où il se lève, d'où vient-elle ? Est-ce d'Italie ? Est-ce d'une adaptation spontanée au site ? De là-haut le regard domine la houle profonde des bois : on y pouvait suivre de loin la chasse, entendre le son du cor, et, la nuit, le bramement des cerfs.

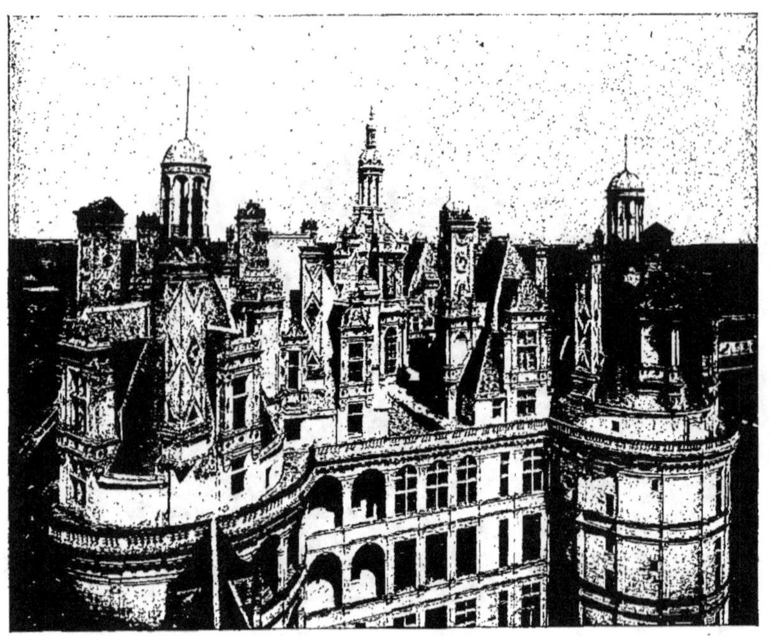

Fig. 109. — CHAMBORD. La terrasse du château.

Substitution d'une balustrade aux créneaux. Terrasse à l'italienne, d'où émergent combles à lucarnes, cheminées, dômes et lanternons, en une sorte d'efflorescence. Décor nouveau du détail.   *Photo N. D.*

Aux façades les ordres antiques commencent à se préciser, mais encore insouciants des proportions modulaires. Le parti pris d'horizontalité se marque déjà aux bandeaux. Aux baies le linteau tend sa ligne droite à côté de l'arc en anse de panier, qui prête encore son aménité à la loggia supérieure avant de disparaître lentement. Partout la distribution se trahit encore au dehors par des saillies

et des ressauts. Les escaliers, encore saillants (Blois,
Chambord), montent encore en vis et se coiffent de petits
dômes à lanternons. Mais d'autres, comme celui du château d'Azay-le-Rideau (à partir de 1518), qui est peut-être
le premier, montent déjà en rampes droites à l'italienne

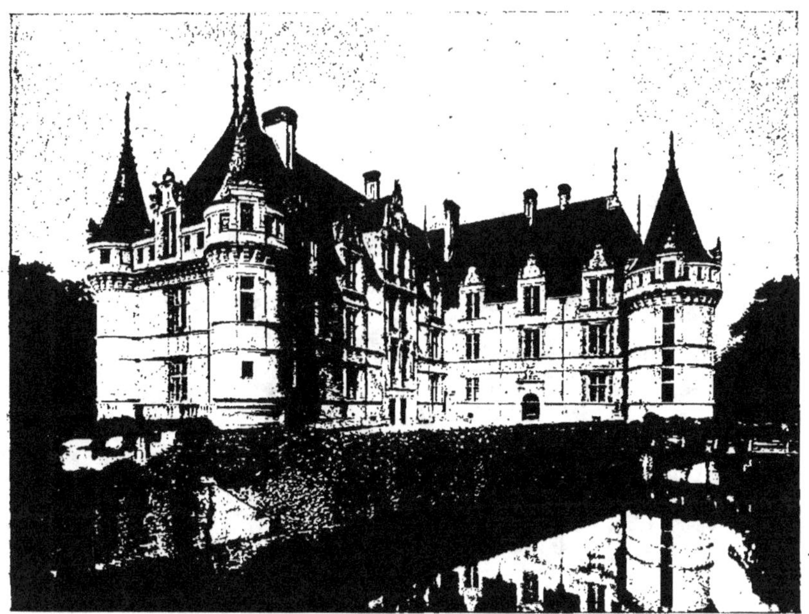

Fig. 110. — AZAY-LE-RIDEAU. Vue orientale du château.

Les organes militaires, tourelles, mâchicoulis, créneaux, ne sont plus qu'un décor. Abondance des jours même aux parties inférieures. Riche décor des lucarnes. Arabesques.

Photo Lévy.

sous des voûtes à berceaux caissonnés : les cortèges parés
les graviront en beaux effets de perspective. Ici est l'a-
venir. La cheminée se rapetisse et la hotte disparaît pour
faire place au riche manteau sculpté. Bref, la vie de cour
et surtout l'influence de la femme, modèlent la demeure du
seigneur comme ses mœurs (fig. 110). La décoration nouvelle brode aussi partout sa fantaisie arabesque. A Madrid

les médaillons en faïence émaillée de Girolamo della Robbia
posaient un rayon d'Italie. En somme, jusqu'en 1540 un
équilibre délicat entre la tradition gothique et les nouveautés d'outre-monts caractérise ces chefs-d'œuvre qui ne sont

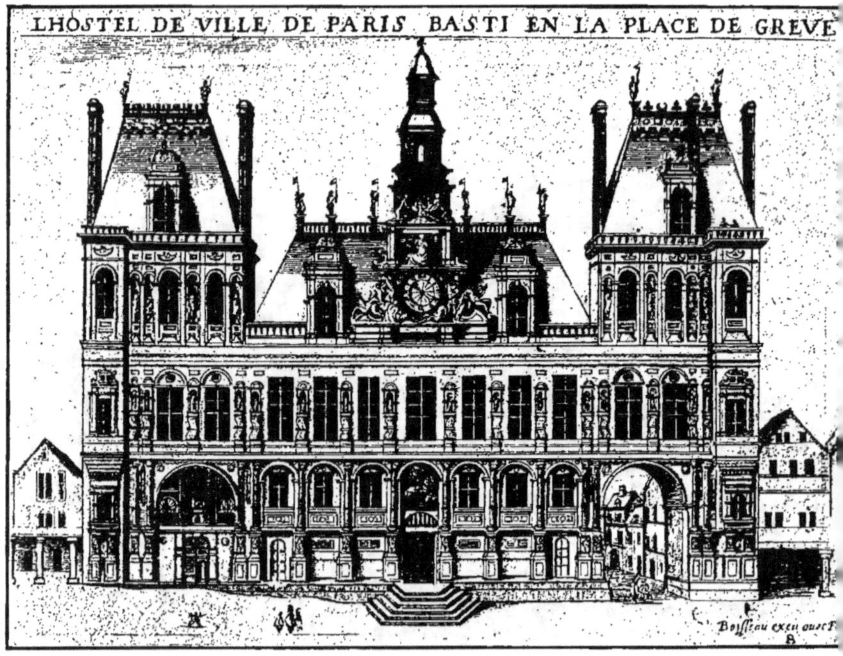

Fig. 111. — L'ANCIEN HÔTEL-DE-VILLE DE PARIS.
D'après la gravure de Boisseau.

Commencé en 1533. Pierre de Cortone auteur probable du plan. Tradition française des
combles distincts pour chaque corps de construction, des lucarnes et des tours. Mais nombreux italianismes : arcades en plein cintre entre colonnes adossées sous entablement droit,
décor, etc...

qu'à nous. Les historiens de l'art se donnent un mal infini
pour découvrir dans des comptes où ne paraissent que
des constructeurs, le nom et la nationalité des architectes.
Français ou italiens ? Ce qui importe, c'est le style. L'ancien
Hôtel-de-Ville de Paris (fig. 111) a beau être du Boccador,

lui-même depuis vingt ans parisianisé : il est français
de goût, avec des néologismes italiens.

Même complexité dans la sculpture, surtout au début.
Il faut une analyse attentive pour discerner l'influence
bourguignonne ou flamande, l'apport français et l'italianisme, quand toutefois celui-ci existe. Encore risque-
t-elle de n'être qu'un impressionisme personnel armé d'appareil critique. Un charme unique se dégage de ces
œuvres, nourries de plusieurs sèves, et cela tout naturellement, sans qu'une volonté spéciale ait cherché un dosage
raffiné. A côté de la belle pierre de France, voici venir
la passion du marbre, en attendant celle du bronze :
marbre de la Riviera et souvent de Carrare ; matière précieuse pour nos Français, au grain serré et brillant, incom-
parable champ aux broderies d'arabesques et surtout
propice à toutes les délicatesses du modelé. Certes le
Moyen Age dès le début du xiv° siècle l'avait pratiqué (même
le Carrare), mais par luxe exceptionnel. Désormais sa
séduction fera reculer la bonne et simple pierre de France,
consacrée jadis par tant de chefs-d'œuvre. Et ce sera grand
dommage. Mais sa diffusion est un gain tout de même.
Étincelant de blancheur quand il est neuf, il se recouvre
en vieillissant d'une patine aussi douce qu'un épiderme ;
et sa technique est toute de finesse. Et les marbriers
italiens suivent leurs marbres. Des familles entières
comme celle des Juste, s'établissent chez nous. A Gaillon,
à Folleville, à Fécamp, etc... pullule leur industrie cou-
rante, fontaines, autels, frises et tombeaux. Leur joli coup
de ciseau dans la belle matière éclatante éblouit nos
grands seigneurs, toujours à l'affût de la mode, mais non
nos vieux maîtres.

L'un de ceux-ci est une grande figure, qui domine
même après sa mort (1512) les trente premières années

du siècle. Son cas est paradoxal et mystérieux. Voilà une
œuvre d'importance capitale qui se réduit aujourd'hui à
deux monuments, un tombeau (fig. 112) et un bas-relief, et
à une médaille : celle de Louis XII. Mais son influence a
rayonné au loin et longtemps dans la sculpture française. Et

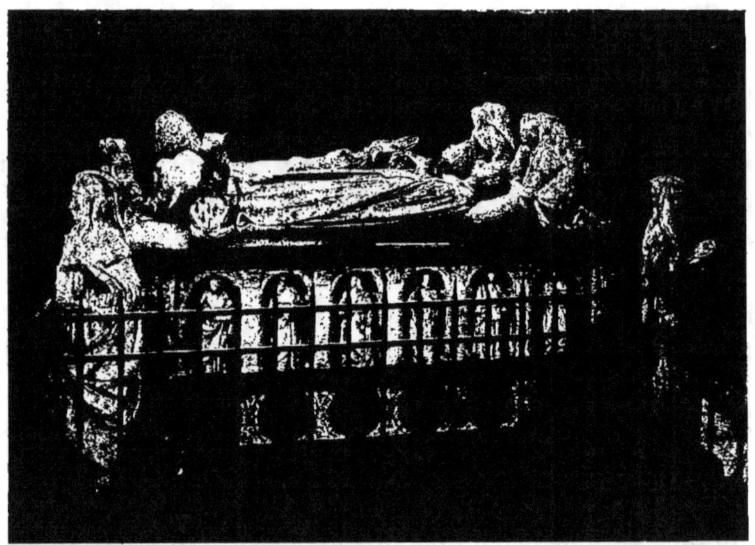

Fig. 112. — NANTES. Cathédrale. Tombeau de François II, (1502-1507).

Conception de Jean Perréal et exécution de Michel Colombe. Goût et mesure dans la vérité et l'expression. Iconographie complexe. Les gisants, les angelots et les pleurants sont des
motifs français ; les Apôtres et les quatre Vertus sont des motifs italiens. Figures françaises,
arabesques italiennes. *Photo N. D.*

ce qui rayonne ainsi, c'est le génie national lui-même fixé en
ce qu'il a de plus intime et de permanent par un artiste qui
reste profondément personnel. Dans son art très véridique,
mais mesuré, équilibré, Michel Colombe atténue le naturalisme bourguignon, qu'il a connu à Dijon, de la grâce de la
Touraine, où il est né. Il est puissant et doux. Son modelé, très caressé, est ce qui correspond le mieux chez
nous à la douceur des peintres lombards. Mais aucune

influence. Là aboutit la fameuse « détente » de l'art français, ou plutôt la vieille tradition française elle-même de
goût et de mesure, surtout aux pays de Loire. Seulement,
regardons de près. Car c'est ici qu'est le mystère. Ces rares
œuvres qui nous restent ne lui sont même pas entièrement,
exclusivement propres. Le tombeau du duc et de la du-
chesse de Bretagne (1507-1510) à Nantes, où cet imagier

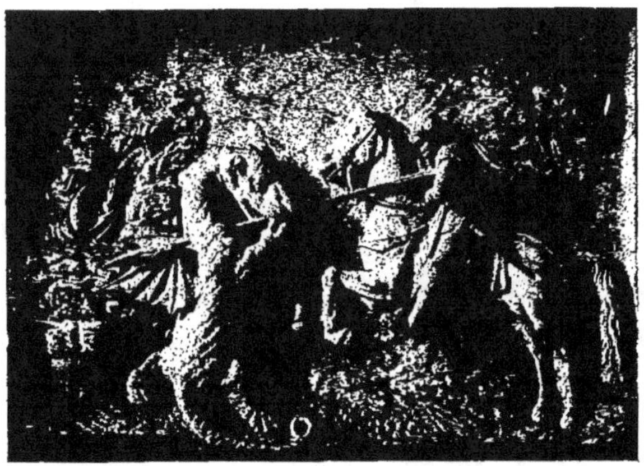

Fig. 113. — MICHEL COLOMBE. BAS-RELIEF DE SAINT GEORGES (1508-1509)
(*Musée du Louvre*)

Provenant du château de Gaillon. Marbre italien, et réminiscence d'un bas-relief de Donatello à Florence. Mais art bien français par le style et les détails. Bel exemple de bas relief
pittoresque, avec des lointains, rochers, ruisseau, le nuage et la mer.

de pure souche indigène a taillé les grandes figures, les
deux gisants au visage apaisé et les quatre Vertus qui
veillent sur leur dernier repos, a été conçu par un Français italianisant, ami de Léonard de Vinci, Jehan Perréal ; l'idée des Vertus est italienne ; les fines arabesques
ont été taillées par des Italiens ; le marbre même est
italien. Le grand artiste-ouvrier a sculpté selon son cœur,
et sa part est la meilleure. Mais d'autres ont « devisé ».
Son saint Georges (fig. 113) a probablement connu celui

de Donatello, par un dessin peut-être ? Il n'en a que plus de mérite à être resté un vrai chevalier français, monté sur gros roncin pour défendre contre une Tarasque une dame de la cour d'Anne de Bretagne.

Même collaboration au joli tombeau des enfants de

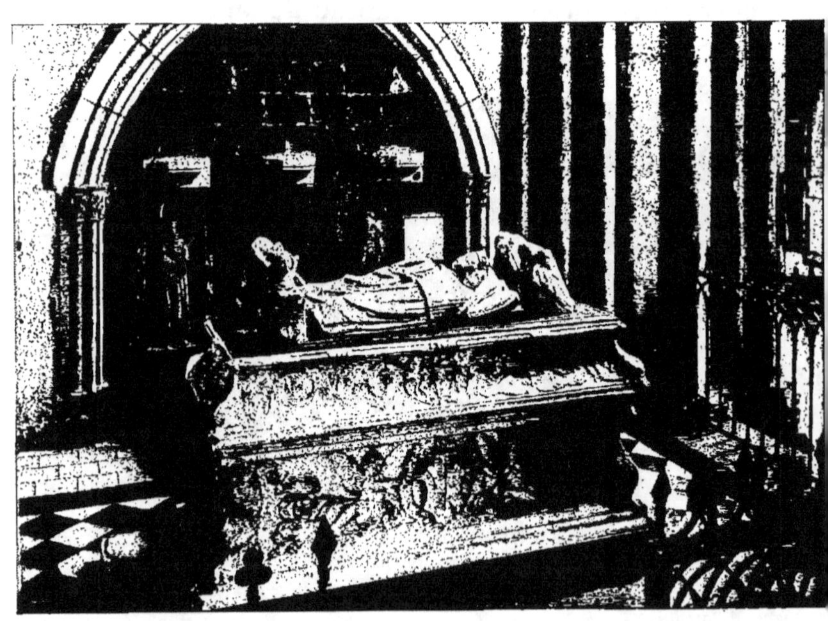

Fig. 114. — TOURS. Cathédrale. Tombeau des enfants
de Charles VIII (terminé en 1506).

Juxtaposition harmonieuse de deux arts : art français et traditionnel des petits gisants, art italien du sarcophage (forme et décor). Marbre italien.   *Photo N. D.*

Charles VIII (vers 1508) dans la cathédrale de Tours : un Français a sculpté, à la française, les délicieux petits qui dorment leur dernier sommeil sur le sarcophage ; mais celui-ci est d'une forme inédite chez nous, il est orné de rinceaux très souples où Hercule et Samson, frères en muscles, se démènent, entre des gueules de dauphins onduleux (fig. 114). Voilà l'Italie ! Aux clôtures de chœur, comme à

celle d'Amiens dans l'histoire de saint Firmin et de saint
Jean-Baptiste, grouille une vérité pittoresque et touffue.
Nous sommes tout à fait chez nous parmi ces bonnes gens
du temps du roi François, Premier du nom, qui se pressent en perspective montante comme dans les petits reta-
bles flamands (fig. 115). Mais au jubé de Limoges le muscle

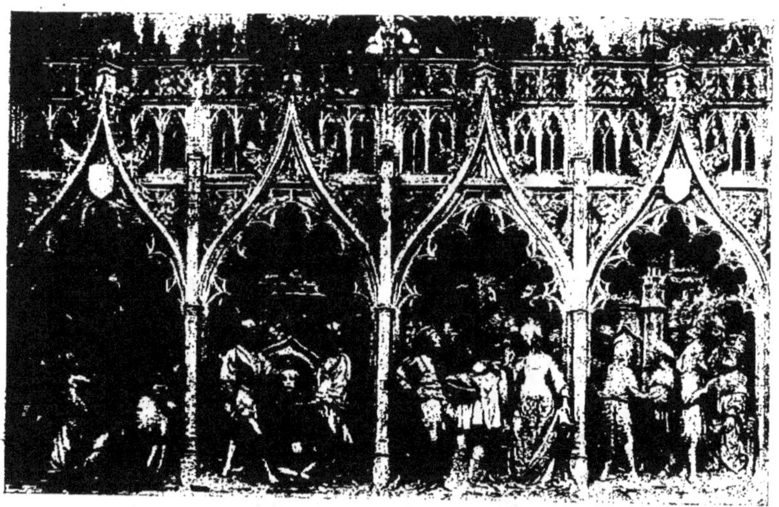

Fig. 115. — AMIENS. Cloture du choeur de la cathédrale.

Histoire de saint Jean-Baptiste (1531). Survie du gothique flamboyant aux arcatures. Composition pittoresque des scènes, réalisme des figures et du costume moderne. Polychromie.
— Style des rétables septentrionaux.   *Photo Lévy.*

héroïque apparaît de nouveau avec Hercule, échappé des
plaquettes de Moderno, et autour de lui court la broderie
légère des rinceaux du Rinascimento. A Rouen, un Français sculpte le gros cardinal Georges d'Amboise priant sur
son tombeau; les mains de disciples de Michel Colombe se
discernent çà et là, dans le Saint-Georges, dans les petites
Vertus au front bombé... Mais candélabres, arabesques
et grotesques, viennent de « par-delà », du côté de la

Chartreuse de Pavie (fig. 116). A notre brave et bonne sincérité se frôle le sémillant désir de plaire.

Même complexité dans les grands thèmes plastiques.

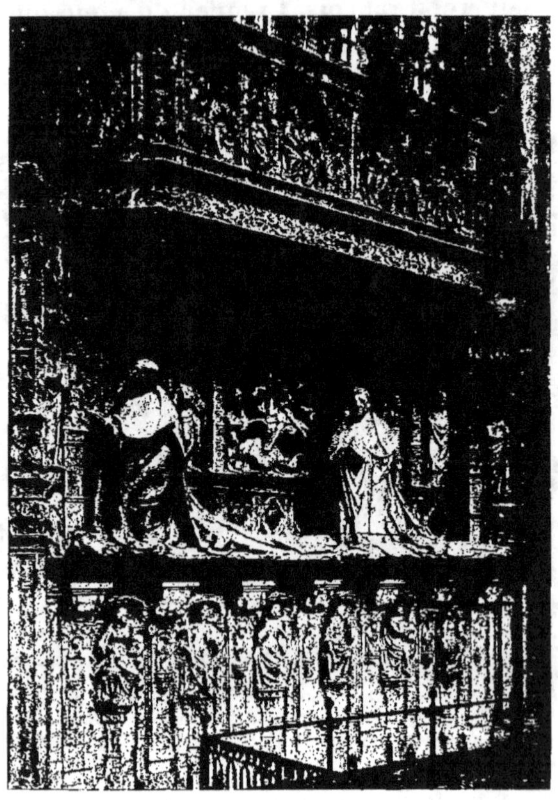

Fig. 116. — ROUEN. CATHÉDRALE. TOMBEAU DES CARDINAUX D'AMBOISE.

Commencé en 1520. Le défunt est un priant et non plus un gisant. Luxuriante décoration, où se mêlent les motifs traditionnels et les motifs de l'Italie du nord. Transition insensible du grotesque à l'arabesque, du pinacle au candélabre et du dais à la niche. *Photo M. H.*

Les plus pathétiques de la fin du Moyen Age, Sépulcres et Vierges de Douleur, sont encore plus florissants que naguère, et l'intensité reste la même. Mais le parti du costume est plus large, plus régulier le visage. Cet art évolue

lentement, comme toujours l'art populaire : il s'attache
plus à l'expression qu'à la forme et à l'habileté technique.
Art populaire aussi les innombrables Vierges et Saintes,
en qui survit la sincérité expressive, le charme tendre de

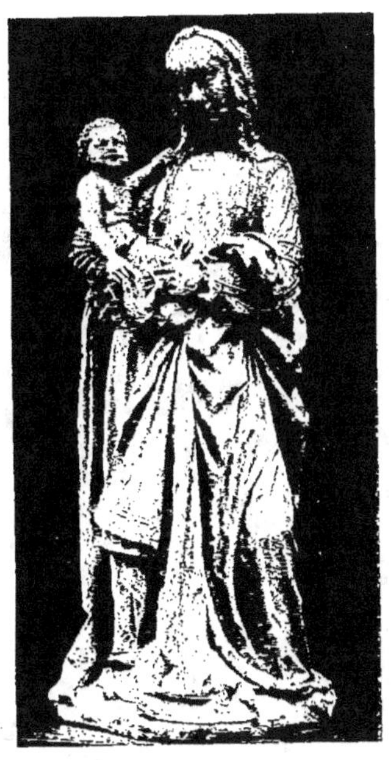

Fig. 117. — VIERGE DE SAINT-GALMIER (DÉBUT DU XVI° SIÈCLE).

Traditionnalisme du style dans les thèmes populaires. Visage typique par la tendresse du
sentiment et du modelé. La Vierge très supérieure à l'enfant comme toujours.   *Photo N. D.*

jadis. Près de la blonde Loire, il s'enveloppe d'une suavité
de lignes et de modelé qui décourage l'analyse. Le visage
de la Vierge de Saint-Galmier (fig. 117), très fondu, est
aussi prenant qu'une madone de Luini. Mais il est plus
sérieux et bien de chez nous : derrière les yeux mi-clos
et le petit front convexe la pensée se recueille, comme au
Moyen Age. Certaines œuvres provinciales, surtout dans la

traditionnaliste Champagne avant l'arrivée de Dominique Florentin, sont délicieusement « nature » avec un accent patoisant très prononcé (fig. 118). Il faut étudier de près le style, la technique, dans les plans et les plis, pour s'apercevoir que de la mort de Michel Colombe à celle de Guil-

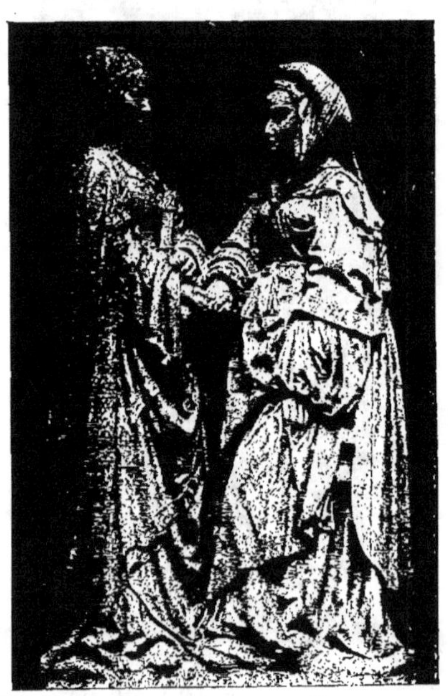

Fig. 118. — TROYES. ÉGLISE SAINT-JEAN. LA VISITATION (VERS 1520).

Art champenois, d'accent local très prononcé. Goût familier et pittoresque. Bonhomie charmante de l'art gothique, surtout en cette région, au moment où va intervenir l'influence italienne. *Photo N. D.*

laume Regnault († 1532) le temps a tout de même marché.

Mais c'est toujours dans le tombeau, devant la Mort, que se marque le mieux l'attitude de l'art. Là il se recueille. L'intéressé ou les siens sont exigeants pour une œuvre où il reposera jusqu'au jour du Jugement. Sans doute le type ancien demeure, comme aux tombeaux des Bastarnay à Montrésor et de la délicieuse Roberte Legendre au

Louvre, si paisible, et encore si tendre dans son sommeil.
Le Tourangeau Guillaume Regnault a finement modelé
le visage dans le marbre (vers 1524) avec un réalisme très
discret : c'est le goût du terroir et celui de Michel Colombe.
Mais le tombeau fait aussi fraterniser devant la mort
les motifs comme les formes. Le gisant vient tout droit
du Moyen Age; mais le voici qui se relève pour prier
à genoux sur le sommet de l'édicule où pourrit sa dépouille.
Or le « priant », connu au Moyen Age, avait été jusqu'ici
assez peu pratiqué. Il va devenir d'autant plus fréquent
qu'il est un très beau motif plastique par le mouvement
des formes et la cadence des plis. Les pleureurs encapu-
chonnés survivent çà et là : quelle note du passé que cet
impressionnant motif de deuil! Mais ils sont les derniers.
A Nantes et à Rouen, les voici tout réduits, recroquevillés
en des nichettes circulaires au bas du sarcophage ou sur
des consoles. Ils s'appuient à un fond ornemental en « co-
quille »! Le lugubre cortège n'est plus qu'un décor. Sous
le gisant du cardinal Briçonnet à Narbonne (1523), hor-
riblement grimaçants, ils semblent pleurer leur propre
mort. En revanche, les Vertus du défunt illustre, on le sait,
l'assistent près de son sommeil : pensée d'orgueil qui
nous vient d'Italie. Ainsi le deuil s'en va, l'orgueil s'étale ;
et il va exalter la forme même du tombeau. Les Juste inaugurent dans l'abbaye royale de Saint-Denis pour une sé-
pulture royale, celle de Louis XII (1517-1534), le type
triomphal et oratoire qui va bientôt s'imposer (fig. 119).
Pendant que l'idéal colombien, fait surtout de tradition
gothique affinée, était perpétué par les élèves ou disciples de Colombe jusque vers 1540, d'autres italiens,
comme Benvenuto Cellini, viennent installer à l'hôtel de
Nesle le goût florentin, le dessin élégant et la forme ner-
veuse. Mais ils n'agiront que sur la génération suivante.

Au temps de François Ier, du reste, la sculpture reste pauvre. On la dirait déconcertée entre la fin de la tradition et l'invasion du goût ultramontain. Elle semble se recueillir pour la magnifique floraison du règne de Henri II.

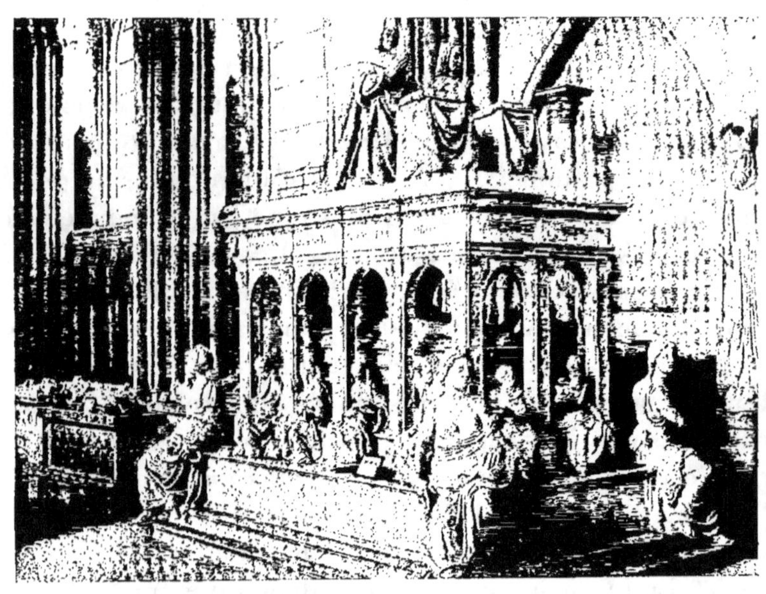

Fig. 119. — SAINT-DENIS. Tombeau de Louis XII
et d'Anne de Bretagne (1515-1531). Église abbatiale.

Art franco-italien. Premier exemple, sinon du tombeau double, du moins du tombeau triomphal. Les gisants sous le portique, les Apôtres et les Vertus tout autour, les priants sur la plateforme, les exploits en bas-relief au soubassement. Esprit chrétien, orgueil de la Renaissance, faste monarchique.   *Photo N. D.*

La grande peinture a malheureusement presque disparu. Mais durant les vingt premières années du siècle la miniature, fille du Moyen Age, reste encore vivace. Elle lutte contre la vignette, comme le manuscrit contre le livre imprimé. Entre ses feuillets d'azur et même d'or fin c'est bien l'odeur de la Touraine, de celle de Jean Fouquet, qui demeure; mais çà et là s'exhale le parfum pénétrant de l'Italie. C'est la hantise de Léonard lui-même que l'on retrouve dans les miniatures attribuées à son ami, le mystérieux Perréal. La poésie léonardesque des fonds de

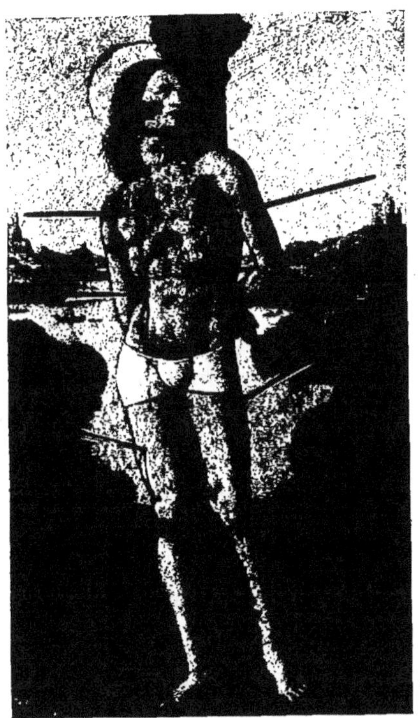

Fig. 120. — JEAN BOURDICHON. MINIATURE DES HEURES D'ANNE DE BRETAGNE (1508).
(*Bibliothèque Nationale*)

Saint Sébastien. Influence de la miniature tourangelle du XVᵉ siècle et de Fouquet. Influence de la peinture italienne dans l'attitude et le modelé du nu. Savoureux mélange de la tradition française et du goût nouveau.

la « Sainte Anne », alors en France, se reconnaît dans certains paysages de la « Guerre Gallique » par Godefroy Le Batave, à côté d'autres paysages de caractère flamand. L'ingénuité des « Héroïdes » d'Ovide se relève çà et là de souvenirs de Pollajuolo, de Botticelli même, et encore de

Léonard. Décidément, si l'on se rappelle qu'Andrea Solario est venu peindre au château de Gaillon, où il laissa la délicieuse Vierge au coussin vert, on est frappé des effluves de suavité que nous envoie l'Italie du nord. Quand le grand vieillard lui-même arrive en France, en 1516, apportant sans doute avec la Sainte-Anne et le Saint-Jean-Baptiste le portrait de Monna Lisa, il dut être surpris de voir cette peinture du nord, qu'il pouvait croire purement linéaire, devenir selon les expressions qu'il aime « gientile » par la « leggiadria e la gratia ». Si nos peintres, tel Perréal, sont séduits par l'art léonardesque, c'est que son charme était l'idéal secret, bien que lointain, de notre gothique finissant. Un parfait exemple de cette rencontre franco-italienne est Jean Bourdichon, Tourangeau comme Jean Fouquet et Michel Colombe (fig. 120). Il décore les Heures (1508) d'Anne de Bretagne d'un art très gothique encore, timide et tendre, féminin, épris de doux nocturnes. Le septentrionalisme est là, dans ces bordures à la flamande où de vrais insectes courent sur les fraisiers, dans le type humain même, où il s'atténue de grâce tourangelle. Mais voici de beaux corps d'éphèbes, à la fois doux et fermes, venus de la peinture ombrienne, des modelés moelleux à la façon milanaise ! De fiers portiques surplombent les scènes de l'Évangile. Mais cette délicate complexité dure peu : avant que François Ier ne meure on verra se heurter l'École italienne de Fontainebleau et celle de nos portraitistes français, braves et bonnes gens aussi honnêtes que des flamands; et ce heurt émouvant sera presque toute l'histoire de la Peinture dans la deuxième moitié du siècle !

CHAPITRE II

LA DEUXIÈME MOITIÉ DU SIÈCLE.
LA RENAISSANCE CLASSIQUE.
L'INDÉFECTIBLE ORIGINALITÉ FRANÇAISE.

La hantise de l'Antiquité et de l'Italie moderne. — Le culte de
l'Homme. Les dieux de la Mythologie; le Nu. Le rêve
de la Renaissance : helléniser le Christianisme. — Le culte
de la beauté formelle. — Le culte du Héros et de la Renommée. — Le culte de la Science. — L'Architecture et la
passion des « ordres ». Edifices religieux et civils.
L'Idéal plastique et la Vision nouvelle de la forme humaine. —
Les modèles antiques, le goût florentin, le style de Fontainebleau.
— Les nouveautés techniques. — La conception nouvelle du
tombeau. — Les grands artistes : Pierre Bontemps, Germain
Pilon, Ligier Richier, Jean Goujon, Nicolas Bachelier.
La Peinture. La fin du grand style monumental : le souci de la
science, la recherche de la profondeur, le règne du tableau. —
L'Ecole italienne de Fontainebleau et ses prestiges. Le Primatice. — L'Ecole française des portraitistes : véracité et
analyse. Les Clouet. — L'épanouissement du dilettantisme
et les arts décoratifs. — Conclusion sur la Renaissance. Son
caractère nécessaire et universel ; la conception moderne de l'originalité.

Nous y voici parvenus. Le mouvement qui entraînait
notre art vers l'Italie et l'Antiquité se précipite. Il était
fatal. C'est un rythme intermittent qui bat dans nos
veines de Français. Certes, l'esprit du Moyen Age ne disparaît ni dans l'inspiration ni dans la forme. Mais le
compromis savoureux cède peu à peu devant l'obsession
d'une beauté nouvelle : celle qui nous vient des pays de
lumière baignés par la Méditerranée. L'art reste aussi

français, mais il l'est autrement. La vraie Renaissance, la voilà. Le reste n'en était que le prodrome. C'est donc ici que l'histoire de l'art devrait insister. S'il s'agit, en effet, non d'esthétique mais d'histoire, non de jugements mais de faits, ce qu'il y a de plus intéressant dans une œuvre ce n'est pas ce qui tient au passé, mais le symptôme, puis l'épanouissement de la nouveauté.

La nouveauté, la voici. C'est d'abord la passion de la mythologie, d'ailleurs tournée vers l'allusion moderne. Paganisme d'imagination, qui dans un pays chrétien et français, dans la bonne ville de Paris, en l'honneur du Roi Très Chrétien Henri II, lors de son Entrée solennelle (1549), dresse en pleine rue un temple aux nymphes des fontaines, avec inscription votive en majuscules romaines! A sujets nouveaux (ou du moins mieux compris et plus aimés), formes nouvelles. Ce que les artistes recherchent dans ces fables si plastiques, c'est le déploiement de beaux corps dans la lumière. Le nu glorieux va régner dans l'art classique, parce qu'il résume la beauté du monde; le nu féminin surtout, que Villon n'admirait encore qu'en poète, et qui relève sa valeur d'art du goût de la volupté. Quand il est voilé, la draperie le souligne en se collant à ses formes. Son dessin désormais aura moins de primesaut, mais plus de rythme. Ils ont cru à la mythologie en artistes, avec l'allégresse d'une époque jeune qui retrouvait la jeunesse heureuse de l'humanité, avant la condamnation de la chair, avant la conscience du péché, avant la douleur. Jusque dans l'Église, en mémoire du Roi défunt et pour porter l'urne où repose son cœur, Catherine de Médicis fait dresser par Germain Pilon les « Charités » demi-nues.

La conséquence, c'est le culte de la beauté formelle. Au Moyen Age, par exemple dans la statuaire de Reims, le corps

est la projection spontanée de l'âme. C'est elle qui modèle
le visage. A la fin même le caractérisme sévit, le grand
art devient douloureux et sanglant, l'arabesque du corps
se déjette, les traits se convulsent. Il n'y a alors de beauté

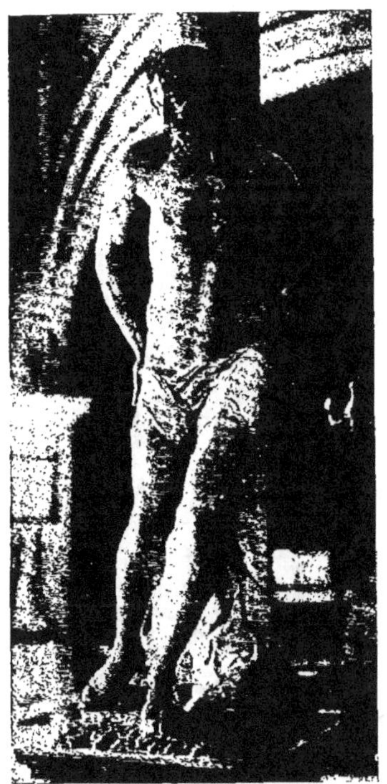

Fig. 121. — TROYES. ÉGLISE SAINT-NICOLAS. LE CHRIST A LA COLONNE.

La beauté et la vigueur intactes jusque dans le martyre. Tendance à l'académisme. Peut-
être influence lointaine du Christ de la Minerve de Michel Ange.   *Photo Brunon.*

que morale, dans le sentiment, et le sentiment va tout de
suite jusqu'à l'intensité. Désormais, il arrive que le Christ,
même au Prétoire, a la beauté d'un Héros ou d'un athlète.
Tel celui de l'Église Saint Nicolas à Troyes (fig. 121). Sous la
couronne d'épines celui de Ligier Richier souffre indicible-
ment, mais une harmonie secrète règle la contraction de ses

traits. Le sépulcre de Saint-Mihiel atténue (même trop) l'horreur funèbre, comme d'un euphémisme. Rien n'est significatif comme de rapprocher la Vierge de Douleur de Montluçon et celle de la cathédrale de Rouen par Etienne

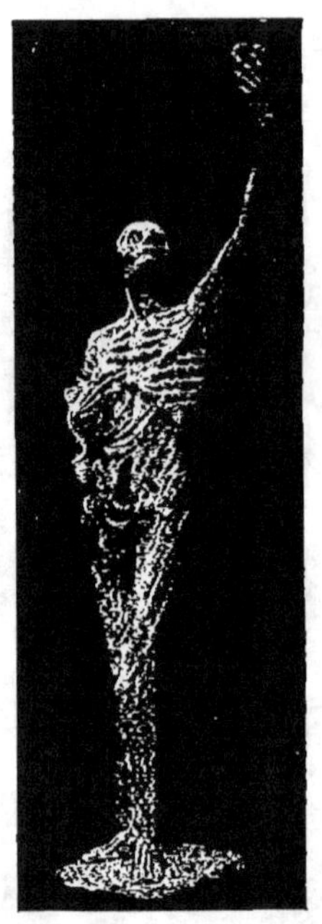

Fig. 122. — LIGIER RICHIER. LE « TRANSI » DE RENÉ DE CHALONS
(ÉGLISE SAINT-PIERRE, BAR-LE-DUC).

La hideur de la mort dans le cadavre décharné, mais « sauvée » par la fierté du geste, le rythme de l'attitude et la science de l'anatomie. — Statue commandée en 1547.
Photo Martin-Sabon.

Desplanches. Là, c'est une pauvre maman en détresse, tenant sur ses genoux un cadavre sec et raide comme du bois. Ici la douleur reste belle, et le corps, pour rester beau, a gardé la souplesse et l'élasticité de la vie. Le squelette même a de la superbe : le transi pourri de René de Châlons est debout, non gisant (fig. 122). Musicalement « hanché », il offre son cœur à Dieu d'un geste de proclamation.

La Renaissance a donc fait un des plus beaux rêves de l'humanité : helléniser le Christianisme, réconcilier Apollon et Jésus. Désormais le Crucifié sera beau ou cherchera à l'être : ça ne l'empêchera pas de saigner, ni souvent d'être émouvant. Il était généreux de vouloir fondre ensemble les deux grandes civilisations que le commun se figure opposées. Ce rêve, le premier Christianisme l'avait réalisé dans l'art des Catacombes par la vertu même des temps. L'Italie le refaisait depuis le début du siècle, avec Léonard, Raphaël, Michel-Ange. La France s'y essaie à son tour. Mais que c'est difficile ! Tantôt l'intense pathétique du Moyen Age l'emporte : et alors c'est le Saint-François de Germain Pilon, éperdu d'extase, entre bien d'autres. Tantôt on penche vers l'académisme, comme les disciples français de Dominique Florentin en Champagne, ou vers le maniérisme comme les Apôtres d'Anet. Mais chez les plus grands le miracle s'accomplit plus d'une fois : le « priant » du chancelier de Birague au Louvre, agenouillé sur son tombeau, concentre en lui les aspirations de deux mondes.

En dehors même du Christianisme, il s'agit de réaliser par l'antique, interprété à l'italienne, le type et l'expression modernes. Est-ce parce que du haut de la cathédrale les personnages avaient à se pencher ? Toujours est-il qu'à l'époque gothique le corps vient un peu en avant. Rodin, qui l'a longuement étudié, disait qu'il se creuse légèrement en forme de console. Désormais il se redresse, pour offrir à la lumière plus de surfaces. Tel il est, torse en avant, dans les trois Grâces de Germain Pilon et les Vertus cardinales de son École, chez les Cariatides de Jean Goujon, chez les Vertus du tombeau de Henri II ou le « Transi » de Ligier Richier.

Cette Renaissance est surtout amoureuse de la femme.

Aussi en a-t-elle renouvelé l'image. La beauté féminine
devient flexueuse comme une liane, ou plutôt comme l'A-
riane endormie, dont le moulage fondu en bronze était
à Fontainebleau depuis 1540. La nymphe couchée de
Cellini, les longs corps onduleux étalés par le pinceau du
Primatice sur les parois du palais, propagent cette mode
séductrice : elle introduit dans l'art français une vision
de souplesse sinueuse, de ligne féminine abandonnée, qui
restera. Prudhon et Ingres s'en sont souvenus. A l'ancien
ascétisme se substitue la plénitude des formes. Le Moyen
Age avait atténué les rondeurs de la poitrine et des han-
ches, même quand la Vierge n'est qu'une maman avec son
bébé sur le bras, tout près du sein. Désormais elles s'étalent dans l'art devenu païen, comme des beautés formelles.
Les Grâces de Germain Pilon sont râblées, avec des che-
villes fines. Les épaules, jadis en forme de clocher, et encore
coulantes dans quelques tableaux de l'École de Fontainebleau, tendent à se relever. Chez l'homme elles élargissent
le torse, où bat le cœur d'un héros. Le type héroïque, en
effet, va devenir commun. L'ovale du visage féminin s'allonge.
Le front, jadis bombé et découvert, qui semblait ne ren-
fermer qu'ingénuité, s'aplatit comme un mur de marbre.
Les sourcils dessinent des arcades nettes au-dessus des
yeux qui s'enfoncent : c'est un dessin architectonique. La
fameuse rectitude « grecque » du front et du nez nous
arrive d'Italie par Fontainebleau. Bref, santé physique
pour le corps, même quand il souffre, même quand il « gît »
dans la mort, précision ferme pour le visage qui se durcit
légèrement, voilà des adieux nets bien que très lents à la
tendre beauté gothique (fig. 123).

La recherche de la beauté formelle peut mener l'artiste
à l'impersonnel, où s'évanouissent les particularités de la
race, de l'époque ou de l'individu. Or ce style généralisé

est la négation de la vie. Il est très vrai que la Renaissance
aspire à l'Idée : elle est un peu platonicienne. Idée, la
Charité sculptée par Dominique Florentin, italien, fils spirituel de Michel-Ange. Et pourtant qu'elle est exquise
encore ! Mais chez les Grâces de Germain Pilon comme
chez la Diane d'Anet, qui n'est pourtant qu'un Idéal du

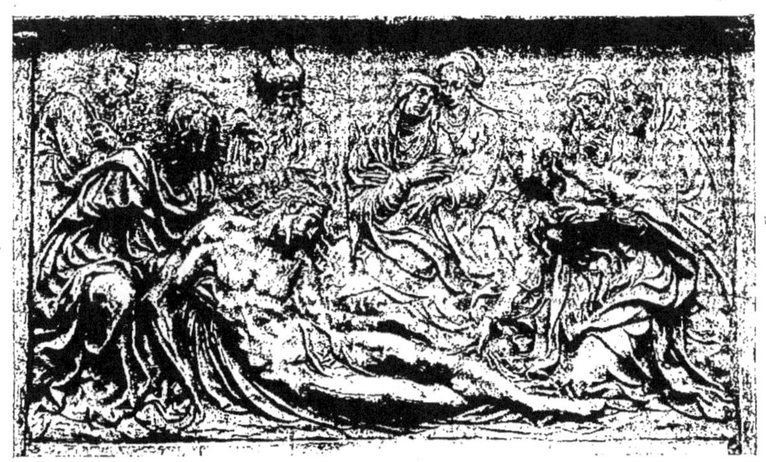

Fig. 123. — GERMAIN PILON. Déposition de la croix
(entre 1572 et 1585).
(*Musée du Louvre*)

La souplesse de la vie est restée dans le cadavre du Christ, admirablement modelé. Finesse élégante des extrémités. L'harmonieux lamento des plis. Recherche des belles lignes et
habileté des dégradations.   *Photo N. D.*

corps féminin, la mode du jour, rythme onduleux, dessin
des épaules, port de tête, coiffure de cour, tout a la
saveur de « l'actualité » française et parisienne sous le
règne du roi Très Chrétien Henri II. Malgré leur élégance,
certaines figures allégoriques ou mythologiques de Jean
Goujon, gros nez, lèvres fortes, restent des filles plé-
béiennes de Paris. A plus forte raison l'art iconique
échappe-t-il à l'insipide platonisme.

Mais le culte de l'homme, c'est avant tout celui du Héros

et de la Renommée. Il multiplie dans l'art la déesse ailée, tendant la palme ou embouchant la trompette. Il héroïse le portrait : en buste, en pied, et de plus en plus équestre selon l'exemple de l'antiquité. Brézé chevauche au faîte de son tombeau et le Connétable de Montmorency se cabrait au-dessus du portail de son château d'Écouen. Dans la rue, il développe, lors des Entrées solennelles, de magnifiques cortèges à l'image des Triomphes romains ; ce sont des bas-reliefs en marche, qui ont laissé leur trace dans la sculpture, la peinture, la gravure et la médaille. Il transforme même le tombeau : le défunt repose sous un portique ou un arc de triomphe, entre ses Vertus, dont la Force, et au milieu de ses exploits sculptés. La mort ici n'est que l'entrée dans l'immortalité à la faveur de la Gloire. Il y a alors dans l'art français une sorte de superbe toute païenne.

Le culte de la science, enfin, contribue à le renouveler. Au Moyen Age, il partait de la spontanéité du cœur ; et, quoique très savant, subordonnait tout à l'expression. Certes ces qualités profondes ne disparaissent pas, mais voici que les règles les canalisent. L'art expressif d'autrefois devient canonique. On sent chez tous l'usage d'un canon proportionnel, générateur infaillible de beauté. Jean Cousin en donne les chiffres, probablement d'après les données de Vitruve et des esthéticiens italiens. Voilà donc la beauté proportionnelle et chiffrée qui entre dans l'art, en invoquant la souveraine autorité des Grecs, qui disaient : Ζεὺς ἀεὶ γεωμέτρει, Dieu géométrise toujours ! Inutile de dire que chez tous nos artistes il ne reste de cette mathématique qu'une élégance de plus. L'instinct spontané de la vie les préserve de l'abstraction. Chez Germain Pilon, par exemple, la déformation s'affiche, quand le sentiment le veut. La perspective est une autre science. Figurer des

monuments ou des corps humains déployés en profondeur
dans l'espace est leur passion. Cousin en a même fait un
livre. L'orgueil « scientifique » de creuser la distance pour
créer l'illusion, selon les règles, transforme le bas-relief
comme la peinture ; et voici revenir selon un rythme éternel l'évolution qui amena l'art grec au bas-relief alexan-

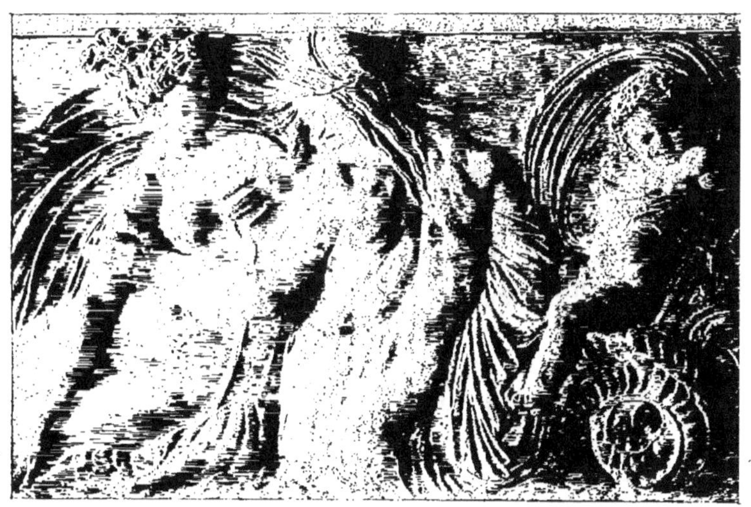

Fig. 124. — JEAN GOUJON. Fontaine des innocents (1549).
(*Musée du Louvre*)

Triton et Néréide. Paganisme mythologique, goût du nu, art très savant dans le « morceau » du torse. Dessin très souple qui, dans les draperies, cherche le style.

drin. Autres sciences enfin : le raccourci, l'anatomie.
Même en ce siècle de Vésale, ils ne semblent pas avoir
pratiqué la dissection, mais les gisants nus n'en sont pas
moins impeccables, sauf les entorses que l'art donne
volontairement à la science stricte afin de sauvegarder la
beauté sacrée. Si Germain Pilon n'hésite pas à faire
saillir les veines sur le cadavre de Henri II, c'est qu'il est
artiste dans l'âme ; l'appétit de la vie est plus fort que la

vérité de la mort! S'il contracte le muscle mastoïdien au cou du Christ ressuscitant (église Saint-Paul-Saint-Louis), c'est par une convention si spontanée que Puget la reprendra pour son Milon de Crotone : naturelle présomption de force à propos du Dieu qui vient de soulever la pierre du tombeau, et de l'athlète qui élargissait après le bûcheron la fente des chênes! Voilà donc de doctes disciplines, qu'on s'impose avec orgueil et qu'on expose dans des traités. On exprime ce qu'on sent, mais sans cacher ce qu'on sait. Aux heures de défaillance le péché de science dessèche l'œuvre, autour de l'atelier de Germain Pilon par exemple ou de Dominique Florentin, et l'on voit poindre alors l'académisme. Pour rester dans les belles œuvres, le dos du Triton sur le bas-relief de Jean Goujon n'est qu'un morceau de facture virtuose, mais superbe, et qui s'étale (fig. 124).

Les architectes font presque tous le pèlerinage d'Italie. Ce n'est plus la gracieuse Lombardie qui est le lieu saint, mais l'antique Rome dans sa majesté. Lescot, Delorme, Bullant, Du Cerceau, mesurent pieusement les ruines, puis contrôlent leurs découvertes par le traité fameux de Vitruve, autorité sacrée, interprétée à son tour par les ouvrages de Vignole et de Serlio. Après cela ils exposent eux-mêmes les règles de leur art en de doctes ouvrages illustrés de gravures. La doctrine et la pédagogie s'organisent sur l'étude de l'antiquité romaine et d'un ouvrage romain : autorités de déclin! Dans les monuments de l'Italie moderne, c'est encore le reflet de l'antique qu'ils cherchent.

Aussi les ordres deviennent sacro-saints. Mieux respectés dans leurs proportions modulaires, ils donnent à l'architecture la cadence, le rythme. Ici encore la beauté

canonique tend à remplacer la logique toute humaine,
l'échelle humaine, du Moyen Age. La Renaissance n'avait
pas à réhabiliter la colonne : le Moyen Age la dressait

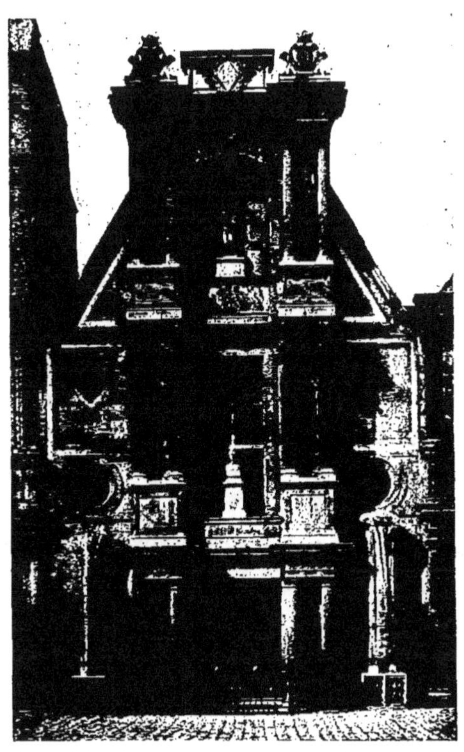

Fig. 125. — PHILIBERT DE L'ORME. Portique du chateau d'anet
(a partir de 1548).
Paris. Ecole des Beaux-Arts.

Majesté monumentale obtenue par la superposition romaine (Colisée) des trois ordres
classiques.   *Photo N.-D.*

dans ses salles capitulaires, dans ses cloîtres, parfois même
dans ses nefs. Mais elle tend à lui rendre son port antique,
qu'ennoblissait, à Rome, la solitude des ruines. Elle est si
musicale, quand elle tourne isolée dans l'espace et se

détache dans la lumière! Alors, elle est comme une personne, et sa beauté est presque humaine. Voici qu'elle supporte la voûte à Saint-Maclou de Pontoise, la coupole de la chapelle de la Toussaint dans la cathédrale de Toul et le portique de la chapelle du parc à Villers-Cotterets où, dit Philibert De Lorme, « jay faict ung temple ». Malheureusement on la réduit le plus souvent sur les façades à un rôle purement décoratif au lieu de lui laisser sa fonction organique. Quand les ordres se superposent suivant leur richesse croissante, comme au Colisée ou au palais Farnèse, la façade prend un caractère impressionnant de majesté : le portail intérieur d'Anet (fig. 125) et l'hôtel d'Assézat sont des modulations très originales sur le beau thème, qui deviendra malheureusement banal comme un lieu commun. Sur les colonnes ou pilastres, architraves, frises et corniches, développent leurs lignes filantes et coupantes. Au lieu de la luxuriance de naguère les surfaces deviennent tranquilles et recherchent la gravité des pleins. Les grands effets d'ensemble priment tout. L'arc et la plate-bande s'associent comme chez les Romains, surtout dans le motif·de l'arc de triomphe, qui hante superbement la pensée des maîtres : il met de la gloire antique au seuil du château; sur le passage du Roi, dans la rue, quand il fait son Entrée solennelle; il abrite le défunt illustre sous forme de tombeau; il ouvre même l'Église!

L'architecture religieuse respecte dans l'ensemble les formes du Moyen Age, comme à Saint-Étienne-du-Mont, mais elle donne parfois à l'Église l'entrée d'un temple : c'est le début des frontispices en placage sur un intérieur gothique. Alors aussi s'ébauche modestement la façade baroque à l'italienne, avec ordonnances superposées et ailerons. Timidement encore apparaît la coupole sur construction centrale : combinaison parfaite de formes

géométriques primordiales, le cercle et le carré, qui avait
séduit après l'Orient l'Italie de Bramante, de Raphaël et de

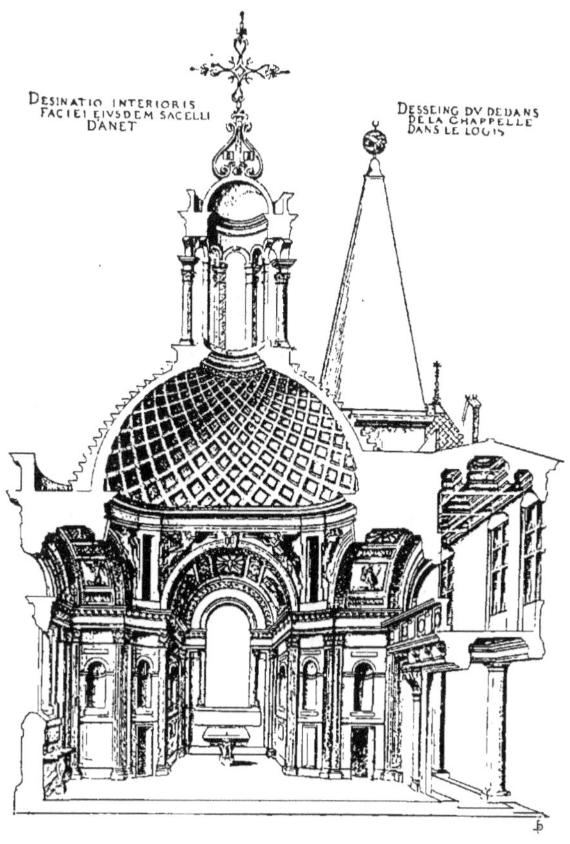

Fig. 126. — CHAPELLE DU CHATEAU D'ANET, COUPE DE L'INTÉRIEUR
(PAR PHILIBERT DE L'ORME).
d'après le dessin de Du Cerceau (Après 1548).

Formes antico-italiennes recomposées à la française. Croix grecque surmontée d'un dôme
à lanternon. Portique flanqué de deux tours à flèches d'aspect gothique.

Michel-Ange. La chapelle d'Anet (fig. 126) est une coupole
sur croix à branches égales; mais deux tours d'allure
gothique en flanquent l'entrée! Rien ne fait mieux sentir

combien nos maîtres français gardent d'indépendance dans l'enthousiasme.

Elle est bien plus sensible encore dans l'architecture civile, pourtant bien plus classique. C'est ici sans doute, peut-être à Chantilly, que commence l'application régulière des

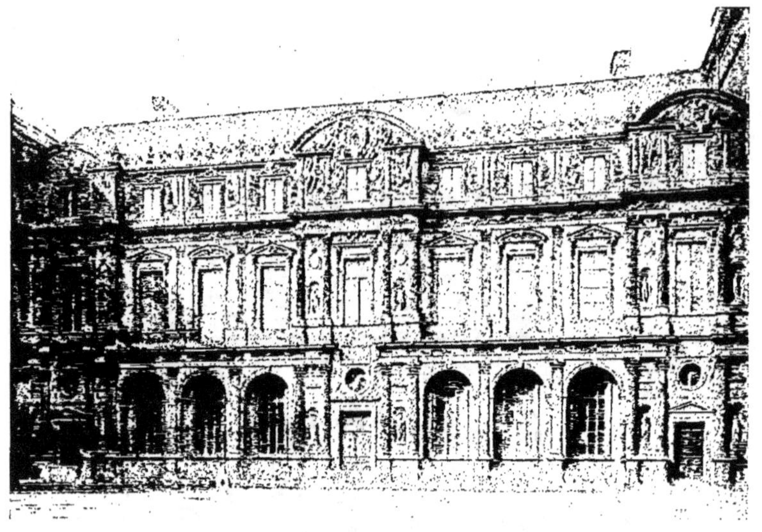

Fig. 127. — PIERRE LESCOT. LE LOUVRE (A PARTIR DE 1546)
AILE SUD-OUEST DE LA COUR CARRÉE.

Bel exemple des Ordres adaptés aux façades. Travée romaine en bas, puis étage noble sur stylobate à la Bramante, puis attique, enfin comble à la française, jadis plus haut. Riche décor, fait pour être regardé d'une petite cour.   *Photo M. H.*

beaux ordres antiques. Les maîtres se servent des formes antiques et italiennes dans leur exactitude modulaire, mais pour des besoins français et avec une originalité très personnelle. Le Louvre de Lescot (1546-1578), même avec ses ordres très canoniques distribués par étage sur stylobate à la Bramante, et son bel attique ; le château d'Anet de Delorme (1549-1560), celui des Tuileries (1563.....) de Delorme et de Bullant, celui d'Écouen (1556) de Bullant,

n'ont d'analogue ni dans l'antiquité ni dans l'Italie moderne.
Il y avait un comble à la française, non brisé, sur le
Louvre (fig. 127). Partout des formes médiévales demeurent.
Partout aussi des idées et des thèmes qui ne sont qu'à nos

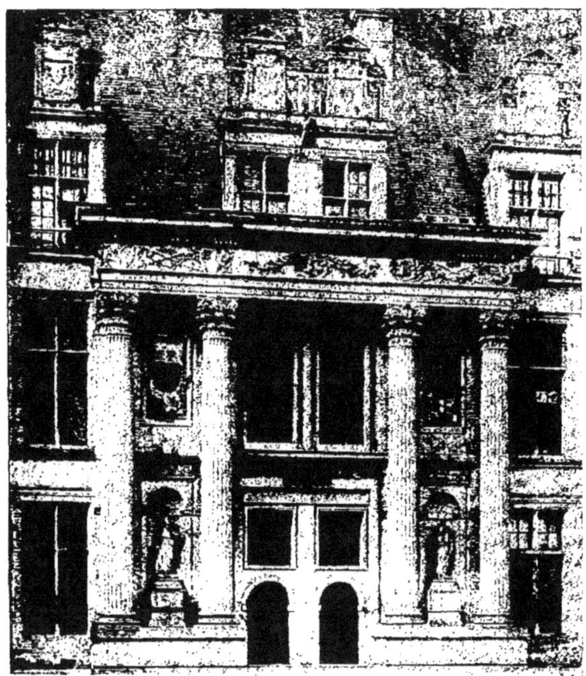

Fig. 128. — JEAN BULLANT. Chateau d'Écouen (1540-1552)

Le portique est une réminiscence des restes du temple de Jupiter Stator à Rome. Exactitude des proportions modulaires. Colonne traitée en « ordre colossal ».

maîtres. Philibert Delorme se glorifie d'avoir créé enfin
un ordre français de colonne, de ses tourelles en encor-
bellement et sur trompe, de ses coupoles, de ses couvertures en charpente. Delorme et surtout Bullant prati-
quent magistralement l'ordre colossal, qui condense le monument en reliant les étages (fig. 128). Du Cerceau à

Charleval et à Verneuil, et plus encore dans ses projets, répand le goût du fronton brisé, du ressaut, du bossage rustique, d'une richesse un peu lourde que soutiennent des Atlantes contractés. C'est l'aurore du baroque, qu'il trouvait dans les puissantes fantaisies de Michel-Ange, avidement adoptées par toute la Rome opulente de la Contre-Réformation.

Au moins aussi fécond est l'art plastique. Serait-ce qu'a-près la quasi-stérilité du temps de François Ier le voici stimulé par les modèles antiques, qu'on connaît mieux et en plus grand nombre? Le Primatice en va chercher des moulages en mission officielle, à Rome, en 1540. Sur l'urne funéraire de François Ier, à Saint-Denis, de petits bas-reliefs en médaillons figurent les Sciences et les Arts. Or l'un d'eux nous intéresse directement : on y voit des sculpteurs habillés « à l'antique, » ciseau à la main, copier une très fine Vénus antique, sans bras, exhumée des restes de la ville éternellement féconde, mère de la Beauté après Athènes. Il représente la Sculpture; c'est donc une profession de foi lapidaire. Mais plus pénétrante encore est l'influence du goût florentin. Florence, c'est la patrie du dessin, comme Venise de la couleur. Dessin précis et nerveux. La forme qu'il délimite y garde son élasticité, tous ses accents : c'est un vivant dynamisme. Sa séduction nous arrive par les peintres de l'École de Fontainebleau, toute imprégnée de l'esprit de Michel-Ange. Le géant domine notre art de la seconde moitié du siècle, comme celui de son pays. Il y avait d'ailleurs de ses œuvres en France, originaux et moulages. Posséder, avec le Laocoon, des sculptures du maître, fut le rêve de François Ier : n'était-ce pas sentir une parenté entre ces œuvres tourmentées? Du monde étrange créé par sa main puissante nous viennent, vulgarisées par le Primatice et par les florentins, par le Rosso, Rustici, Benvenuto Cellini, Dominique Florentin et leurs élèves, ces formes élancées aux muscles pleins, aux extrémités fines : têtes petites sur grands corps. Elles sont presque toujours en action. L'art savant y cherche l'occasion des fameuses oppositions de mouvements, qui vont devenir, hélas! durant trois siècles, un lieu commun d'ateliers. Il cherche à prendre possession de l'espace en déployant le nu en profondeur, dans le fracas des raccourcis. Qu'est devenu le grand calme de l'art gothique? Il s'accordait au monument immuable. Même vers la fin, dans les groupes douloureux, Pitiés et Sépulcres, le corps se présentait tout entier sous un seul aspect. Désormais, il se retourne sur lui-même pour offrir des attitudes contrastées et des parties en perspective. C'est ainsi qu'il faut regarder le Christ de Germain Pilon, les nymphes et la Mise au tombeau de Jean Goujon, la Diane anonyme d'Anet, etc... C'est que la statue s'est déprise de l'architecture; elle court l'indépendance, comme en Italie, à la recherche de tous les effets de la mobilité et de toutes les virtuosités de la science.

En dehors de l'influence de Michel-Ange et de Fontainebleau, Florence encore, Florence toujours. Si l'on découpe le haut du corps de Charlotte et de Claude de France à genoux sur le tombeau de Saint-Denis (fig. 129), on a des bustes féminins dont la finesse rappelle ceux de làbas, mais avec notre accent. Les deux génies funéraires qui éteignent leur flambeau près de Philippe de Chabot ont l'élégance un peu sèche des adolescents de Desiderio da Settignano.

D'Italie viennent encore des nouveautés techniques qui achèvent le contraste avec le Moyen Age. Chez nos maîtres le bas-relief est souvent très plat : c'est ce fameux stiacchiato florentin, qui ajoute à la ressemblance avec le tableau. Tel le Christ aux Oliviers de Germain Pilon. Tableau en effet, avec toutes les ressources du pittoresque, les plans nombreux, dégradés dans le lointain jusqu'aux nuages, qui ne sont plus qu'une fine gravure. La Peinture empiétant sur la Sculpture, quel reniement

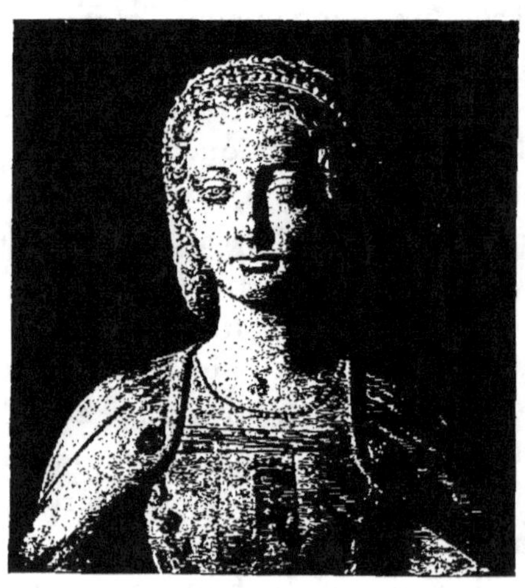

Fig. 129. — PIERRE BONTEMPS. Charlotte de France sur le tombeau de François Ier.
(*Eglise abbatiale de Saint-Denis*)

Vers 1550. Art fin et précis. On prendrait cette œuvre, ainsi découpée, pour un buste florentin.
Photo N. D.

du vieil esprit gothique ! Le modelage remplace la taille directe, comme le tableau à l'huile remplace la fresque. Gros événement encore : ère nouvelle ! L'imagier du xiiie siècle taillait bravement dans le bloc sa statue, sans technique intermédiaire : de là la largeur des plans et l'effet monumental. Désormais le sculpteur est un plasticien : il commence par pétrir la glaise. La matière ductile lui donne des effets pittoresques, qui passeront dans la dureté de la pierre ou du marbre ! L'essayisme, le goût du

rendu, vont entrer (lentement) dans l'art de haute tenue.
Il y a au Louvre une petite maquette du gisant de

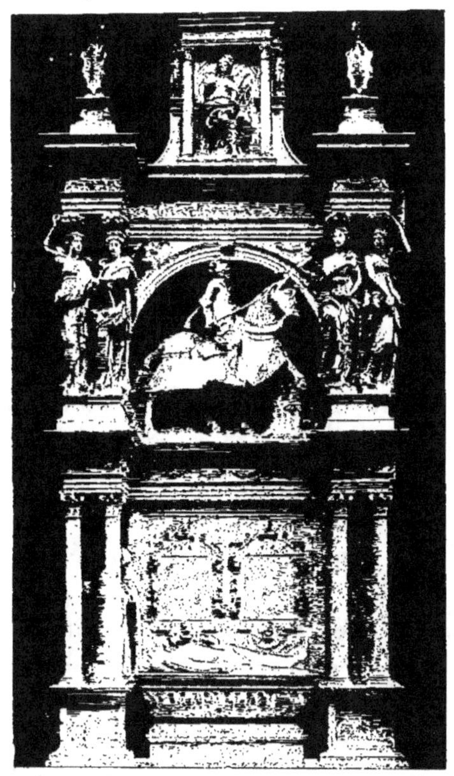

Fig. 130. — ROUEN, CATHÉDRALE. TOMBEAU DU DUC DE BRÉZÉ (1536-1541).

Type du tombeau double et triomphal. La pensée de la mort dans la statue du gisant, le sentiment de la gloire dans la statue équestre. Magnificence du monument à double étage portique et arc de triomphe, toujours à l'antique. Vertus-Cariatides.;

Henri II par Germain Pilon : le « faire » en est nerveux et vif. Bien qu'un peu refroidi dans le gisant définitif, en sent encore çà et là la souplesse de l'argile sous le pouce. Voilà pourquoi sans doute il garde, dans sa rigidité, quelque chose de vivant. Le modelage, c'est l'esprit de la sculpture moderne. C'était la technique de Michel-Ange et ce sera celle de Puget. Nous essayons aujourd'hui de réagir. Au Salon, quand un de nos statuaires fixe sous une œuvre de large facture ce cartel : « Pierre, taille directe », il proteste sans le vouloir contre la pratique dont la Renaissance a propagé l'habitude et rend hommage à celle des plus anciens imagiers. Alors aussi la matière impérissable, le bronze, fait concurrence au marbre pour éterniser la gloire des grands ou la beauté des dieux. De bronze, le chancelier de Birague sur son tombeau, bronze aussi les Vertus et les priants du tombeau de Henri II ; bronzes, les belles antiques dont Primatice avait rapporté les bons creux, fondues à Fontainebleau. La France aura des bronziers, comme Florence et comme Rome. Elle apprend avec passion la technique et les effets du métal illustre. L'époque suivante, dès Marie de Médicis, n'aura plus qu'à dresser sur la place publique, ainsi que Rome impériale, la grande statuaire de métal.

Mais cette fois encore rien n'est significatif de l'évolution comme la conception nouvelle du tombeau (fig. 130). Plus que jamais c'est devant la Mort que l'art livre le mieux son secret. Pour les princes celui de Louis XII à Saint-Denis (1517-1534), conçu par des Italiens, mais qui n'avait pas plus d'analogue en Italie qu'en France, avait donné le ton. Il se répercute, avec plus d'ampleur, dans les grands tombeaux de Henri II (1560-1570) et de François Ier (1547-1562). Certes la Mort et la Prière y restent présentes : ce sont les deux grandes notes chrétiennes. Il ne faut pas exagérer, pour l'antithèse, le paganisme de ces ensembles imposants (fig. 131). La Mort, c'est le transi sur la dalle, près du sol, dans l'ombre du portique sous lequel il repose. L'effet est saisissant, soit qu'on discerne le cadavre longitudina-

lement étendu, soit qu'en tournant on se trouve en présence de la tête révulsée, menton en l'air en effroyable
raccourci, ou en présence des deux pieds qui émergent
dans la clarté. La Prière, ce sont les « orants » à genoux,
recueillis, mains jointes, là-haut sur la plate-forme. Seule-

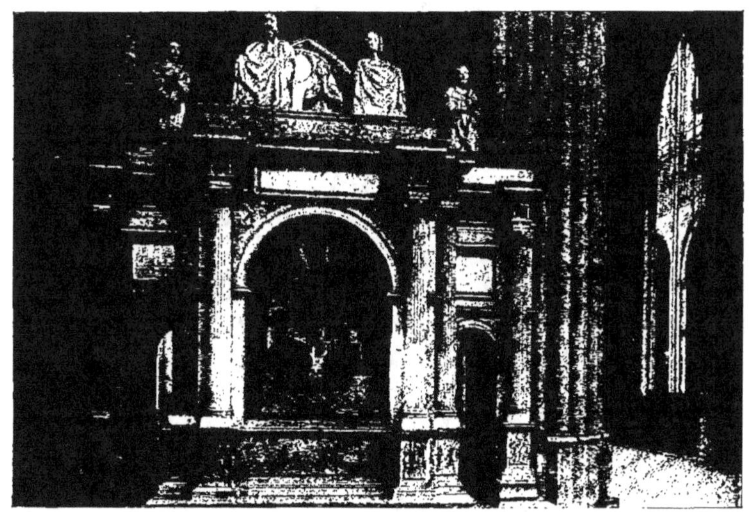

Fig. 131. — SAINT-DENIS. Tombeau de François Ier et de Claude
de France (1549-1560). Église abbatiale.

Architecture de Philibert de L'Orme. Pierre Bontemps est le principal sculpteur. Le tombeau
est un arc de triomphe, les victoires du défunt sont sculptées au soubassement, et les priants
dans leur faste monarchique dominent de très haut les gisants. L'immortalité, autant que la
mort, inspire les artistes.   *Photo Lévy.*

ment, le gisant est un nu admirable de modelé bien que
rigide, et d'anatomie cadavérique très savante (fig. 132).
Ces effigies funéraires sont uniques en Europe : jamais ne
furent aussi intimement unies, pour ennoblir la mort, la
beauté harmonieuse des proportions et la science physiologique, garantie par le docteur Richer. Les priants sont
dans tout l'appareil de la grandeur terrestre : tout le faste
de la Monarchie est épandu sur la traîne de leur manteau.

Jamais plus heureuses chutes ne furent offertes à un sculpteur épris de cadences.

Entre la terre et le ciel se dresse le portique triomphal.

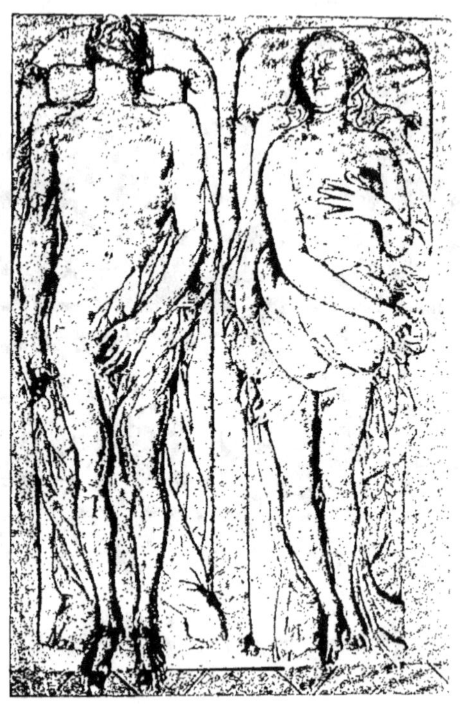

Fig. 132. — GERMAIN PILON : LES « GISANTS » DE HENRI II ET DE CATHERINE DE MÉDICIS (VERS 1570).
(Eglise abbatiale de Saint-Denis)

Le réalisme savant et émouvant de la statue de Henri II, tel que la mort l'a fait : l'audacieux mensonge de la statue de Catherine de Médicis, telle qu'elle était, vivante, quand elle commanda le tombeau. Le geste de la Vénus de Médicis. — La science anatomique.

Photo N. D.

Tout autour du mort les bas-reliefs narratifs du soubassement glorifient ses hauts faits. La forte leçon du Moyen Age est donc demeurée dans le monument funéraire, mais enveloppée de majesté antique et d'éloquence italienne. D'autres fois la Renaissance jette un défi à la

Mort. Catherine de Médicis gisante apparaît telle qu'elle
était quand elle commanda son effigie : grasse nudité qui
fait le geste pudique de la Vénus de Médicis (fig. 132).
Sur une autre dalle, Henri II et elle gisent en grand costume
royal, bouffis de graisse, comme étouffés sous cet apparat.
Superbe contresens, qui dépasse toutes les hardiesses du
Moyen Age ! D'autres fois encore le défunt, amiral de
Chabot ou capitaine de Magny, dort ou médite, appuyé sur
le coude. Beau thème plastique encore, dans la silhouette
assise ou couchée mais toujours détendue dans le repos,
avec les ressauts inédits de la hanche et des jambes. Un
artiste italien avait, en 1535, pour un prince de Carpi,
importé cette attitude originale, que les Toscans emprun-
taient sans doute aux Fleuves antiques penchés sur l'urne,
ou plutôt aux hypogées étrusques où dormaient leurs
ancêtres et qu'ils foulaient tous les jours.

La Renaissance est individualiste. Tôt ou tard les
hommes s'imposent à qui voudrait ne voir que les mouvements du goût et l'évolution des formes. Avec elle l'histoire de l'Art finit fatalement en celle des artistes.

De la délicatesse, une certaine réserve même dans le
pathétique, comme aux priants du tombeau de François Ier,
tel est l'art de Pierre Bontemps. C'est lui qui pratique le
mieux en présence de la mort l'euphémisme du sommeil :
témoin Olivier de Magny et peut-être Philippe de Chabot.
Dans la composition et le modelé du bas-relief il recherche
volontiers les qualités du peintre.

Germain Pilon (1535-1590), est l'héritier de nos grands
imagiers. Le transi de Valentine Balbiani a toute l'horreur du cadavre desséché : motif du Moyen Age, mais
traité avec toute la science moderne. Le Saint François en extase, le buste effrayant de Morvilliers d'après
le moulage pris sur le mort, la Vierge de douleur en terre

cuite, si désolée, sont d'une intensité profonde : on y entend des résonances prolongées. Pour communiquer l'émotion cet art déforme spontanément. La Vierge de Pitié (1583) du Louvre (fig. 133) a des mains, des doigts, indéfi-

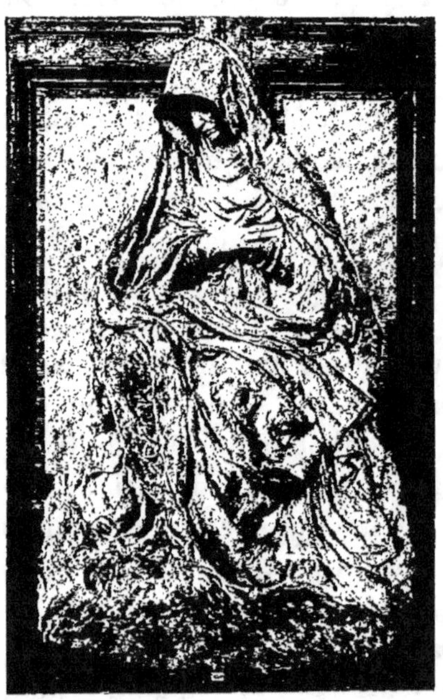

Fig. 133. — GERMAIN PILON. LA VIERGE DE DOULEUR (VERS 1586).
(*Musée du Louvre*)

Modelée en terre, et peinte. Art expressif, insouciant de la beauté formelle, et qui va, pour émouvoir, jusqu'à la déformation (les mains par exemple).   *Photo Giraudon.*

niment étirés dans l'argile encore molle, comme mouillée de pleurs. La vieille polychromie avivait encore l'expression. Mais l'urne où reposait le cœur de Henri II (1560) est soutenue par un trépied vivant, peut-être dessiné par Le Primatice : ce sont les trois « Charites » au sein nu, aux cuisses harmonieuses, et qui esquissent un mouvement de danse (fig. 134). La draperie à l'antique, collée au corps,

le dévoile savamment. Dans son École les Vertus cardinales qui portaient la châsse de sainte Geneviève sont
encore de l'orchestique païenne. Le Christ de Saint-
Paul-Saint-Louis a déjà l'athlétisme maniéré de l'école

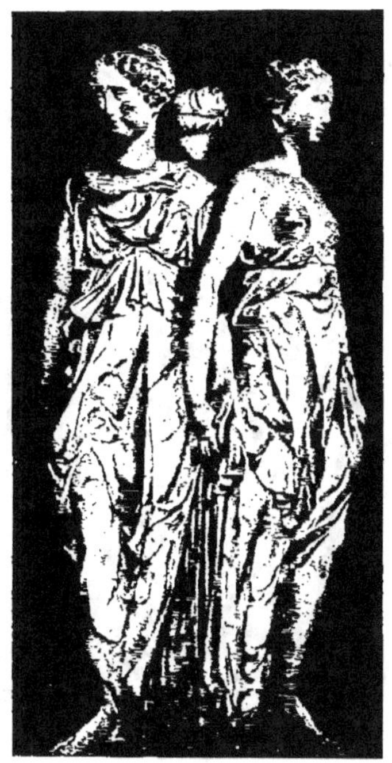

Fig. 134. — GERMAIN PILON. Monument du cœur de Henri II
(vers 1563).
(Musée du Louvre)

Chœur des Grâces ou « Charites ». Le nu païen, drapé à l'antique; pour un monument
funéraire et dans une église! Classicisme un peu froid des visages. — Groupe de pure
orchestique en forme de trépied.   Photo Alinari.

de Michel-Ange. Le chancelier de Birague est, dans son
réalisme, d'un très grand style : sa simarre de bronze,
jadis peinte en rouge, descend des épaules avec la cadence
d'une oraison funèbre classique (fig. 135). Le bas-relief du
Christ aux Oliviers a beau être dans la tradition du réalisme

pathétique, il est pénétré de l'esprit du bas-relief moderne : pittoresque dans ses plans, dans ses fonds, qu'on dirait caressés par le pinceau. Autour de la Mise au tombeau le lamento des lignes fait une symphonie qui épure la douleur. Toujours, la minceur effilée des formes et la

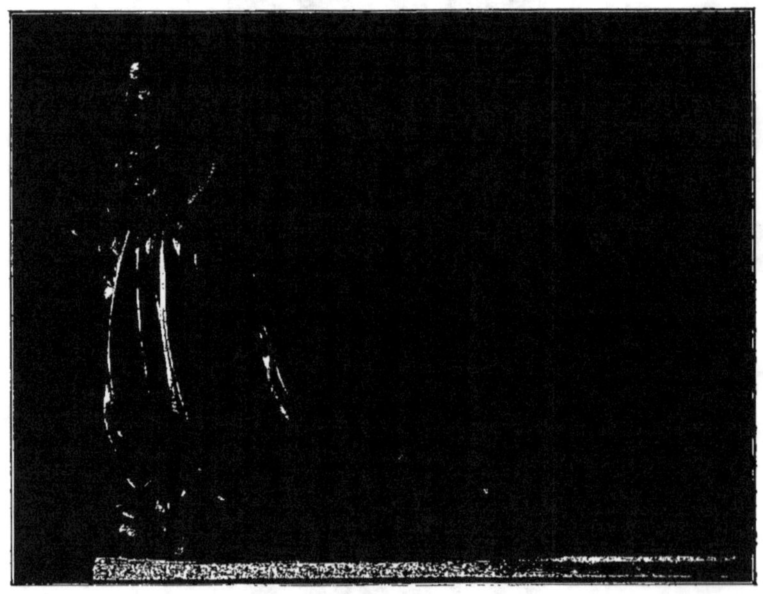

Fig. 135. — GERMAIN PILON. Tombeau du chancelier de Birague.
(*Musée du Louvre*)

Vers 1585. Caractérisme de la figure et développement oratoire du grand manteau. Art expressif du Moyen Age, mais aussi art éloquent de la Renaissance. — Bronze relevé de couleur. *Photo Alinari.*

finesse des extrémités rappellent le canon élégant de Fontainebleau.

Un autre imagier : Ligier Richier. Un vrai provincial cette fois, un lorrain, de cette Marche de l'Est où la Renaissance est toujours restée superficielle. Dans ses transis, crucifix, hardiment il creuse les ravages de l'agonie et de la mort. Le visage de Philippe de Gueldre est

une vieille pomme ridée, séchée par quatre-vingt-sept
ans de durée. Il a sculpté inlassablement le drame de la
Passion. Mais toujours il relève de noblesse le funèbre
de ces spectacles. J'ai dit la fierté souveraine du Transi de

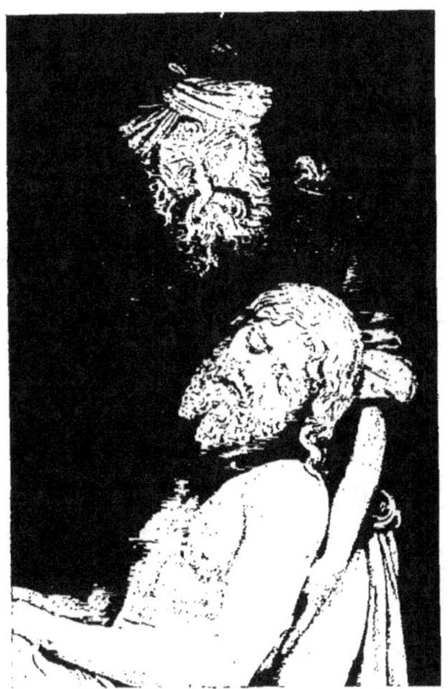

Fig. 136. — SAINT-MIHIEL. ÉGLISE. DÉTAIL DU SÉPULCRE, PAR LIGIER RICHIER.

Entre 1554 et 1564. Thème traditionnel. Art très ému encore, mais soucieux d'harmonie
dans son réalisme. N'est pas tout entier de Ligier Richier.   *Photo Martin-Sabon.*

René de Châlons, putréfié cependant par trois ans de
tombeau (fig. 122). Le Sépulcre de Saint-Mihiel (fig. 136)
affadit même un peu, par la recherche de l'élégance rythmée, par le coulant de certaines formes, la grandeur
lugubre de la scène. Tout, du reste, n'y est pas de lui.

Mais voici un Hellène. Sur la fontaine des Innocents
(1549), qui était et reste un petit temple, Jean Goujon a

14

taillé en bas-relief les Nymphes des sources (fig. 137).
Tout en elles, longue coulée des formes, ondulations des plis
pressés, dit la fluidité. La pierre évoque l'eau, mais d'un
dessin qui reste précis. Un sillon creux accentue çà et là
son tracé. La Tribune du Louvre repose sur des Carya-

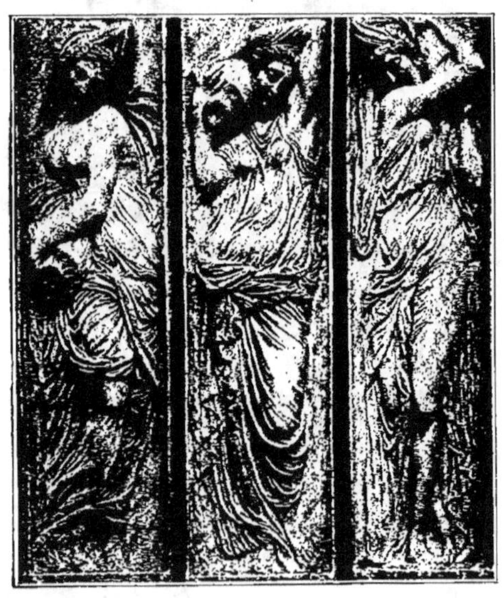

Fig. 137. — JEAN GOUJON. Nymphes de la fontaine des innocents.

Goût de la mythologie païenne. Élégance féminine et un peu maniérée. Draperies fluides
qui se collent aux formes. Art de dessinateur qui connaît le dessin florentin et primaticien.
Relief léger relativement aux proportions.

tides. Sans bras pour être monumentales, immobiles et
vaguement souriantes, elles sont un reflet lointain de
l'Erechthéion qu'il n'a pas connu, reflet intercepté par
les illustrateurs de Vitruve. Il y a chez lui une sorte
d'intuition de l'hellénisme. Un mystère attirant enveloppe
ainsi sa vie et les origines de son œuvre. Avec lui le grec
prime le romain, et cela est unique dans notre art entre
le xiiiᵉ siècle et Ingres. Il y mêle du reste la fine saveur
florentine et l'élégance de Fontainebleau. Les Victoires ou

Renommées d'Écouen (de son École), de Carnavalet, du
Louvre, disent les thèmes chers à son ciseau. Sur ces déités
féminines, étendues aux écoinçons ou debout autour
d'un oculus, les draperies légères se soulèvent au vent

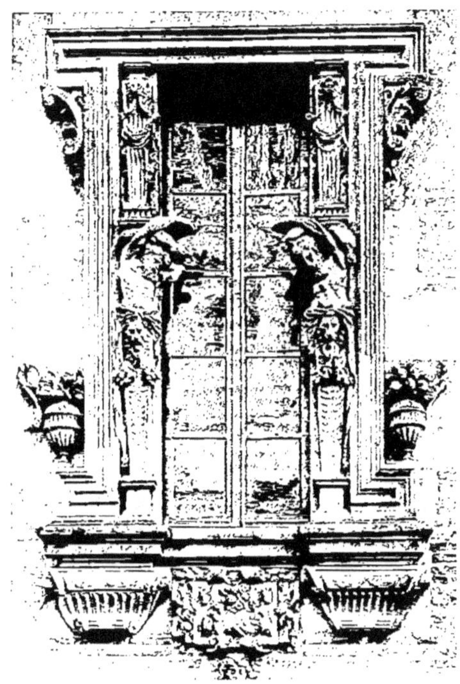

Fig. 138. — TOULOUSE. Hotel du vieux-raisin (1540-1557).

Atlantes tourmentés, torses musculeux très étudiés. Influence probable de Michel Ange. Décoration « Henri II » : cartel à volutes, masques et grotesques, vases et guirlandes de fruits.
Photo N. D.

du vol ou de la marche. Leurs plis ondulent autour d'elles,
un peu comme autour des Ménades qui bondissent sur
les bas-reliefs gréco-romains ou autour des anges « suo-
natori » d'Agostino di Duccio. Ce sculpteur a le génie du
dessin, la sensibilité exquise de la ligne. Aussi n'a-t-il guère

fait que du bas-relief, et plat : de la graphie sculptée. Derrière sa plastique on sent toujours le modèle sur panneau ou sur papier. Il paraît insensible au plaisir de faire tourner la forme dans l'espace avec ses trois dimensions, c'est-à-dire à la plénitude substantielle de la vie.

Dans le midi, les sculpteurs groupés autour de Nicolas Bachelier dressent sur les hôtels de la Renaissance toulousaine, aux chambranles des fenêtres et des portes, un peuple de Caryatides, d'Hermès, d'Atlantes, tantôt de gravité monumentale, tantôt tordus par l'effort sous le poids de l'architrave (fig. 138). Admirable motif plastique, qui associe intimement la forme humaine à l'architecture sans la vouer à l'immobilité! Il est partout alors, sur le meuble comme sur le monument. Ici, les souvenirs de Fontainebleau et ceux de Michel Ange s'unissent au goût méridional des beaux torses. C'est un sculpteur du midi, Puget, qui taillera pour une ville du midi, Toulon, les plus beaux Atlantes de l'art français. Enfin, c'est encore un peu de goût michelangélesque que l'on retrouve dans certaines œuvres du vigoureux Barthélemy Prieur. A tout prendre, si l'on cherche dans chaque époque l'œuvre qui caractérise le mieux, non ce qu'elle a fait réellement, mais ses plus extrêmes tendances, l'évolution sculpturale de deux siècles se résume en trois mots : idéal slutérien, idéal colombien, idéal de Jean Goujon. C'est aller du caractérisme flamingo-bourguignon à la mesure française, puis à la florentinité et à l'hellénisme.

Moins riche est la Peinture. La vignette d'illustration et l'estampe ont à peu près tué la miniature, comme le livre le manuscrit. Rien ne dit mieux que le Moyen Age est périmé! Tous les arts de la couleur brisent leur ancienne vassalité à l'égard de l'architecture. Regrettons-le. Peinture murale (ce qu'il en reste), miniature, tapisserie, vitrail, produisent encore de fort belles œuvres, mais d'esprit moderne : ils perdent la monumentalité qui avait fait leur grandeur, et se laissent envahir par l'illusionnisme savant, qui creuse selon les règles les lointains, multiplie

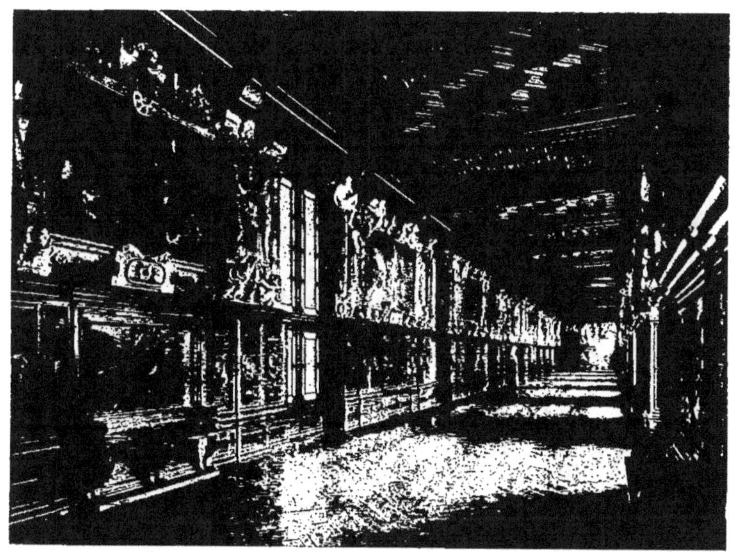

Fig. 139. — FONTAINEBLEAU. Rosso et le Primatice.
Galerie de François Ier.

1533-1541. Prélude des grandes galeries françaises de Vaux, de Versailles, etc... Association de la peinture et du stuc. Art tout en dehors, brillant et fastueux.   *Photo N. D.*

les plans et fait converger les lignes. Ils deviennent des tableaux! Pour beaucoup d'entre nous, que hante la vision du grand Puvis de Chavannes, dans son ampleur et sa sérénité, le règne du tableau lui-même est presque une catastrophe. Il inaugure l'art du morceau, de l'effet, sans destination utile ou publique : pure volupté des yeux, destinée au cabinet de l'amateur ou à la curiosité foraine des Expositions, qu'il multipliera un jour à l'infini.

Deux Écoles, deux visions du monde, se partagent l'art de peindre. Il est impossible d'imaginer antithèse plus violente. D'une part, les Italiens appelés par François Ier (en 1531 et 1532), Rosso et le Primatice, entourés d'équipes où domine l'esprit florentin, couvrent les parois du Palais de Fontainebleau de fresques mythologiques fastueuses (fig. 139) Les dessins du Primatice nous rendent cette magie,

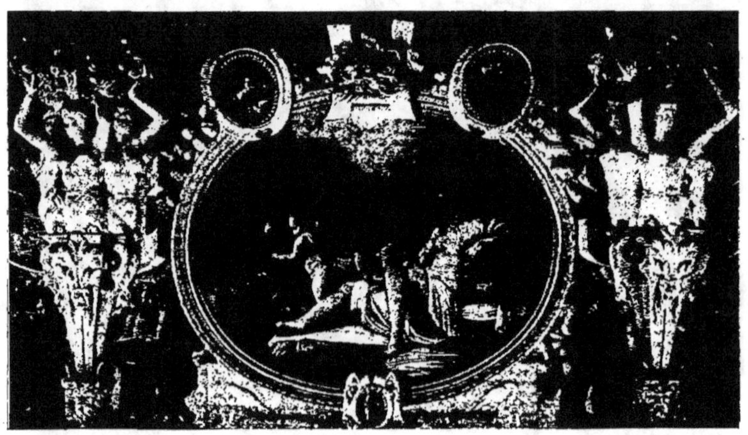

Fig. 140. — FONTAINEBLEAU. Galerie de François Ier.

Danaë du Primatice, entièrement repeinte. Mythologie et nudité flexible. Canéphores et génies, abondance de fruits. Art exclusivement décoratif et sensuel. *Photo N. D.*

aujourd'hui presque disparue. Ni paysage, ni animaux : rien que l'Homme, exalté sous l'image des héros et des dieux. La volupté déborde des nus païens, élancés mais robustes, tout en action, ployés en tous sens comme des ressorts. On les dirait évadés des œuvres de Jules Romain et du Parmesan ; et derrière ces modèles on devine les Titans de Michel-Ange. Les raccourcis sont très savants ; les draperies, quand il y en a, claquent sous un vent de style. Art de chic ; facile et prompt. Un dessin prodigieusement habile sert sa promptitude : il verse déjà dans la formule. L'ensemble est d'effet irrésistible, mais sans âme ni pensée. Aucun besoin de confidences n'anime ces faiseurs de génie : ils ne songent qu'à décorer. La mythologie était le langage prédestiné d'artistes qui n'ont rien à nous dire, que le désir, le plaisir, et l'héroïsme oratoire, dans la beauté des formes

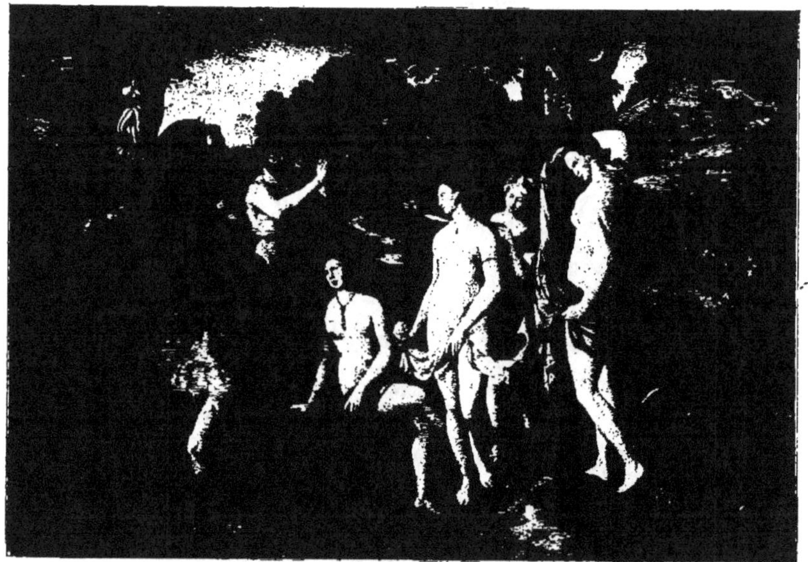

Fig. 141. — ÉCOLE DE FONTAINEBLEAU (XVIᵉ SIÈCLE). — DIANE AU BAIN.
(*Musée de Rouen*).

La vie contemporaine transposée dans la mythologie. Un vrai paysage, d'aspect légèrement vénitien, dans notre renaissance. Chez les personnages, dessin français influencé par Fontainebleau.   *Photo Bulloz*.

en mouvement encadrées de stucs dorés (fig. 140). Mais ces prestidigitateurs sont prestigieux. Art de résidences royales dans une atmosphère de Cour ! La galerie d'Ulysse, celle de François Iᵉʳ, la salle de Bal, préludent aux magnificences de la galerie des Glaces à Versailles et ressuscitent notre grande peinture murale. Nos Français furent éblouis. Diane devient leur favorite. Ce n'est pas seulement parce que la bien-aimée du Roi a même nom, mais

parce que la chasseresse nue est flexible comme les branches de la forêt titianesque où elle prend ses ébats (tableau
de Rouen, fig. 141), souple comme le lévrier qui l'accompagne (Louvre, fig. 142), onduleuse comme l'eau du

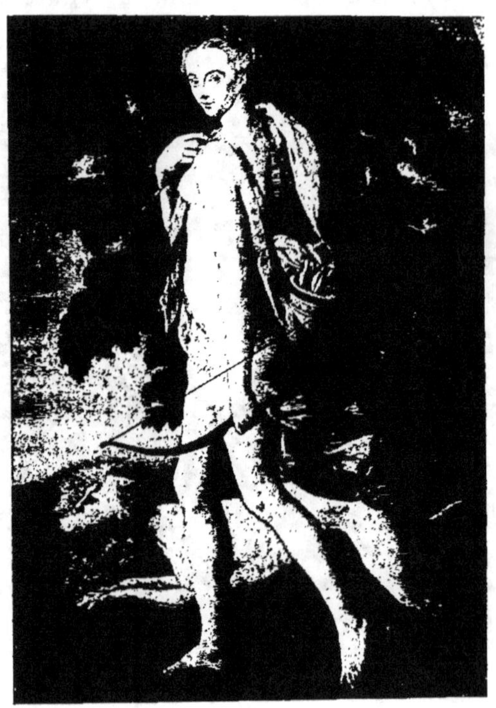

Fig. 142. — DIANE A LA CHASSE.
(*Musée du Louvre*)

Peinture française de l'Ecole de Fontainebleau. Goût primaticien : le nu mythologique et
féminin, les proportions élancées, le dessin souple épris de mouvement.   *Photo N. D.*

bain où elle plonge à mi-corps. Fontainebleau va devenir
la petite Rome, que l'on visite en pèlerinage avant la
grande. Tous nos arts reflètent cette splendeur ; et le dessin primaticien, plus ou moins corrigé, s'imposera à notre
vision jusqu'à David.

Pendant ce temps une École de portraitistes, où dominent les deux Clouet, maintient le contact immédiat avec la vie. D'où vient cette tradition de sincérité? La famille des Clouet est flamande d'origine, mais deux fois francisée puisqu'elle s'était transplantée sous le ciel de Touraine. Et puis, leur genre c'est le portrait : saine et forte leçon de probité! Ce sont, en effet, des portraits peints à l'huile sur petits panneaux, modelés en clair, presque sans ombre, presque en « plein air », sur un fond vert-velouté très chaud (fig. 142). Tel de ces visages, tout en carnations lumineuses, et exempt de contrastes, a l'audace d'un Manet. Mais la facture est tout unie et la pâte mince et lisse luit comme une glace. Cela, c'est du travail définitif et officiel. Nous préférons aujourd'hui les « créons » préparatoires, qui disent tout avec presque rien : quelques hachures si fines, qu'on dirait maintenant une buée légère. Ils s'insèrent, dans l'évolution du portrait français, entre ceux des miniaturistes du duc de Berry et les crayons si délicats de Dominique Ingres. Dans l'analyse du détail forme et plans restent intacts; c'est complet, mais discret, sans l'insistance allemande d'Holbein. Ici encore on sent la maîtrise d'un art classique. Mais regardons : c'est l'étude des âmes qui a modelé ces physionomies. Notre don psychologique est là : il concentre l'intérêt sur la figure en sacrifiant les accessoires du costume (fig. 143). Tous les protagonistes du drame des Valois revivent en sourdine sur ces feuillets légers. En face de la virtuosité déployée sur les vastes parois royales, avec tant d'or qui se relève en bosse, par les brillants « fattori » bolonais ou florentins, « l'art véridique de ces Français de Tours, d'ascendance flamande, continue discrètement la tradition nationale ».

La Renaissance n'inaugure pas le dilettantisme. Le

délicat duc de Berry et les premiers Valois en avaient
déjà goûté les délices. Mais elle l'a définitivement consacré. C'est une des formes de la sensibilité artistique
moderne. De même qu'il a favorisé le tableau de chevalet,

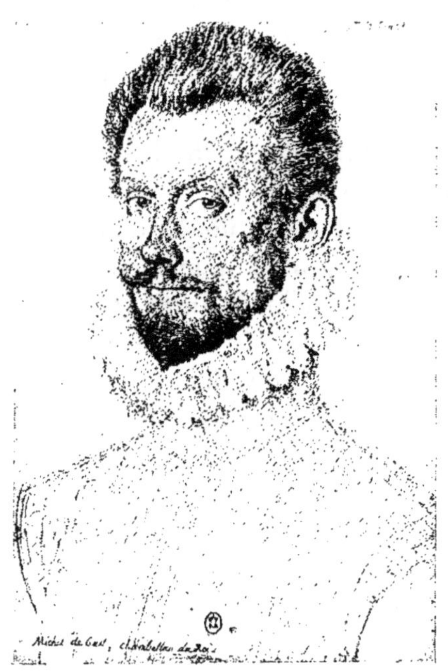

Fig. 143. — FRANÇOIS CLOUET. MICHEL DU GAST.
(*Cabinet des Estampes*)

Portrait dessiné au « créon ». Ils sont en général supérieurs aux portraits peints, qu'ils
préparent, par la vie et la spontanéité. Art classique, qui subordonne l'accessoire à l'essentiel et concentre l'intérêt sur la figure.

il favorise les arts décoratifs et appliqués, tous ceux qui
font la maison plus noble et plus douce. Mais il enlève à
beaucoup cette dignité souveraine, qui consiste à servir
notre vie. Le Moyen Age, lui, y relevait de beauté l'utile : tous
alors étaient d'usage pratique. Mais les voici devenus luxe
de « cabinet ». C'est la Renaissance qui crée le pur « objet

d'art », jouissance égoïste de raffinés. La vente des collections du connétable de Montmorency, en 1568, en dit long sur ce libertinage particulier. Ce serait un désastre si le sensualisme lui-même, avouons-le, n'avait en art sa vertu propre : stimuler la découverte de nouvelles matières, de nouvelles techniques, pour de nouveaux effets. Varier et raffiner notre volupté : quel ressort de progrès!

La grammaire ornementale, d'abord gothique, s'ouvre bientôt à des motifs de détail hétérogènes : la sirène à queue de poisson et le dauphin onduleux, venus de Venise marine; le médaillon à figure, consacré par la Chartreuse de Pavie. Ce petit bas-relief rond pullule sur nos façades et sur nos meubles, surtout en Normandie, plaquant comme des médailles romaines, de la gloire, parfois des allégories à la Pétrarque, souvent des portraits, toujours de l'humanité. Ils font bon voisinage avec des motifs de chez nous : le doux cygne percé d'une flèche, d'Anne de Bretagne, et la salamandre retournée de François Iᵉ. Le tout, enlacé d'arabesques et de grotesques d'une fantaisie primesautière, où collaborent dans une mesure presque indiscernable les bordures de nos livres d'Heures et les Loges de Raphaël. Sur les frises, sur les pilastres surtout, ils courent en relief extrêmement léger : c'est une délicate broderie. Nouvelle est cette façon de poser le décor, non aux divisions architectoniques, mais sur les surfaces plates. La vieille discipline de l'architecture cède à la fantaisie du brodeur! Avec Henri II l'antiquité joint son apport décisif à celui de l'Italie et de la France. Bucranes, couteaux de sacrifices, trophées et tillets descendus des bas-reliefs romains, entrent en contact avec de jolis motifs français « actuels ». Le fin croissant et l'H célèbrent le Roi et sa bien-aimée; surtout les cartouches de cuir se découpent en lanières, s'enroulent en volutes et s'étalent en cartels. Fontainebleau met aussi à la mode d'admirables motifs sensuels, lourdes chutes de fruits, nymphes flexibles comme l'Ariane, hermès à gaine, atlantes, caryatides et canéphores,

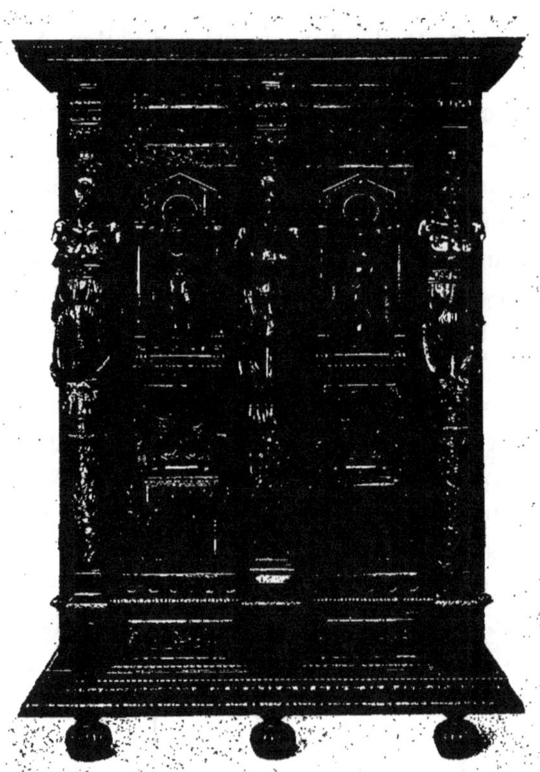

Fig. 144. — BAHUT HENRI II (vers 1580).

Art bourguignon. de richesse un peu lourde. Notes de couleur des tablettes peintes. Atlantes, nus mythologiques, grotesques et arabesques, guirlandes. Surabondance de détails soumise à la discipline monumentale. — Annonce de l'art baroque.

masques ricaneurs de faunes qui se pourlèchent de salacité. De tout ce paganisme voluptueux une impression très forte se dégage : l'anthropomorphisme de la Renaissance rend à la forme humaine, dans l'ornement, la primauté que lui avaient donnée les Grecs. L'art du Primatice la consacre chez nous. Le Moyen Age avait merveilleusement cultivé la vertu décorative de la plante : le xvie siècle proclame celle

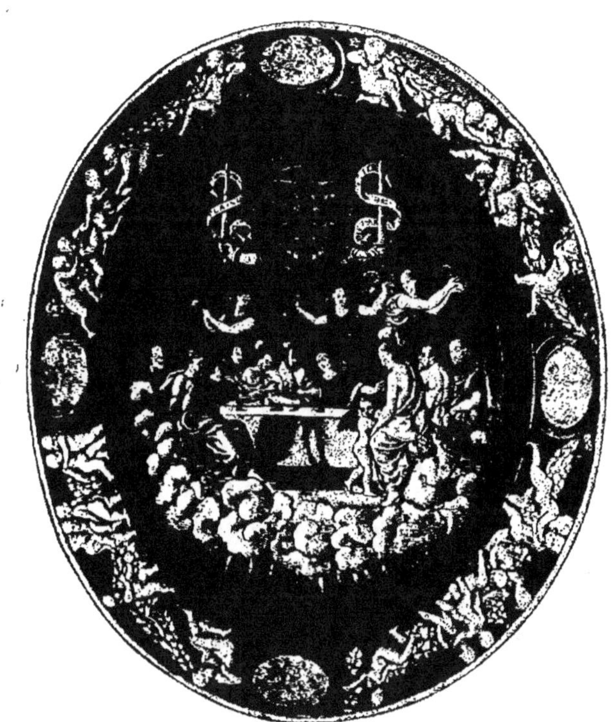

Fig. 145. — LÉONARD LIMOSIN. LE FESTIN DES DIEUX, PLAT ÉMAILLÉ.
Coll. Édouard de Rothschild.

La vie contemporaine transposée en mythologie, avec le souvenir des peintures de la Farnésine. Frise décorative de petits génies portant des guirlandes, à l'italienne. Tons veloutés de l'émail (voir les répliques au Louvre).

de la fleur humaine, ployée à tous les caprices du décor.

Le mobilier Henri II aux formes opulentes, surtout en Bourgogne, inaugure le baroque qui casse les frontons, tourne les volutes et superpose les ressauts. La passion du luxe y incruste les bois et les pierres de couleur. La Caryatide y fréquente. Il sait rester encore monumental (fig. 144). Mais les objets d'autre part perdent, par dilettantisme sensuel, cette qualité qu'ils avaient gardée au Moyen Age. Le sens de la masse et du dessin s'y atténue sous la richesse et le coloris. Les émaux peints de Limoges éblouissent par leur éclat profond : leurs bleus vitrifiés où étincellent des paillons d'or sont une trouvaille après le bleu mat des émaux champlevés ; douces sont leurs grisailles. Mais ils empâtent le dessin dans leur opacité dormante et voluptueuse (fig. 145). C'est l'âge d'or des arts de la terre et du feu. Seulement, le potier ne leur demande guère qu'une beauté de luxe, pour exposition sur crédence. Telles sont du moins les faïences que veut retenir l'histoire. Sur les rustiques figulines de Bernard Palissy revivent, avec leurs couleurs propres, la faune de nos ruisseaux et la flore de nos bois, et ce frais naturalisme nous ramène au Moyen Age. Mais il s'étale illogiquement en relief sur le fond même du plat et son vernis est trop délicat. Au revers ondulent de splendides coulées d'agate, telles que les hommes n'en avaient vu qu'aux pierres précieuses (fig. 146). La mystérieuse poterie fine, dite de Saint-Porchaire, recouvre d'émail transparent un lacis de stries brunes sur vernis blanc : c'est si minutieux, si précieux, si fragile, que 75 pièces en tout représentent dans le monde cette céramique d'orfèvre. Sur l'étain aux tons un peu sourds Briot cisèle en forme de plats les mythologies charnelles de l'École de Fontainebleau. Toutes ces merveilles, et d'autres encore sont des chefs-d'œuvre de fine sensualité. Au Moyen Age, le rythme architectonique donnait de l'ampleur aux arts décoratifs, même aux petits objets, même à une serrure ; il leur conférait une beauté presque intellectuelle. On cherche maintenant le détail précieux, et surtout la qualité la plus physique de toutes, celle qui caresse les fibres secrètes : le coloris troublant.

C'est bien l'art d'amateur qui commence. Le Moyen Age
entre dans le passé.

La Renaissance n'a pas fait dévier notre génie. Elle était
fatale. Le Moyen Age y aspirait et l'a commencée. L'historien doit s'incliner devant ces mouvements immenses,

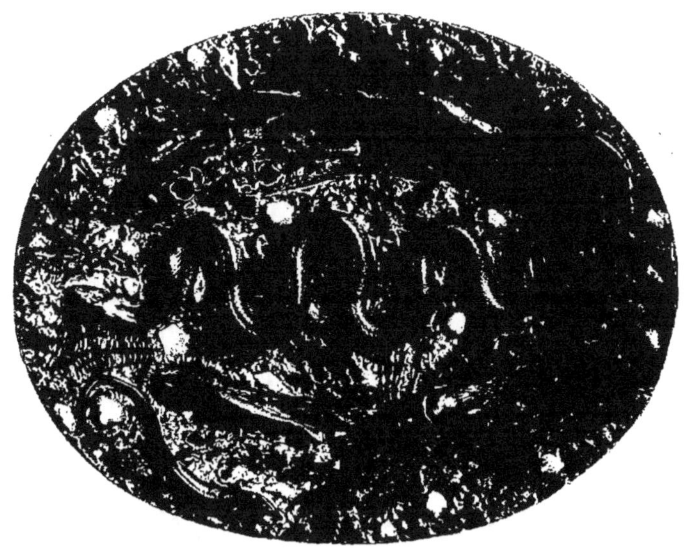

Fig. 146. — BERNARD PALISSY. Plat rustique, faience.
(Musée du Louvre)

Naturalisme primesautier, de composition très libre. Matière savoureuse et tons riches. Art
sensualiste et de pur décor, sans destination pratique.   *Photo Alinari.*

profonds, qui se développent au cœur du génie national,
et que n'ont faits ni telle circonstance historique ni tel
artiste. La question, du reste, dépasse l'art lui-même.
Si celui du Moyen Age est mort (d'une mort d'ailleurs
relative), c'est que la société qui s'y exprimait avait disparu. La Renaissance est chez nous un phénomène
rythmique : il revient à intervalles réguliers, après chaque
accès de caractérisme ou de lyrisme anarchique. La reli-

gion de la douleur ou simplement l'intensité de la vie intérieure se projettent sans doute en belles œuvres expres-
sives. Mais il y a aussi la beauté de la forme, sereine,
rythmée, jusque dans la souffrance. Les Grecs le savaient.
L'élan spontané du cœur a des trouvailles, mais l'éducation
« rationnelle » par les règles, au nom de la science, a sa
vertu. Et les deux s'associent chez les natures d'élite. C'est
blasphémer contre nos ancêtres que les accuser d'erreur
ou de mauvais goût. Croire ou laisser entendre que la
Renaissance, c'est-à-dire l'art moderne, est un affaissement
du génie national, c'est recommencer, en le retournant, le
sectarisme des historiens qui n'admettaient de bon et de
beau que l'antique et l'italien, ou ce qui en dérive. Personne ne songe à rouvrir contre le Moyen Age le pur procès
de tendances que lui fit Quatremère de Quincy, l'antiquo-
mane glacé. Ne rouvrons pas non plus contre l'art « roma-
nisant » celui qu'entreprit Courajod, apôtre furibond des ra-
ces « nordiques ». L'influence étrangère n'est pas plus regret-
table quand elle vient d'Italie que lorsqu'elle arrive de
Flandre. La Flandre, n'est-ce pas aussi l'étranger ? Et
quand on dit, en parlant de notre xvᵉ siècle, « art franco-
flamand », ne craint-on pas de compromettre dans la formule la conception même d'un génie qui soit vraiment à
nous ? Le génie national, c'est celui qui toujours au cours
de notre histoire s'est assimilé le bien qu'il a voulu prendre
aux autres, au nord ou au midi, naturalisme ou « style »,
sans rien perdre de soi. Notre pays a été placé par le destin
entre les peuples qui furent « barbares » et ceux de la
Méditerrannée où vécurent les dieux. Alors il a regardé,
simplement pour enrichir son propre moi, tantôt ici et
tantôt là, les excès de franchise ou les beaux mensonges.
Désormais, il oscillera toujours entre les deux visions de la
Beauté, sans que sa tendance du moment préjuge ce qui

doit rester pour nous l'essentiel : l'esprit de la nation et la personnalité de l'artiste. Jamais, ou très rarement, l'art de France n'a copié. La Renaissance a presque inauguré cette originalité, qui consiste à faire du nouveau avec des motifs anciens, comme on exprime des pensées personnelles avec des mots très vieux et très communs. C'est la plus difficile peut-être. C'est l'originalité classique, celle de Poussin et de Racine. Tous les peuples d'Europe ont pensé ainsi puisque la Renaissance a été universelle. Après l'Italie, c'est nous qui avons commencé, parce que, celtes et chrétiens, nous sommes aussi fils des latins, nourris à intervalles du lait de la Louve. Il y a deux sources à notre tradition nationale : la Renaissance, tout simplement, a rouvert celle qu'on avait oubliée.

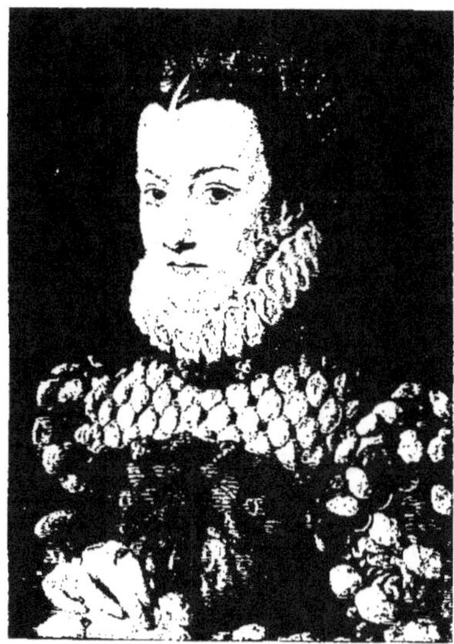

Fig. 147. — FRANÇOIS CLOUET (1516-1572). ELISABETH D'AUTRICHE.
(*Musée du Louvre*)

Le portrait. Art français, sincère et probe, analyste de la physionomie et de l'âme, non sans quelque froideur. Contraste absolu avec l'art italien de Fontainebleau.

PRINCIPAUX OUVRAGES A CONSULTER

OUVRAGES GÉNÉRAUX

Salomon REINACH, *Apollo*, 10ᵉ édition Paris. — HOURTICQ, *Ars una species mille. La France*,
3ᵉ édition, Paris. — Louis GILLET, *Histoire de la Nation française. Histoire des Arts*,
Paris, 1922.

L. COURAJOD, *Leçons professées à l'Ecole du Louvre*, 3 volumes, Paris, 1899-1903. — *Histoire de France*, publiée sous la direction de Ernest LAVISSE — *Histoire de l'Art* publiée sous la direction de André MICHEL, ouvrage capital, Paris, 12 volumes parus en
1922. — Emile MOLINIER, *Histoire générale des Arts appliqués à l'industrie*. — Louis
BRÉHIER, *L'Art chrétien. Son développement iconographique des origines à nos jours*,
Paris, 1918.

Les collections des *Petites monographies des grands édifices de la France*, des *Villes
d'Art célèbres*, des *Grands Artistes* et des *Memoranda*, publiées chez LAURENS. —
La collection des *Maîtres de l'Art*, publiée chez PLON.

La collection de la *Gazette des Beaux-Arts* et de la *Revue de l'Art*, et leurs tables.

MOYEN AGE EN GÉNÉRAL

Recueils de planches. — DE BAUDOT et PERRAULT-DABOT, *Archives de la Commission
des Monuments Historiques*, en cours. — Fr. MARCOU et COURAJOD, *Album du Musée de
Sculpture comparée*, en 3 séries. — Paul VITRY et G. BRIÈRE, *Documents de Sculpture
française, Moyen Age*, 1904. — GELIS-DIDOT et LAFFILLÉE, *La Peinture décorative en
France du* XIᵉ *au* XVIᵉ *siècle*, 2 volumes, 1891.

Ouvrages. — VIOLLET-LE-DUC, *Dictionnaire raisonné d'Architecture*, 10 volumes, 1854-1869. — CHOISY, *Histoire générale de l'Architecture*, 2 volumes, 1899. — ANTHYME SAINT-PAUL, *Histoire monumentale de la France*, 1911. — ENLART, Manuel d'Archéologie française. *Architecture religieuse*, 2 volumes, nouv. édition 1919-1920 et *Architecture civile et militaire*, 1904. — La collection du *Bulletin monumental*, surtout depuis 1880, et celle des
Congrès archéologiques de France, surtout depuis cette même date. — La série des
Notices historiques et *Archéologiques sur les grands monuments* publiée sous la direction de Paul VITRY chez LONGUET. — La collection de la *Revue de l'Art chrétien*, surtout
de 1883 à 1914. — BRUTAILS, *Précis d'Archéologie du Moyen Age*, 1908, et *Pour comprendre les monuments de la France*, 1917. — Emile MALE, *L'Art allemand et l'Art français
du Moyen Age*, nouvelle édition, 1923. — Paul MANTZ, *La Peinture française du* IXᵉ *siècle à la fin du* XVIᵉ, Paris, s. d. — Surtout Louis HOURTICQ, *La Peinture des origines au*
XVIᵉ *siècle*, Paris, 1908.

F. DE LASTEYRIE, *Histoire de la Peinture sur verre*, 1857. — MAGNE, *L'œuvre des peintres verriers français*, 1885. — L. Olivier MERSON, *Les Vitraux*, 1895. — E. MOLINIER, *L'Émaillerie*, 1901. — J. GUIFFREY, *Hist. générale des Arts appliqués à l'Industrie, La Tapisserie*, s. d.

ART ROMAN

Architecture. — Avec les précédents ouvrages, Jules BAUM, *L'Architecture romane en France,* Paris 1911. — Camille MARTIN, *L'art roman. Architecture et Décoration,* 2 volumes, en 4 séries. — Paul LÉON, *Encyclopédie des styles. L'art roman,* en portefeuille, in-f°. — Victor MORTET, *Recueil de textes relatifs à l'Histoire de l'Architecture au Moyen Age,* XI° et XII° siècles, 1911. — DE LASTEYRIE, *L'Architecture religieuse en France à l'époque romane,* 1912. — RIVOIRA, *Le Origini della Architettura lombarda,* Milan, 1908. — KINGSLEY-PORTER, *Lombard Architecture,* 3 vol. et un atlas, 1917.

Sculpture et peinture. — Pour la pensée et le sentiment dans les arts plastiques. l'indispensable ouvrage d'Emile MALE, *L'Art religieux du* XII° *siècle en France, Étude sur les origines de l'iconographie du Moyen Age,* 1923. — DE LASTEYRIE, *Études sur la Sculpture française au Moyen Age* (Monuments Piot, t. VIII, 1902). — G. FLEURY, *Portails imagés du* XII° *siècle,* 1904. — E. MÉRIMÉE, *Les Peintures de Saint-Savin,* 1845.

ART GOTHIQUE

Architecture. — Les Recueils. — *Album de Villard de Honnecourt,* Phototypies BERTHAUD. — DE BAUDOT et PERRAULT-DABOT, *Les Cathédrales de France,* 2 volumes in-folio. — Camille MARTIN, *L'Art gothique en France. Architecture et Décoration,* 1° et 2° série. — Paul VITRY, *La Cathédrale de Reims,* 2 volumes in-f°. — HOUVET, *La Cathédrale de Chartres,* 1919-1921.

Les ouvrages. — GONSE, *L'Art gothique,* 1890. — DE FOURCAUD, *Les Origines de l'Art gothique* (Gaz. des B. A., 1891-92). — E. LEFÈVRE-PONTALIS, *L'Architecture religieuse dans l'ancien diocèse de Soissons aux* XI° *et* XII° *siècles,* 2 volumes, 1894-1898. — DE LASTEYRIE *Les Origines de l'Architecture gothique,* 1901. — Henri STEIN, *Les Architectes gothiques,* 1909. — Sur le gothique flamboyant voir le *Bulletin Monumental* de 1906 à 1913. — André MICHEL, *L'Art gothique œuvre de France* (Rev. des Deux-Mondes, août 1916). — Louis BRÉHIER, *La Cathédrale de Reims,* 2° édition, 1920. — G. DURAND, *Monographie de l'Église N.-D. Cathédrale d'Amiens,* 1903.

Sculpture. — Pour tout ce qui concerne la pensée et le sentiment chrétiens, Emile MALE, *L'Art religieux du* XIII° *siècle en France,* 5° édition, 1919, et *L'Art religieux de la fin du Moyen Age en France,* 2° édition, 1922. — DE BAUDOT, *La Sculpture française au Moyen Age et à la Renaissance,* 1881 (Album). — Fr. MARCOU et COURAJOD, *Musée de Sculpture comparée. Catalogue raisonné.* XIV° *et* XV° *siècles,* 1892. — Paul VITRY et BRIÈRE, *Documents de Sculpture française au Moyen Age,* 1904. — Louise PILLION, *Les Sculpteurs français au* XIII° *siècle* (Collect. des Maitres de l'Art). — R. DE LASTEYRIE, ouvrage précédemment cité. — A. MARIGNAN, *Hist. de la Sculpture en Languedoc aux* XII° *et* XIII° *siècles,* 1902. — Emile MOLINIER, *Les Ivoires,* s. d. — Raymond KOECHLIN, *Quelques ateliers d'ivoiriers français aux* XIII° *et* XIV° *siècles* (Gaz. des B. A., 1905). — A. KLEINCLAUSZ, *Claus Sluter,* 1905. — A. HUMBERT, *La Sculpture sous les ducs de Bourgogne,* 1913.

Peinture. — Paul MANTZ, *La Peinture française du* IX° *siècle à la fin du* XVI°, 1898. — J. GUIFFREY, *Les Primitifs français,* alb. in-f°. — Henri BOUCHOT, *L'Exposition des Primitifs français,* 1904. — Marcel POÈTE, *Les Primitifs parisiens,* 1904. — L. DIMIER, *Les*

Primitifs français, s. d. — Paul Durrieu, *La Peinture à l'Exposition des Primitifs français*, 1904. — Maulde de La Clavière, *Jean Perréal*, 1896. — Paul Durrieu, *J. Perréal et Léonard de Vinci* (Études italiennes, 1921). — Didot et Laffillée, *La Peinture murale en France avant la Renaissance*, 1904.

Arts décoratifs. — Lecoy de La Marche, *Les Manuscrits et la Miniature*, s. d. — Henry Martin, *Les peintres de manuscrits*, s. d. et *La Miniature française du XIII° au XV° siècle*, 1923. — La série des Manuscrits à miniatures de la Bibl. Nat^le publiés en phototypie par la maison Berthaud sous la direction de M. Omont. — Haseloff, *Les Psautiers de saint-Louis* (Mémoires de la Soc. des Antiquaires, 1900). — F. A. Gruyer, *Les quarante Fouquet de Chantilly*, 1900. — Paul Durrieu, *Les Très Riches, Heures du duc de Berry*, 1904 et *Les Antiquités Judaïques et le peintre Jean Fouquet*, 1908, etc.

RENAISSANCE

Ouvrages généraux. — Léon de Laborde, *La Renaissance des Arts à la Cour de France*, 1850-1855, et *Les Comptes des Bâtiments du Roi*, 1877-1880. — Les ouvrages originaux des artistes eux-mêmes, parus au XVI° : de Serlio, de Phil. de Lorme, de Jean Bullant, de Du Cerceau, de Jean Goujon, de Jean Cousin, de Bernard Palissy. — Eug. Muntz, *La Renaissance en Italie et en France à l'époque de Charles VIII*, 1885. — Henri Lemonnier, Chapitres sur l'Art dans le t. V de l'*Histoire de France* dirigée par Lavisse.

Architecture. Ouvrages originaux déjà cités — Paul Vitry, *Hôtels et Maisons de la Renaissance française*, 3 albums, 1910 et sq. — Camille Martin, *La Renaissance en France, Architecture et Décoration*, album 1910 et sq. — C. T. Mathews, *The Renaissance under the Valois*, New-York, 1893. — Geymuller, *Die Baukunst der Renaissance in Frankreich*, Stuttgart, 1901. — Palustre. *La Renaissance en France*, 3 volumes, — 1879-1889. Marius Vachon, *La Renaissance française. L'Architecture Nationale. Les Maîtres-Maçons*, 1910.

Sculpture. — Paul Vitry, *Documents de Sculpture française. La Renaissance* (2 albums, 1911). — Gonse, *La Sculpture française depuis le XIV° siècle*, 1895. — R. Koechlin et Marquet de Vasselot, *La Sculpture à Troyes et en Champagne méridionale au XVI° siècle*, 1901. — P. Vitry, *Michel Colombe et la Sculpture française de son temps*, 1901. — Maurice Roy, *Pierre Bontemps* (Mém. de la Soc. des Antiquaires, mai 1910). — Paul Denis, *Ligier Richier*, 1912. — Palustre, *G. Pilon* (Gaz. B. A., 1894'. — Paul Vitry, *Jean Goujon*, 1908. — P. Vitry et G. Brière, *L'Église abbatiale de St-Denis et ses tombeaux*, 1908.

Peinture. — De Champeaux, *Hist. de la Peinture Décorative*, 1890. — Émile Male, *Jean Bourdichon* (Gaz. B. A., 1902 et 1904). — *Les Heures d'Anne de Bretagne de Bourdichon* (publiées en phototypie par la mais. Berthaud, s. d.). — L. Dimier, *L'École de Fontainebleau et le Primatice*, 1902. — E. Muntz, *L'École de Fontainebleau* (Gaz. des B. A., 1902). — Henri Bouchot, *Les portraits au crayon conservés à la Bibl. Nat.*, 1884. — Moreau Nélaton, *Catalogue des crayons français du XVI° siècle conservés au Mus. de Chantilly*, texte et album, 1910, et *Les Clouet*, 1908. — A. Germain, *Les Clouet*, s. d.

Arts décoratifs. — J. Guiffrey, *La tapisserie et son histoire depuis le Moyen Age jusqu'à nos jours*, 1886. — E. Molinier, *Le Meuble du Moyen Age et de la Renaissance*, 1896. — Pierre Lavedan, *Léonard Limosin et les émailleurs français*, s. d. — Marquet de Vasselot, *Les émaux limousins de la fin du XV° et de la première partie du XVI° siècle*, 1921. - E. Dupuy, *Bernard Palissy*, 1902.

TABLE DES GRAVURES

TABLE DES MATIÈRES

L'ART ROMAN

CHAPITRE PREMIER

La Renaissance de l'Architecture.

CHAPITRE II

La Renaissance de la Sculpture et la Primauté de la France.

CHAPITRE III

Les Arts de la Couleur.

L'ART GOTHIQUE

CHAPITRE PREMIER

L'Architecture gothique des Origines à la fin du Moyen Age. — Les Arts décoratifs.

CHAPITRE II

La Sculpture et la Peinture au XIIIe siècle, l'Idéalisme.

CHAPITRE III

La Sculpture et la Peinture aux XIVe et XVe siècles. — Le Réalisme. — Le déclin de l'Art du Moyen Age.

LA RENAISSANCE

CHAPITRE PREMIER

La première moitié du siècle. — Le compromis délicat entre la tradition et la nouveauté.

CHAPITRE II

La deuxième moitié du siècle. La Renaissance classique. L'indéfectible originalité française.

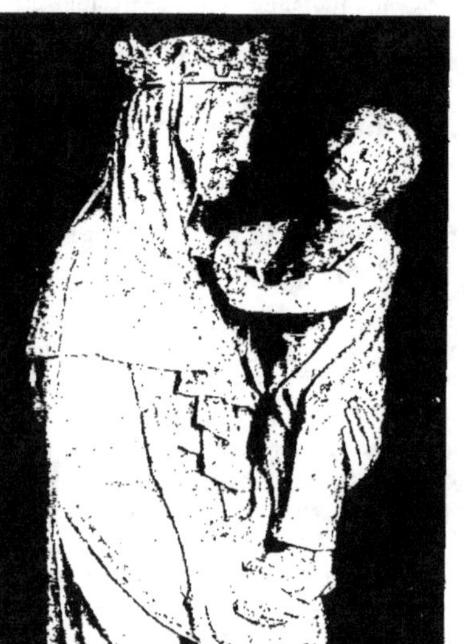

Fig. 148. — VIERGE DU MARTURET, A RIOM.

Dès la première moitié du xve siècle. il y a un style plus aisé et plus libre que l'art
bourguignon. Plus de douceur dans l'expression, qui est souriante ; draperies plus sobres
et plus tranquilles.